포토샵으로 만드는
게임 아트

포토샵으로 만드는 게임 아트

모바일 게임부터 소셜, 콘솔 게임까지 게임 그래픽 아트 만들기

숀 넬슨 지음 | 권혜정 옮김

에이콘

언제나 저를 도와주고 발전시켜주는 사랑스런 아내 케이티,
식사 시간이면 괴짜 원숭이들이 따로 없는
두 말썽꾸러기 블레이크와 매기에게 이 책을 바칩니다.

지은이 소개

숀 넬슨 Shawn Nelson

20년 이상 게임업계에 몸담고 있으며, 아트디렉터, 테크니컬 아티스트, 책임 애니메이터, 시네마틱 스크립터 등으로 일했다. 안드로이드와 iOS, 윈도우, 페이스북 등 여러 게임 플랫폼과 마이크로소프트, 소니, 닌텐도 등 콘솔에 들어가는 게임 아트를 제작해왔다. 또한 아카데미 오브 아트 유니버시티, 샌프란시스코 아트 인스티튜트에서 강의를 했으며 온라인에서 애니메이션 강의를 하기도 했다.

감사의 글

나는 1997년부터 게임업계에 종사하면서 2004년부터는 게임 애셋 제작 강의를 해왔다. 그리고 최초로 출시된 포토샵을 사용했으며, 그 후로 업데이트된 모든 버전을 사용해왔다. 나는 새로운 사람을 만나거나 새로운 책을 읽을 때마다 포토샵 기법을 새로 깨우쳤던 것 같다. 이 책도 여러분에게 같은 역할을 해 주기를 바란다.

이 책을 쓰면서 감사해야 할 사람들이 많았다. 피치핏출판사의 편집자 카린 존슨은 내가 책을 제안하고 집필을 시작할 수 있게 도와주었다. 발레리 위티, 밥 린드스트롬, 패트리샤 페인, 리사 브라지엘, 킴 스콧은 나를 한층 영리해 보이게 만들어 준 환상적인 개발 팀이다. 제프 쿠퍼맨은 내가 책을 낼 실력이 된다는 확신을 심어주었고, 리사 밀로세비치 매튜스는 피치핏이라는 굉장한 출판사를 소개해주었다.

내가 글과 그림을 쓸 수 있게 공간을 내어준 우리 가족(케이티, 블레이크, 매기, 홀라)에게 감사한다. 가족은 나의 영감의 원천이자 감독관이다. 몇 년 동안 함께 일하면서 자기만의 디지털아트 작업 비밀을 알려준 멋진 친구들에게도 감사 인사를 전한다.

나에게 아티스트가 된다는 것은 끊임없이 새로운 것을 시도하고 새 작업을 한다는 의미다. 주변에 좋은 사람들이 있다면 이 여정은 훨씬 즐거워진다.

나에 대해 더 알고 싶다면 작업물을 올려 놓은 웹사이트(http://shaw04.wix.com/snelsondigart) 또는 만화 사이트(http://shaw04.wix.com/tikiislandprincess)를 방문하기 바란다.

옮긴이 소개

권혜정 (kwonejeong@gmail.com)

국민대학교 시각디자인학과를 졸업했다. 옮긴 책으로는 『이기적 진실』(비즈앤비즈, 2011), 『뮤지엄 뮤지엄』(비즈앤비즈, 2012), 『예술 속 문양의 세계』(시그마북스, 2012), 『인포그래픽이란 무엇인가』(에이콘출판, 2013), 『터치스크린 모바일 게임』(에이콘출판, 2014), 『내부 고발자들, 위험한 폭로』(에이콘출판, 2015) 등이 있다.

• 개인 블로그: http://aeki.me

옮긴이의 말

포토샵은 팔색조 같은 도구다. 사진작가도, 그래픽 디자이너도, UX 디자이너, 게임 아티스트도 포토샵을 사용한다. 하지만 같은 프로그램을 사용한다고 모두 같은 방식으로 같은 작업을 하는 것은 아니다. 포토샵으로 사진 두 장을 감쪽같이 합성해 내는 사람이라도 웹 페이지를 만들어 보라고 한다면 막막할 것이다. 따라서 자신이 공부할 포토샵 책을 한 권 선택할 때도 '포토샵을 배우고 싶다'는 막연한 희망보다 자신의 목적에 대한 고민이 필요하다.

이 책은 그중에서도 게임 아티스트를 위한 포토샵 안내서다. 게임 스토리보드부터 배경화면, 캐릭터, 애셋, 간단한 3D 작업까지 게임 아티스트를 꿈꾸는 사람들이 포토샵을 활용해 머릿속 이미지를 구현할 수 있게 방향을 제시한다. 포토샵이나 여타 그래픽 프로그램에는 문외한인 기획자나 개발자들이 이 책을 읽는 것 역시 아티스트와 소통하거나 원하는 이미지를 직접 구현해 보기 위해 좋은 방법이다. 풍부한 예제들로 구성된 이 책은 후반부에서 3D 매핑을 다루는 일부분을 제외하면 포토샵에 익숙하지 않은 사용자도 무리 없이 따라할 수 있을 것이다.

목 차

디지털 게임이 탄생한 지도 꽤 오랜 시간이 흘렀고, 기술의 발전과 함께 게임의 모습도 달라지고 있지만 여전히 변치 않는 공통점이 하나 있는데, 대부분의 게임 개발에 포토샵이 사용된다는 것이다. 포토샵은 검증된 게임 아트의 절대 강자다. 게임 아티스트 구인 글에 '포토샵 능력 필수'라는 항목을 따로 넣을 필요가 없을 정도로, 포토샵은 널리 사용되는 프로그램이다. 이 책은 게임 개발에 가장 유용한 포토샵 활용법을 소개한다. 이 책을 통해 포토샵 실력을 높이고 게임업계의 준비된 인재다운 포트폴리오를 만들자.

이 책의 전반적인 사항

포토샵은 게임 아티스트에게 꼭 필요한 프로그램이다. 이 책은 포토샵 활용법을 익히고 전문가 수준의 게임 애셋을 만들 수 있도록 여러분의 실력을 키워준다.

이 책의 대상 독자

포토샵을 활용해 디지털 게임을 만들고 싶은 사람들을 위한 책이다. 포토샵의 모든 기능을 숙달한 연륜 있는 아티스트이든, 기본적인 실력만을 가지고 있는 초보자이든, 이 책을 읽으면 이론을 배우는 동시에 게임 제작에 필요한 포토샵 기술을 익힐 수 있다.

이 책의 구성

포토샵의 인터페이스, 툴, 기능 각각에 초점을 맞춘 학습들로 이루어져 있다. 1~2장은 포맷에 관계없이 게임을 만들 때 사용하는 일반적인 개념을 다룬다. 3~4장은 모바일, 소셜미디어, 콘솔 등 플랫폼별 애셋 만들기를 배운다. 6~7장에서는 자주 쓰이지 않지만 알아두면 매우 유용한 고급 기능을 소개한다.

이 책의 내용

가장 기본적인 인터페이스부터 가장 수준 높은 기능까지, 포토샵을 포괄적으로 다룬다. 3D 애셋 제작, 조명, 일괄 처리 기능도 다룬다. 독자들에게 낯선 이론이 등장할 수도 있지만, 이는 게임 제작에 사용하는 포토샵 활용법을 좀 더 이해하기 쉽게 도와주기 위해서다.

이 책의 활용법

독학으로 공부하는 경우나 수업을 들으면서 이 책을 교재로 쓰는 경우 모두, 순서대로 학습하는 것이 좋다. 이전 학습 내용을 바탕으로 다음 학습을 진행하는 경우가 많기 때문이다.

각 학습에서는 설명과 함께 순서대로 번호를 붙인 실습을 따라가며 새로운 개념과 기법을 익힐 수 있다. 이 순서를 정확하게 따라야 가장 효과적으로 포토샵을 배울 수 있다. 순서를 어기면 의도치 않은 결과가 나오고 만족스럽게 포토샵을 배우기 어렵다.

자습서로 활용하는 법

각자의 진도에 속도를 맞추자. 시간 제한이 없으므로 각 학습을 두 번씩 반복하며 복습하거나, 순서를 그대로 따르지 않고 실습을 최대한 많이 해볼 수도 있다. 이 책에서는 독자 여러분이 실험을 많이 해 보도록 권장한다. 책에서 배운 기능과 기법을 활용해서 각자의 아트를 더욱 발전시키자.

수업 교재로 활용하는 법

이 책은 게임 제작 수업을 진행하기에 효과적인 구조로 이루어져 있다. 책 순서대로 수업을 진행하면서 학생들에게 필기를 시킨 다음, 실습 순서를 설명하고 학생들에게 질문을 받거나 필요에 따라 내용을 확장할 수 있다.

한 차례 수업이 끝나면, 선생님의 감독 아래 학생들이 직접 해당 내용을 복습할 시간을 주는 것이 좋다.

포토샵 설치

이 책은 포토샵 CC를 기준으로 집필했지만, 상·하위 버전으로도 얼마든지 따라할 수 있다. 포토샵 버전이 다를 경우 독자들의 화면과 책에 인쇄된 캡처 화면이 조금씩 다를 수 있다.

포토샵 시험판 다운로드

포토샵 시험판 프로그램을 다운로드하는 순서는 다음과 같다.

1 www.adobe.com에 접속한다.

2 Downloads 메뉴를 찾는다.

3 제품 목록에서 Photoshop을 선택한다.

4 Download trial 버튼을 클릭한다.

5 각자의 운영체제에 맞는 설치 안내를 따른다.

미디어 파일 다운로드

이 책의 일부 학습에는 동영상 강의가 함께 마련되어 있다. 글로 설명된 내용을 영상으로 보면서 단계별 설명을 따라 게임 애셋을 만들 수 있다.

이 책을 쓰면서 만든 이미지 파일과 동영상 강의를 담은 미디어 파일은 에이콘출판사 도서 정보 페이지 http://www.acornpub.co.kr/book/photoshop-game-art에서 내려받을 수 있다. 대부분 레이어를 그대로 살려두었으므로, 필요에 따라 제작 과정을 역으로 추적해볼 수 있다.

1

시작

이 장은 여러분을 어도비 포토샵의 세계로 초대해, 게임 산업에서 이 프로그램이 어떻게 사용되고 있는지 소개한다. 게임 아티스트들은 저마다 다른 작업을 하지만 그들에게는 매일 포토샵을 사용한다는 하나의 공통점이 있다. 다음 페이지에서 이 흥미진진한 프로그램의 정체를 파헤치고, 포토샵이 어떻게 작동하는지 살펴본다.

요정들의 사라진 궁전에 들어갈 배경을 만들든지, 그래피티 총을 위한 새 HUD를 디자인하든지, 세계 최고의 구축함을 만들든지, 여러분은 포토샵을 사용하게 된다. 아티스트의 다양한 역할과 게임 산업에서 아티스트가 차지하는 위치에 대해서도 이야기하자. 포토샵 게임제작의 달인이 되어 직접 게임 애셋을 만들고 싶다는 생각에 몸이 근질근질해질 것이다.

포토샵의 초창기 시절

노트 peachpit.com에 접속해 이 책의 ISBN을 입력하면 자료 파일을 받고 영상을 볼 수 있다. 책을 등록하면 Registered Products 아래 Account 페이지에 파일 링크가 보인다.

1980년대까지는 포토샵을 능숙하게 다루는 아티스트가 별로 없었다. 그림을 그리려면 '미술 재료'가 필요했고(그림 1.1), 스케치를 하려면 실제 종이와 연필이 있어야 했다.

색을 칠하려면 찐득찐득한 물감이 필요했다. 물감을 지울 수 없기 때문에 한 번에 제대로 색을 칠해야 하고, 완성한 작품을 디지털 작업에 사용하려면 사진을 찍거나 스캔을 해야 했다.

그림 1.1 20세기에는 그림을 그릴 때 수많은 미술 도구와 재료를 사용했다

다행히도 이제는, 디지털 미디어와 미술작업 방식에 대한 수년간의 연구로 훨씬 편리하게 작업을 할 수 있다(그림 1.2). 실제 세계에 존재하는 형상 대부분을 디지털로 쉽게 재현할 수 있고, 물감과 연필, 종이, 운형자, 직각자 등을 구비하지 않아도 된다. 그렇다고 물리적 도구를 사용하는 법을 배울 필요가 없다는 뜻은 아니다.

그림 1.2 현대 아티스트들은 컴퓨터와 태블릿, 소프트웨어를 사용한다

　포토샵에서 가장 탁월한 기능이 무엇이라고 집어 말하기는 어렵다. 이미지 편집을 예로 들 수 있지만, 이는 사진과 일러스트레이션을 포괄하는 광범위한 용어다(앞으로 우리는 사진과 일러스트레이션에 대해 모두 설명하고, 두 가지를 조합하는 방법까지 배운다). 우리는 디지털아트의 세계에 살고 있고, 일러스트레이션을 그릴 때에는 사진을 바탕으로 하는 경우가 많고(사진 위에 덧칠을 할 수 있다), 사진이나 영화 촬영을 계획할 때에는 일러스트레이션을 활용하는 경우가 많다. 포토샵의 레이어를 활용하면 같은 이미지를 여러 버전으로 편집해 이런 작업을 매우 쉽게 할 수 있다. 요즘은 일러스트레이션 작업 시 3D 시뮬레이션을 기반으로 실제 원근법과 조명을 구현하기도 한다. 아트에 속임수는 없다는 사실을 기억하자. 자신의 작업을 향상시켜줄 프로그램을 사용하면, 여러분은 더 멋진 아티스트가 될 수 있다.

근사한 아트워크 = 근사한 아티스트

포토샵을 개발한 놀Knoll 형제는 전통적인 사진작가이자 컴퓨터광으로, 전통적인 아티스트와 사진작가들의 작업방식에 맞춰 프로그램의 기능을 만들었다(그림 1.3).

그림 1.3 어도비 포토샵의 첫 번째 버전은 1990년에 출시됐다

그 결과 현실 세계의 여러 작업방식을 디지털 공간에서 의도적으로 모방하거나 재현했다. 그렇다고 전통적인 미술 기법을 그대로 따를 필요는 없다. 포토샵은 디지털 환경에 존재하기 때문이다. 포토샵은 매우 강력한 프로그램이지만 쉽게 배울 수 있다. 하지만 그림을 못 그리는 사람을, 포토샵이 마법을 부려 뛰어난 일러스트레이터로 만들어 줄 수는 없다. 유능한 아티스트가 되려면 오랜 시간 노력해야 한다. 또한 손으로 직접 그림 그리는 실력을 쌓아야만 포토샵도 제대로 활용할 수 있고 일터에서도 인정받을 수 있다.

포토샵은 수많은 기능과 기법으로 이루어진 거대한 프로그램으로, 모든 기능을 숙달한 게임 아티스트는 거의 없다(그림 1.4). 게임업계는 매우 빠르게 움직이므로 취직에 필요한 기능만 익혀서는 버틸 수 없다. 하지만 일을 몇 번 해보고 심도 있게 공부를 하다 보면 서서히 포토샵을 터득하게 된다. 포토샵에서는 다양한 방법으로 작업을 할 수 있으며, 끊임없이 변화를 추구해야 하는 게임 아티스트들에게 이는 큰 장점이다. 이제부터 포토샵 기법을 하나하나 배워가도록 마음의 준비를 단단히 하고 길을 떠나자.

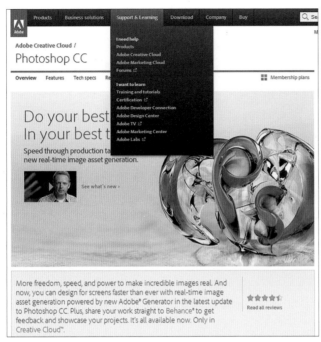

그림 1.4 현재 어도비 웹사이트에 보이는 포토샵은 첫 출시 당시부터 먼 길을 걸어왔다

아티스트와 포토샵

포토샵으로 작업을 하는 방법은 다양하다. 포토샵은 거의 모든 형식의 디지털 아트를 소화한다. 그래픽디자이너와 웹디자이너, 사진작가는 포토샵과 함께 아침을 시작한다고 해도 과언이 아니다. 하지만 이는 시작에 불과하다. 건축가, 섬유 디자이너, 심지어는 모델들도 포토샵을 사용한다. 포토샵에서는 디지털로 이미지를 만들고, 사진을 편집하고, 글자를 배치할 수 있다. 포토샵만 있으면 모든 2D 미술 작업이 가능하다(3D 작업 역시 부분적으로 가능하다).

하지만 이 책에서 우리는 게임이라는 흥미진진한 분야를 다룬다. 포토샵은 '음', 3D는 '양'이라고 할 수 있다. 포토샵은 2D 애셋 제작을 위해 꼭 필요한 도구다. 오토데스크 3D 맥스나 마야를 세계 최고 수준으로 능숙하게 다루며 친구들에게 솜씨를 자랑하더라도, 포토샵이 없다면 3D는 화면을 떠다니는 흥미로운 회색 비트에 불과하다.

우리가 이야기하는 게임 아티스트란, 오토데스크 3D 맥스와 포토샵, 오토데스크 마야와 포토샵, 어도비 플래시와 포토샵을 함께 다룰 줄 아는 사람을 말한다. 사실 2D나 3D 애니메이션/모델링 프로그램을 하나라도 다룰 줄 아는 사람은 보통 포토샵 실력도 수준급이기 마련이다.

게임 아티스트들의 분야

게임 산업에는 여러 분야의 아티스트들을 위한 자리가 있다. 대부분의 스튜디오는 일종의 왕실처럼 운영된다. 꼭대기에는 아트디렉터가 있으며, 안타깝게도 그는 아트 작업을 많이 하지 못한다. 아트디렉터는 회의를 하고, 예산과 일정을 맞추느라 바쁘다. 제작중인 아트 전반을 감독하고 게임의 비전을 지켜간다. 또한 게임의 '룩'을 설정하고 나머지 매니저들에게 아트작업에 대한 모든 결정사항을 설명한다.

아트디렉터 밑에는 장군 격의 책임아티스트가 있다. 책임아티스트는 아트디렉터가 착수한 많은 업무를 수행하며, 실제로 애셋을 만드는 수작업을 한다. 이들은 보통 아티스트 몇 명을 아래에 두고 팀을 이끈다. '책임'은 아티스트의 유형이 아닌 직급을 일컫는다. 책임아티스트 역시 게임 제작에서 어떤 아트 작업이든 수행할 수 있다.

그 다음으로는 게임 아트 세계의 기사 격인 선임아티스트가 있다. 선임아티스트는 일반 아티스트에 비해 오랜 경력을 바탕으로 노련함을 인정받은 아티스트다. 선임아티스트에게는 보통 중요한 업무가 부여되고 높은 보수를 받는다.

일반 게임 아티스트는 게임 세계의 노역 말이다. 가장 번거로운 일들을 도맡아 하는 경우가 많다. 늘 개미처럼 일하면서도 미소를 잃지 말아야 한다. 이 시기를 거쳐야 아티스트로 인정받을 수 있으며, 그다지 오랜 시간이 걸리진 않는다. 과중한 업무에 피로를 느끼거나 실력이 좋아 승진하기 때문이다.

신입아티스트와 인턴은 훈련을 받고 있는 아티스트다. 주어진 일을 무엇이든 완수할 수 있게 되면 아티스트로 승진한다.

게임 아트 부서의 구조를 이해했으면 이제 분야에 대해 알아보자. AAA급 타이틀을 제작하는 대형 스튜디오에서 다양한 아티스트들이 함께 일하는 경우를 생각하며 분야에 따라 아티스트들을 조직해 보자. 아티스트들 각각은 책임, 선임, 일반, 인턴 등의 직급을 가지고 있다. 하지만 팀을 총괄하는 아트디렉터는 보통 한 명이며, 모든 분야에 정통한 사람이다.

- **UI 아티스트**: 버튼, 텍스트, 정보 디스플레이, 숫자가 나오는 화면 등의 사용자 인터페이스를 담당한다. 서체를 잘 활용하며 픽셀 하나하나에 세심하게 신경 쓴다.

- **제너럴리스트 아티스트**: 몇 가지 분야에 능통하며, 해야 하는 일이 여러 가지 있지만 사람을 전부 쓸 여력이 안 될 때 이런 아티스트를 고용한다.

- **컨셉 아티스트**: 캐릭터와 레이아웃, 배경, 분위기 요소 등 게임의 스타일을 만든다. 이런 작업은 최종 게임에 반영되지 않지만 최종 스타일에 영향을 미친다.

- **스토리보드 아티스트**: 스크립트를 그림으로 표현한다. 스토리보드는 시네마틱과 장면전환에 주로 사용된다.

- **모델러**: 3D 게임의 디지털 모델을 만든다.

- **애니메이터**: 2D 이미지와 3D 컴퓨터 모델에 움직임을 준다. 이를 통해 게임 요소들은 생동감을 얻는다.

- **일러스트레이터**: 컨셉부터 최종 게임의 광고까지 모든 요소를 그린다.

- **라이터**: 게임엔진이나 3D 환경에서 장면에 빛을 넣는다.

- **레벨 아티스트**: 게임엔진에서 직접 만들거나 다른 사람들이 제작한 애셋을 사용해 레벨을 만든다. 타운부터 밀림까지 무엇이든 만들 수 있다.

- **테크니컬 아티스트**: 아트 애셋들이 게임엔진에서 정확하게 구현되게 한다. 프로그래밍 툴을 사용해 아트 파이프라인과 3D 캐릭터 리킹 및 스키닝을 하기도 한다.

- **텍스처 아티스트**: 3D 오브제에 색과 패턴을 넣고, 게임엔진의 조명 구현에 따른 색의 변화를 구현한다.
- **2D 아티스트**: 2D 이미지를 다룬다.
- **3D 아티스트**: 마야나 3D 맥스 등 3D 프로그램을 다룬다.

아직 스스로가 어떤 분야에 몸을 담을지 모를 수도 있다. 자신의 분야를 찾기까지는 몇 년의 시간이 걸리기도 한다. 하지만 이 책을 통해 여러분은 몇몇 아트 분야에 필요한 기술을 배울 수 있다. 일러스트레이션을 잘 하든, 그래픽디자인을 잘 하든, 맵을 잘 그리든, 연습을 거듭하고 계속해서 새로운 것을 배운다면 여러분은 게임 세계의 어디에선가 빛을 발할 수 있다.

게임 언어 배우기

게임업계에는 자칫 이상하게 들릴 수도 있는 용어들이 많다. 하지만 약간의 설명을 들으면 그 뜻을 이해할 수 있다. 게임디자인 회의에서 자주 들을 수 있는 단어들을 하나씩 살펴보고, 굵게 표시된 단어들의 의미를 알아본다. 처음에는 헷갈리기 쉽지만 조금만 신경 쓰면 친숙해질 것이다.

회의

여러분은 새 게임 디자인을 위한 시간 단계의 회의에 참석했다. 수석 소프트웨어엔지니어와 게임디자이너, 프로듀서가 함께 자리하고 있다. UI 아티스트 한 명, 2D 아티스트 몇 명, 3D 아티스트 몇 명, 아트디렉터도 있다.

새로 만들고자 하는 게임의 제목은 〈우주로봇 해적〉이며, 오늘 회의에서는 처음 할 일들을 정하려고 한다. **애자일** 프로젝트인 경우, **데모** 제작에 필요한 최소한의 작업이 무엇인지 파악한다. **워터폴** 프로젝트인 경우, 데모 제작과 최종 프로젝트 일정이 들어간 장기 계획을 짠다. 애자일과 워터폴은 서로 양 극단에 있는 기획 방법이다. 여기서 데모는, 만들려는 게임을 플레이가 가능하게 예시로 만들어 보는 것이며, 보통 컨셉도 함께 보여준다. 여러분의 프로젝트가 **그린릿**을 획득하면 개발에 필요한 자금을 지원받는다.

엔지니어는 어떤 엔진을 사용할지 결정하는 데 일조한다. 프로듀서가 말한다. "**파이톤**에서 **코딩**할 수 있는 사람이 필요합니다. 그리고 **유니티 엔진**과 **비밀요소**를 사용할 겁니다." 다시 말해 유니티라는 상용 게임엔진을 사용할 것이지만, 파이톤이라는 프로그래밍 언어로 작성된 커스텀 코드를 사용해 특별 기능을 제공한다는 뜻이다.

프로듀서는 새 엔지니어 구인 공고를 내고 **마일스톤**을 만들 시간이 충분한지 묻는다. 엔지니어는 **툴 가이**tools guy가 파이톤을 다룰 줄 알기 때문에 새로 사람을 뽑을 때까지 자리를 대체할 수 있지만, 백엔드 코드backend code에서 이뤄지는 작업에 지장이 생길 수 있다고 설명했다. 프로듀서는 그의 말에 동의하고, **아트디렉터**에게 아트 팀 업무에 지장이 있을지 물어보았다. 툴가이는 아트 팀에서 **결과물**을 **익스포트**exporting하기 위해 코드 짜는 일을 하고 있기 때문이다.

아트디렉터는 책임아티스트에게, 아직 작업이 끝나지 않은 애셋이 무엇인지 묻는다. 책임아티스트는 모델들 몇 개가 작업은 끝났지만 **리깅**과 **스키닝**, **애니메이팅**을 해야 한다고 답했다. 또한 새 적진 로봇이 작동하지 않아서 **컨셉 스케치**를 새로 한 다음 발전시켜야 한다고 덧붙였다. 아트디렉터는 그의 말에 동의하면서, 선임 2D 아티스트에게 새 적진 로봇의 방향을 설정하기 위한 **무드보드**와 **썸네일**을 요청한다.

프로듀서와 엔지니어는 자리를 뜨고, 아트 부서는 회의를 이어간다. UI와 UE, HUD를 담당하는 2D 아티스트가, 이번 데모를 위해서 새 **와이어프레임**을 만들어야 하는지 묻는다. 아트디렉터는, 그럴 필요는 없지만 **테스트** 과정에서, 메뉴에 나타나는 **버그**를 해결해야 할 것이라고 답했다.

회의가 끝났다. 팀원들은 회의실을 빠져 나와 각자의 자리로 돌아간다. 프로듀서는 회의 참가자 전원에게 이메일로 노트를 남긴다.

무슨 말을 했을까?

앞서 본 것처럼. 게임 산업에는 업계 내부에서만 쓰이는 용어가 많다. 앞에서는 여러분에게 단어의 의미를 알려주기 위해, 게임업계에서 자주 쓰이는 용어들을 많이 사용했다. 용어들은 앞으로 더 많이 배우겠지만, 여기에서도 간단히 어휘를 정리하고 넘어가자.

- **애자일**: 애자일 방식은 업무를 작은 부분들로 나누고 계획을 최소한으로 세워서 애셋을 만드는 방식이며, 장기계획은 세우지 않는다.

- **워터폴**: 게임의 중요 애셋들을 최대한 빨리, 많이 파악하기 위한 장기적인 계획 체계다.

- **데모**: 게임의 예비 버전을 통해 컨셉을 보여주며, 보통 게임의 작은 일부분이다. 주로 '버티칼 슬라이스'라 불린다.

- **그린릿**: 진행 중인 프로젝트가 자금지원과 개발 승인을 받았다.

- **엔지니어**: 비디오 게임 제작을 위해 코드를 짜는 소프트웨어 엔지니어, 프로그래머, 컴퓨터 과학자를 말한다.

- **엔진**: 비디오 게임 제작에 쓰이는, 소프트웨어 기반의 오픈엔드 개발 시스템이다. 엔진은 내부에서 개발하기도 하고 제 3자가 개발한 상용 엔진을 사용하기도 한다.

- **프로듀서**: 게임 개발을 감독하고, 일정을 추적하고 관리하며, 프로젝트 진행 상태를 감찰한다.

- **코드**: '소스 코드'라고 불리기도 하며, 게임 제작에 사용되는 프로그래밍 글줄이다(하나 이상의 프로그래밍 언어로 쓰인다).

- **파이톤**: 고급 프로그래밍 언어의 일종이다.

- **유니티 엔진**: 상용 게임엔진의 하나다.

- **비밀요소**: 사내 엔지니어들이 작성한 커스텀, 전용 코드다. 엔진이나 기타 라이선스 게임 코드의 작동 방식을 강조하거나 대체한다.

- **구인 공고**: 이 경우에는 엔지니어를 구하고 있다.

- **마일스톤**: 제작일정 상에서, 특정 날짜까지 반드시 마쳐야 하는 작업과 업무를 파악하는 표시이다. 보통 지급 일정이 마일스톤에 들어간다.

- **툴 가이(tools guy)**: 엔진이나 다른 프로그램에 적용되는 프로그래밍 소프트웨어 툴에 특화된 엔지니어를 말한다.

- **백엔드 코드**: 내버 서버에 남아 있으며 게임과 함께 배포되지 않는 코드를 말한다.

- **아트디렉터**: 프로젝트 안에서 아트를 책임지는 디렉터(매니저)를 말한다.

- **팀**: 게임 제작에 참여하는 모든 사람을 말한다.

- **익스포트(export)**: 미디어 애셋(그래픽, 소리, 음악 등)을 처음 제작한 프로그램으로부터 게임엔진이나 다른 프로그램으로 이전할 때 거치는 과정이다.

- **결과물(deliverables)**: 일정에 맞춰 제공돼야 하는 게임 내 아이템들을 말한다.

- **책임아티스트**: 프로젝트 전체나 일부를 책임지는 선임아티스트를 말한다. 아트디렉터에게 보고하는 중간 매니저가 보통 이 역할을 맡는다.

- **애셋**: 아트워크, 코드, 텍스트 등 게임 제작에 쓰이는 모든 아이템을 말한다.

- **리깅**: 3D 모델에 뼈대를 삽입하고 이를 통제할 수 있는 구조를 삽입해, 애니메이션이 이 3D 모델을 꼭두각시처럼 움직일 수 있게 한다.

- **스키닝**: 3D 모델에 뼈대를 붙인다.

- **컨셉 스케치**: 캐릭터나 오브제의 생김새를 대강 보여주는 스케치다. 시간과 자원을 투자해서 최종적인 외형을 만들기 전에 느낌을 살펴보는 데 쓰인다.

- **무드보드**: 이미지와 모델에 시각적으로 일관성을 주기 위한 이미지 모음판이다.

- **썸네일**: 게임의 일부 측면을 설명하기 위한 간단한 스케치이다.

- **UI**: 사용자 인터페이스

- **UX**: 사용자 경험

- **HUD**: 헤드업 디스플레이를 말한다. 플레이어에게 지도나 파워바 등의 정보를 보여주는 화면 내 인터페이스 요소다.

- **와이어프레임**: UI 생김새를 보여주는 간단한 스케치다.

- **테스트**: 사람들을 고용해서 게임을 시험하고 기능 및 실행 문제를 점검한다.

게임 애셋 워크스테이션 설정

맥과 윈도우는 몇 년째 경쟁 구도를 유지하고 있다. 두 운영체제는 비슷한 기능을 수행하지만 작업방식은 각기 다르다. 어느 운영체제에서나 훌륭한 워크스테이션을 꾸밀 수 있으므로 선택은 각자의 취향이나 작업환경에 달려 있다. 그렇다면 어떤 점을 고려해야 하는지 함께 살펴보자.

컴퓨터 환경

게임 아트 개발용 컴퓨터를 살 때는 다음 사항을 고려해야 한다.

- 우수한 성능의 그래픽카드를 갖추고 고해상도를 지원해야 한다. 게임을 만들 때는 제작 중인 그래픽을 제대로 볼 수 있어야만 한다. 픽셀을 일일이 확인해야 할 때도 있으며, 이때 픽셀을 볼 수 없으면 곤란하다.
- 메모리와 저장장치, 프로세서를 충분히 구비한다. 포토샵이나 게임개발 소프트웨어는 결코 가볍지 않다. 리소스를 상당량 잡아먹으면서 여러분의 컴퓨터를 점령할 것이다. 컴퓨터의 용량과 속도는 최대한 키우는 것이 좋다.
- 포트를 넉넉히 구비한다. USB 포트가 몇 개 있는지 확인하자. 많을수록 좋다. 최신 맥이나 PC에는 블루투스 기능이 있어 포트가 덜 필요하지만, 마우스나 키보드, 트랙볼, 스캐너, 그래픽 태블릿, 외장하드, TV 스트리밍 장비 등 USB 포트가 꼭 필요한 주변기기도 많다.

상업용 소프트웨어는 대부분 PC를 중심으로 출시되어 있으며 포토샵은 더욱 그렇다. 어도비와 애플이 단짝처럼 지내던 시절은 호랑이 담배 피던 먼 옛날의 이야기다. 오토데스크의 전 제품은 PC에 최적화되어 있으며, 맥에서는 설치조차 안 되는 프로그램도 있다. 그러므로 여러분이 구입하려는 소프트웨어가 맥에서 작동하는지를 확인해야 한다. 맥에서 윈도우 기반의 소프트웨어를 실행시켜주는 프로그램도 있지만 이 역시 무료가 아니며, 프로그램 성능이 떨어질 수도 있다.

태블릿 선택

태블릿은 컴퓨터에서 펜을 사용해 그림을 그리기 위한 도구다. 어도비 포토샵과 태블릿을 함께 사용하면 여러분은 자기만의 디지털아트 스튜디오를 가지게 된다. 펜이 있는 게 뭐 그리 대수인 걸까? 아티스트는 보통 펜이나 연필로 그림을 그리며 자라왔다. 우수한 태블릿과 펜이 있으면 컴퓨터에서도 연필로 그림을 그리는 것처럼 작업하면서 실력을 발휘할 수 있다. 초창기의 태블릿은 커다랗고 반응을 하지 않는 TV 트레이와 비슷했지만, 요즘 나오는 제품들은 정교한 압력 감지 능력으로 사용자가 표현하는 모든 느낌을 포착한다.

와콤 신티크 제품을 살펴보자(그림 1.5). 신티크는 기본적으로 모니터 위에 그림을 그릴 수 있는 제품이며, 포토샵 같은 프로그램을 사용하도록 특화되어 있다. 신티크는 종이에 그림을 그리는 느낌과 에어브러시, 수채화, 크레용 같은 재료를 정확하게 모사한다. 이 제품은 업계의 표준이 되었으며 대부분의 스튜디오에서 게임 아티스트에게 이 제품을 제공한다.

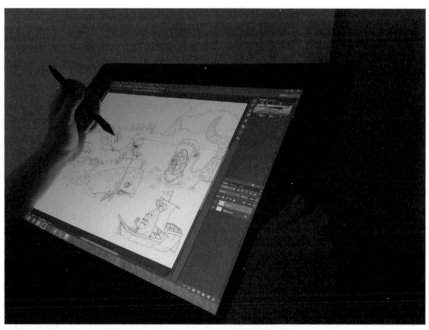

그림 1.5 와콤 신티크는 기존 방식의 미술도구 사용 경험을 재현해준다

몸이 편안해야 한다

포토샵으로 게임 만드는 데 가구까지 신경 쓰는 사람은 별로 없을 것이다. 하지만 한 자리에 앉아 오랜 시간을 보내다 보면 가구가 얼마나 중요한지 깨닫게 된다. 몇 시간 동안 책상에 앉아 있으면서도 허리에 피로를 느끼지 않는 사람이라면 괜찮다. 하지만 작업환경을 편안하게 하는 것은 비용 면에서나 효율성 면에서나 충분히 가치 있는 일이다. 여러분을 떠나 보내기 싫은 전문 스튜디오들은 여러분이 책상에서 편안하게 작업할 수 있도록 많은 투자를 한다. 좋은 의자를 마련하고 모니터를 눈높이에 맞게 잘 조정하자(그림 1.6). 몸이 편안해야 작업도 잘 된다.

그림 1.6 작업환경이 편안해야 창의성도 높아진다

작업물 정리 및 보관

작업물을 보관하는 것은 간단한 일인 것처럼 느껴지지만, 반드시 명심해야 할 사항이 몇 가지 있다. 이제부터 작업물 보관 철학에 대해 이야기해 보자. 중요한 이야기처럼 느껴지지 않는가?

파일 공유 소프트웨어 사용

전문적인 작업 환경에서는 여러 아티스트가 같은 작업을 함께 진행하므로, 같은 장소에 파일들을 공유해야 다른 팀원들도 파일에 접근할 수 있다. 퍼포스Perforce, 얼라인브레인Alienbrain, 깃Git, 구글독스Google Docs 등 여러 솔루션이 있다.

이러한 솔루션들은 시스템에 접속해 저장장치 안팎의 파일들을 확인하고, 작업 중인 파일들을 영구적으로 보관한다. 훌륭한 시스템이기는 하지만, 현재의 파일들을 전부 동기화해야만 파일을 열 수 있기 때문에 살짝 번거로울 때도 있다. 팀원 200명이 각기 다른 파일들을 수정하고 있고 여러분이 며칠 동안 동기화를 하지 않은 상태라면, 파일 하나를 여는 데에도 꽤 오랜 시간을 잡아먹을 수 있다. 게임 제작팀에는 팀 안에서 정해놓은 파일 저장 체계가 있을 것이므로, 여러분은 자신이 합류한 팀의 체계를 배워야 할 것이며, 다른 팀원이 이를 가르쳐줄 것이다.

자기만의 파일 정리 체계 갖추기

퍼포스나 깃 같은 서비스에 돈을 지불할 여력이 안 된다면 다른 방법을 사용하면 된다.

가장 쉬운 방법은 하드드라이브를 구분하는 것이다. 용량이 몇 TB 정도 되는 외장하드를 사용하면 저렴하고 간편하게 백업파일을 저장할 수 있다. 정해진 일정에 자동으로 백업이 되는 기능을 사용할 수도 있다. 하드드라이브는 컴퓨터에서 완전히 분리될 수 있어야 한다. 그래야 컴퓨터에 문제가 생겨도 이에 영향을 받지 않은 백업파일을 새 컴퓨터에서 사용할 수 있다. 백업용 하드드라이브가 고장난 경우, 컴퓨터 안에 저장해둔 파일을 새로 백업할 수 있다. 만약을 대비해 언제나 작업물의 사본을 2개 이상씩 저장해두는 것이 중요하다.

물론 이런 방법으로는 여러 사용자가 함께 자동으로 새 버전의 파일을 공유할 수는 없다. 하지만 파일 이름에 버전을 기입해두면(파일 이름 끝에 cat_1, cat_2, cat_3처럼 숫자를 표시한다) 버전 확인할 수 있다.

구글이나 드롭박스처럼 인터넷에 파일을 저장하는 클라우드 서비스를 사용해도 좋다. 보통 일정 용량은 무료로 제공하고, 추가 용량은 유료로 제공한다.

파일 명명 규칙

게임프로젝트는 체계가 복잡하고 포토샵 이외에 다른 프로그램도 사용하는 경우가 많다. 파일의 진행 상황을 잘 파악하려면, 몇 달 만에 파일을 찾아도 헤매지 않도록 이름 짓는 규칙을 마련하는 것이 중요하다.

파일 이름 맨 앞에는 프로젝트의 이름이나 프로젝트의 약어를 쓴다. 이름은 빨리 읽을 수 있도록 다섯 글자 이하로 표기하는 것이 좋다. 퍼포스 같은 프로젝트에서는 파일 이름에 대문자를 사용할 수 있다. Ninja Bunnies라는 프로젝트라고 한다면, 앞부분에는 띄어쓰기 없이 NinjaB 또는 NB라고 표기한다. 두 번째로는 '캐릭터', '배경' 등 아트 종류를 명시한다. NB_Chr(캐릭터) 등이 될 수 있다. 그 다음은 이미지를 설명한다. 토끼 귀라면 NB_Chr_bunnyear라고 할 수 있다. 마지막으로 하나의 작업물에 여러 버전이 있는 경우 숫자를 붙여서 NB-Chr_bunnyear1 등으로 표기한다.

파일 용량

파일을 저장할 땐 용량을 고려해야 한다. 예를 들어 가로세로 10픽셀에 해상도가 600dpi으로 작업해서 최종 결과물은 가로세로 5픽셀에 300dpi로 만들어야 하는 경우, 큰 원본 파일과 게임에 사용될 작은 버전을 모두 저장해야 한다. 그래야 재작업이 필요한 경우에 새로 아트를 만들 필요가 없다.

폴더

폴더 정리는 별로 중요한 문제가 아닌 듯 보일 수도 있지만, 파일이 늘어나고 프로젝트가 몇 달에서 몇 년으로 연장되면 파일을 찾기가 점점 더 어려워진다.

그렇기 때문에 파일 정리와 비슷한 방식으로 폴더를 만들어 파일을 분류하는
것이 좋다.

예를 들어 NB_Bunny라는 폴더 안에는, 토끼 귀, 눈, 꼬리 등이 들어간다.
토끼의 신체 부위마다 폴더를 따로 만들 필요는 없다. Project ➤ Ninja Bunny ➤
characters ➤ NB_Bunny 식으로 폴더를 만들어 내려간다.

이미지 여러 장을 합쳐서 하나의 이미지를 만들 때에는, 최종 이미지에 들어
가는 소스 파일 전체를 최종 이미지와 함께 하나의 폴더에 저장하는 것이 좋다.
이렇게 하면 요소 하나를 바꾸거나 수정해야 할 때 어떤 이미지든 쉽게 찾을
수 있다.

어도비 브릿지

어도비 브릿지는 포토샵과는 별개의 프로그램으로, 작업 관련 파일 전체를 한
화면에 보여준다(그림 1.8). 필요한 파일을 찾고, 정리하고, 저장된 파일들을 일
괄 처리할 수도 있다. 원하는 파일을 바로 실행할 수 있는 즐겨찾기를 만들면
프로젝트별로 작업물들을 정리할 수 있다.

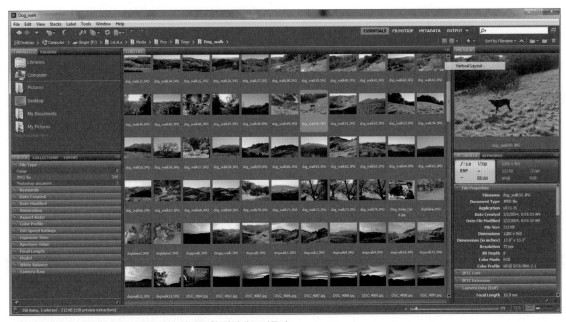

그림 1.8 어도비 브릿지는 작업 관련 파일 전체를 한 화면에 보여준다

아티스트는 다양한 프로그램에서 다양한 형식으로 생성되는 컴퓨터 파일을 다루게 된다. 파일 형식은 여러분이 그래픽 데이터를 저장하는 디지털 용기의 종류를 말한다. 다행히도 포토샵은 거의 모든 형식의 파일을 읽고 저장한다(그림 1.7). JPG나 PDF 같은 형식은 워낙 유명해서 모두들 알고 있겠지만 그 외에도 여러 가지 형식이 있다.

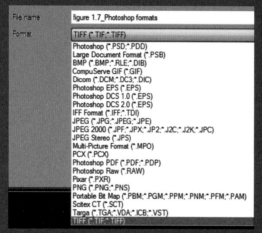

그림 1.7 포토샵에서는 여러 가지 파일 형식을 사용할 수 있다

지금부터 함께 알아보자.

- **PSD(Photoshop Document):** 포토샵에서 생성되는 파일 형식이며, 게임 아티스트가 가장 많이 다루는 형식이다. 레이어가 그대로 보존되기 때문에 작업 파일들을 개별적으로 저장하거나 작업 중 레이어를 바꿀 수 있다. 작업을 마치면 레이어를 모두 합친 뒤, 이미지에 투명한 부분이 있는지 어부

에 따라 PNG나 JPG 파일로 저장한다. 추가 작업이 필요할 경우를 대비해 원본 PSD 파일은 항상 저장해둬야 한다.

- **PEG(Joint Photographic Experts Group):** JPEG 또는 JPG라고 부르며, 세계에서 가장 널리 사용되는 이미지 형식이다. 하지만 데이터 압축 과정에서 이미지가 손실되기 때문에 전문가들은 보통 최종 결과물을 JPG로 저장하지 않는다. 레이어나 투명색도 지원하지 않는다. 게임업계에서는 무드보드나 프리젠테이션 자료용으로 많이 사용한다.

- **GIF(Graphics Interchange Format):** JPG와 비슷하지만 더 오래된 형식으로, 256색만을 지원하고 한정된 색의 웹 그래픽에 주로 사용된다. GIF는 디스플레이 코드에서 시간을 지연시켜 애니메이션을 넣을 수도 있다. 프레임 여러 개를 만든 다음, 슬라이드쇼처럼 순서가 매겨진 이미지들이 담긴 하나의 파일로 만드는 것이다. GIF 애니메이션은 개인용 아이콘이나 MEME에 널리 사용되며 포토샵에서 만들 수 있다.

- **PNG(Portable Network Graphics):** GIF 형식을 대체하기 위해 생긴 형식이며, 투명색을 저장할 수 있다는 점이 가장 중요하다. 게임에서는 투명색을 구현하는 것이 무척 중요하다. 대부분의 게임은 요소들을 애셋 단위로 분해하고 엔진 안에서

다시 조립한다. 모든 애셋이 JPG처럼 흰 배경을 가지고 있다면 다른 이미지들과 합성하거나 통합할 수 없다.

- **TIFF(Tagged Image File Format)**: 이미지를 손실하지 않고 가장 높은 해상도로 사진을 압축해서 저장할 수 있는 형식이다. TIFF는 PSD와 비슷하지만 스튜디오에서는 많이 사용되지 않는다. 3D 프로그램에서 이미지 렌더링을 할 때 선호되는 형식 중 하나다.

- **EPS(Encapsulated PostScript)**: 프린터가 인쇄 과정에서 이미지를 어떻게 재현해야 하는 지에 대한 정보를 담은 인쇄용 형식이다.

- **PDF(Portable Document Format)**: 그래픽과 서체 정보 등, 문서에서 고정되어 있는 배치 상태를 그대로 저장하는 형식이다. 압축과 메모리 풋프린트를 설정할 수도 있다. 파일을 널리 배포하기에 좋은 형식이다. 또한 게임을 간단하게 소개하는 덱 등 홍보용 정보를 배표할 때, 그리고 마케팅이나 영업을 할 때 주로 사용된다. 덱은 사진과 문서로 이루어지며, PDF로 파일을 저장하면 이런 요소들을 원본 파일에서 배치한 위치가 그대로 유지되고, 어떤 기기에서 파일을 열어보든 똑같은 모습으로 표시된다.

- **BMP(Bitmap Image File)**: 디스플레이 기기와 관계없이 비트맵 이미지를 저장하는 래스터 그래픽 파일 형식이다. 마이크로소프트 워드에서 주로 쓰인다.

- **TGA(Truevision TGA)**: TARGA라고도 하는 그래픽 파일 형식으로, 트루비전 주식회사에서 개발했다. TGA는 오랫동안 렌더링 파일 형식으로 사랑받았지만 이제 TIFF가 그 자리를 차지했다. TGA는 알파마스크를 만들 때 사용되기도 하며, 이는 3D 재질을 위한 더트맵과 스텐실을 만들 때 유용하다.

자신이 어떤 파일 형식을 사용하고 있는지는 어떻게 확인해야 할까? 파일 이름의 확장자나 파일 이름 끝부분을 확인하면 된다. 이는 파일 이름 끝에 알파벳 또는 숫자로 덧붙으며(보통), 컴퓨터 사용자(그리고 컴퓨터에 깔린 여러 소프트웨어)가 파일에 어떤 형식의 데이터가 저장되어 있는지를 빠르게 파악하도록 해준다. OS X에서 사용되는 프로그램의 경우 확장자를 표시하지 않아서 파일 형식을 파악하기가 더 어렵다.

브릿지에는 광범위한 검색엔진이 있어, 특정한 이미지 또는 특정한 종류의 이미지 파일 전체를 쉽게 찾을 수 있다. 어도비 브릿지 프로그램을 단독으로 실행할 수도 있고, 포토샵 안에 들어 있는 미니브릿지라는 프로그램을 사용해도 된다.

포토샵 커뮤니티의 도움 받기

인터넷에는 포토샵을 사용하는 사람이 어마어마하게 많기 때문에, 포토샵에 대한 질문을 검색하면 전부 읽어보기 버거울 만큼 많은 답변을 찾을 수 있다. 수많은 인터넷 커뮤니티에서 포토샵을 더욱 효과적으로 사용하기 위한 강의, 영상, 팟캐스트, 자료를 제공하며 포토샵에 관련된 많은 정보를 나눈다. 여러분에게 필요한지조차 몰랐던 신기술도 익힐 수 있다. 알아두면 유용한 인터넷 포토샵 커뮤니티 몇 군데를 소개한다.

- 어도비는 포토샵에 대해 다양한 정보를 제공하는 시스템을 마련했다. 포토샵 웹사이트에 접속하면, Adobe's Support와 Learning 탭 아래에 사용자 포럼과 어도비 공식 교육 영상, 유용한 자료들의 링크가 걸려 있다. 포토샵 상단의 메뉴에서 Help를 클릭하면 이 사이트에 접속할 수 있다.

- Youtube.com이나 Vimeo.com에 개인이 직접 만들어 올리는 영상도 유용하다. 여러분이 궁금해했던 점에 답을 주고 다른 해결책을 제시해주기도 한다. 가끔 지루한 대화가 나올 때도 있지만 그래도 여러분이 필요로 하는 정보를 얻을 수 있다.

- 다년간 경력을 쌓은 뛰어난 아티스트들이 프로그램을 가르치는 전문적인 강의 사이트도 있다. 대부분 유료이며(보통 매우 합리적인 가격이다), 강의가 순서대로 이루어지는 특성 상, 배우고 싶은 주제를 직접 찾아다닐 필요가 없다. www.safaribooksonline.com에는 이 책을 비롯한 다양한 포토샵 책과 훌륭한 강의 영상들이 있다.

- 블로그와 개인 홈페이지들도 있다. 수많은 아티스트가 개인 홈페이지를 열어 포토샵 사용법을 가르치고 있다. 자신의 작업물을 예시로 보여주며 시연 영상을 통해 어떻게 작업을 완성했는지 설명하는 경우가 많다. 아티스트가 현장에서 직접 시연을 보여주는 투어 일정이 올라오는 곳도 있다.

- 박람회에 참가하는 것도 포토샵에 대한 정보를 얻는 좋은 방법이다. 어도비는 포토샵 관련 컨퍼런스와(어도비에서 진행하는 최대 행사인 어도비맥스 등) 게임 개발자 컨퍼런스Game Developers Conference, 코믹콘Comic-Con, E3Electronic Entertainment Expo 같은 대형 박람회에 참여한다. 이런 행사에서 어도비는 다양한 워크샵과 강의 세션, 심포지움을 열고 모든 제품의 데모 버전을 전시한다. 박람회는 포토샵과 게임에 대한 최신 정보를 얻을 수 있는 좋은 기회다.

정리

1장은 게임업계에 대한 소개와 함께, 이 책에서 여러분이 만나게 될 게임업계의 요소들을 간단하게 소개했다. 1장에서 설명한 내용은 앞으로 책에서 다시 다루게 되므로 잘 기억해두자. 게임회사의 아트 부서에서 누가 어떤 일을 하는지도 이해해두어야 한다. 마지막으로 작업 파일 정리하는 법, 파일 형식, 파일 저장법도 잘 알아둔다.

이제 게임 아트 부서에서 중요하게 쓰이는 기술들을 배울 차례다. 태블릿과 스타일러스를 준비해두자.

2

게임의 파이프라인

게임에는 여러 장르가 있다. 소셜 게임, 롤플레잉 게임, 단어 게임, 슈팅 게임, 레이싱 게임 등 종류는 각기 다르지만, 전설의 용을 쫓는 게임이든 빈칸에 들어가는 숫자를 맞추는 게임이든 제작 과정은 모두 비슷하다.

게임을 만드는 것은 집을 짓는 것과 비슷하다. 집에는 기반과 벽, 지붕이 있으며 사용되는 재료는 비슷비슷하지만 집집마다 생김새는 모두 다르다.

샷 # _007_
설명/대화 _닌자버니? 공주를 꼭 구해야 하는데 어쩌면 좋지? 주인공이 나오는 와이드샷. 도조를 향해 천천히 움겨간다._

노트 peachpit.com에 접속해 이 책의 ISBN을 입력하면 자료 파일을 받고 영상을 볼 수 있다. 책을 등록하면 Registered Products 아래 Account 페이지에 파일 링크가 보인다.

게임을 만들 때 아이디어가 기반이 되고, 컨셉 드로잉은 벽이 되며, 스토리는 지붕이 된다. 모든 영역에서 다양한 사람들이 힘을 합쳐 프로그래밍을 하고 그래픽과 디지털 애셋을 만들어 최종 결과물을 완성한다.

이 장에서는 모든 게임제작에 공통으로 적용되는 제작과정과 작업흐름을 배운다.

첫 걸음은 아이디어에서 시작된다

가끔은 게임을 만들 좋은 아이디어를 내는 게 제일 어려운 일일 때도 있다. 누군가 여러분에게 무한정으로 자금을 지원하면서 원하는 게임을 마음대로 만들어보라고 한다면, 여러분은 어떤 게임을 만들까? 어떤 장르를 선택할까? 좀비, 호러, 전쟁, 토끼? 플레이는 어떻게 할까? 콘솔이나 iOS? 여러분 앞에 놓인 게임플레이의 세계에는 처음부터 선택해야 할 것들이 너무나도 많다. 그렇다면 초기에 아이디어를 전개하는 방법을 살펴보자.

가장 먼저 할 일은 선택범위를 좁히는 것이다. 나중에 결정을 바꾸더라도, 최소한 여러분이 만드는 게임에 대해 일반적인 맥락은 정해 놓아야 한다.

우선은 좋아하거나 익숙한 장르나 컨셉에서 출발하는 것이 좋다. 닌자를 좋아해서(일본에 여행을 갔다가 복면을 쓰고 살금살금 뒤를 쫓는 어둠의 인물을 만나봤다면) 닌자의 잠행과 격투를 가지고 게임 컨셉을 만들 수 있다. 좋은 주제다. 이제 방향이 정해졌고, 주제를 결정함으로써 게임의 배경과 활동에 대한 많은 문제가 해결되었다. 머릿속에서 이미지가 떠다니기 시작하면 생각을 발전시킬 수 있다.

무드보드 사용

무드보드(그림 2.1)는 기존의 이미지들을 모아 게임의 전체적인 '느낌'을 보여준다.

무드보드는 머릿속 아이디어를 꺼내 화면에 펼쳐놓는 훌륭한 도구다. '영감을 주는' 이미지들을 수집함으로써, 앞으로 만들고자 하는 게임의 다양한 측면을 시각적으로 조감할 수 있다. 그런 다음 이미지들을 걸러내면서 여러분이 원하는 스타일에 가까운 하나의 이미지를 만든다. 다른 팀원들에게 무드보드를 보여주면서 모두의 비전을 일치시키고 프로젝트 전반에서 게임 외형의 일관성을 유지하게 한다.

무드보드를 만들려면 먼저, 포토샵에서 큰 캔버스를 만든다. 가로세로 10인치에 해상도 300dpi 정도면 인터넷에서 찾은 크기가 뒤죽박죽인 사진들을 충분히 넣을 수 있다. 무드보드는 출처에 관계없이 원하는 이미지를 마음껏 모아놓는 곳이다. 꼭 애셋을 만들려는 대상의 이미지만 담아야 하는 건 아니고, 색상과 스타일, 조명, 형태 모두 넣을 수 있다. 프로젝트가 나아가려는 방향에 맞고 '큰 그림'을 그리는 데 필요하다면 어떤 이미지든 상관없다.

그림 2.1 닌자버니 게임의 무드보드

우리의 닌자 게임을 예로 들어보자. 먼저 일본 신사의 사진을 모으고, 민족적 느낌의 문신, 일본문화를 보여주는 사진 몇 장, 해변의 아름다운 석양 사진, 동양식 정원의 고요한 사진을 넣는다. 이 사진들을 전부 무드보드에 얹고 어떤 색과 형태가 공통적으로 보이는지 찾아본다. 이렇게 공통된 요소들을 활용하면 게임에서 '닌자 느낌'을 살릴 수 있다.

무드보드를 다 만들었으면 팀원들과 함께 토론한다. 이미지에서 어떤 부분이 인상적인지 이야기한다. 게임디자인과 개발 과정에는 끊임없이 변화가 생기기 때문에 최종 게임에는 맨 처음 만들었던 무드보드의 느낌이 반영되지 않을 수도 있다. 그러나 무드보드를 잘 만들어 놓으면, 제작 과정에서 모든 팀원이 같은 방향을 향할 수 있는 시각적 표지판으로 활용할 수 있다.

컨셉 드로잉

노트 게임 아티스트들은 은근히 컨셉의 법칙을 믿는다(실제 법칙은 아니고 농담으로 하는 말이다). 여러분이 제일 좋다고 생각하는 이미지는 절대 선택되지 않을 것이며, 여러분은 제일 별로라고 생각했던 이미지를 다들 가장 마음에 들어 한다는 것이다.

컨셉 드로잉은 무드보드에서 보여준 '큰 그림'을 시각적으로 구체화한다. 캐릭터와 사물, 배경을 최종 스케치보다 거칠게 그려서 디자인을 정하고 발전시킨다. 여기에서 확정된 디자인이 이후 게임에 사용된다.

컨셉 드로잉은 직접 손을 써서 그림을 그리는 일이다. 그림 실력이 좋아야 하고, 아이디어가 풍부해야 하며, 최소한의 작업으로 어떤 감정이든 표현할 수 있어야 한다. 똑같은 주제와 대상도 끊임없이 반복해서 그려보아야 한다.

실습 1: 컨셉 드로잉

노트 이 데모를 따라하려면 포토샵을 사용해야 한다. 태블릿이 있으면 좋고, 이 책에서는 와콤 신티크를 사용했지만 특별한 기능을 사용하지는 않았으므로 다른 제품이나 마우스만 가지고도 충분히 따라할 수 있다.

이번 실습에서는 게임캐릭터 개발을 위한 컨셉 아트 그리는 법을 배워본다. 책에 나오는 그림과 똑같이 그리지 않아도 된다. 그림을 따라 그리는 것보다는 작업방식을 익히는 것이 훨씬 중요하다.

이 실습에서 여러분은 전문적인 컨셉 드로잉 방법을 배운다(그림 2.2). 그림 실력을 더 쌓아야 하는 사람도 있겠지만, 컨셉을 만드는 방법을 정확하게 알면 여러분의 작업을 훨씬 전문성 있게 보여줄 수 있다.

그림 2.2 대략적인 스케치를 포함한 컨셉 드로잉의 시작

과제

3D 닌자 아케이드 격투 게임에 들어갈 돌연변이 토끼 악당의 컨셉을 만든다. 책의 예를 그대로 따라 그리기보다는 직접 디자인을 해보는 것이 좋다. 창의력을 발휘하면 실습이 훨씬 재미있어진다.

순서

컨셉 아트를 잘 그리려면 체계적인 작업 방법을 만드는 것이 좋다. 작업을 하다 보면 같은 방법을 계속 반복해야 하고, 그럴 때마다 같은 수준의 결과물이 나와야 하기 때문이다. 자신이 했던 작업에 대한 기록을 남겨서, 각 단계를 얼마나 효과적으로 실행했는지 평가하며 프로세스를 개선하기도 한다. 일반적인 과정은 다음과 같다.

- 캐릭터 실루엣을 몇 가지 만들고 그 중 앞으로 발전시킬 실루엣을 하나 선택한다.
- 실루엣의 외곽선을 가볍게 따라 그려서 핵심적인 요소를 파악한다.
- 베이스톤을 깔아서 형태에 양감을 더한다.
- 빛과 그림자와 넣어서 형태를 더 확실하게 정리한다.
- 색을 넣는다.
- 색을 다듬는다.
- 이미지를 최종적으로 정리한다.
- 원한다면 배경을 넣는다.

실루엣 생성

작게 시작하자. 아무런 참고자료도 없이 시작한다면 우선 썸네일을 그리면서 어떤 형태가 나올 수 있는지 살펴보는 것이 좋다. 덩어리 형태도 좋고, 선을 대강 그려도 좋다. 형태를 잘 알아볼 수 있고 특징이 잘 살아있으면 된다.

작게 스케치를 하면 세밀한 부분에 신경을 뺏기지 않고 전체적인 이미지에 집중할 수 있다. 흥미로운 실루엣을 만들면 좋은 포즈를 만들 수 있고, 이를 통해 신체를 만들 수 있으며, 이를 통해 조명을 정하고, 또 계속해서 다음 단계를 진행하게 된다.

1   포토샵에서 File ➤ New를 선택해 새 이미지를 만든다.

2   설정 창에서 Width를 10 Inches, Height도 10 Inches, Resolution은 300 Pixels/Inch(그림 2.3)로 입력한다. 또는 Resources 폴더에서 Bunnyrough.tiff 파일을 연다.

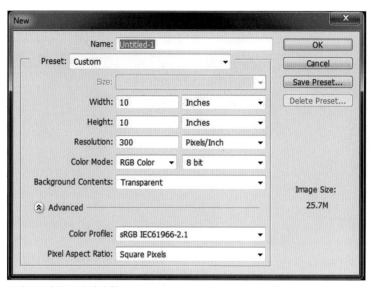

그림 2.3 파일 크기 설정 창

3 Layer ➤ Create a new layer를 선택하고 토끼의 실루엣에 b_silh이라고 이름을 붙인다. 이제 레이어가 두 개 보인다.

4 밑에 있는 레이어를 선택한다.

5 툴바에서 Paint Bucket 툴을 선택하고, 중간 정도의 회색을 선택해 배경을 채운다. 이렇게 중간색을 배경에 넣으면 작업이 한결 쉬워진다. 배경이 새하얗거나 새까만 경우 선이 지나치게 두드러져, 세밀한 부분에 훨씬 신경을 많이 써야 하기 때문이다.

6 툴바에서 Pen 툴을 선택하고 Opacity는 70, Flow는 55로 설정한다. 진한 색이나 검은 색을 선택하자.

7 투명한 레이어인 b_silh를 선택하고 그림을 그린다(그림 2.4). 작게 그리자. 구석에서부터 그리기 시작해 캔버스 전체에 여러 형태를 그려본다.

그림 2.4 다양한 컨셉 드로잉을 그린다

8 윗줄에 4개를 그리고, 다음 두 줄에도 4개씩 더 스케치해서 총 12개의 이미지를 그린다. 이를 보통 프루프 시트proof sheet라고 한다.

이 방법을 사용하면 적절한 캐릭터를 선택하기 좋다. 그림은 작게 그리도록 하자. 사실 작은 크기로 신속하게 그림을 그리기만 하면, 줄을 나란히 맞출 필요는 없다.

스튜디오에서는 수많은 컨셉을 빠르게 스케치하기를 요구하므로, 이에 능숙해지는 것이 중요하다. 위 순서에 따라 스케치를 하고, 작업이 끝나면 스스로에게 물어보자. "더 잘 하거나 빨리 끝낼 방법이 없을까?"

스케치 승인 받기

게임스튜디오에서 일을 하다 보면, 앞에서 설명한 순서에 승인 체계가 개입된다.

예를 들어 1차 컨셉 드로잉이 끝나면 첫 번째 검토 단계를 거친다. 작업 당사자 또는 아트디렉터, 팀원들이 이미지 몇 개를 고르면(가장 마음에 든 하나를 선택하기도 한다) 여러분은 그 스케치를 어떻게 다듬을지 설명한다.

이 시점에서 질문을 많이 해야 책임자가 생각하는 구체적인 방향을 파악할 수 있다. 그렇지 않으면 다시 스케치를 어마어마하게 해야 할지도 모른다. "내가 뭘 원하는지는 모르겠지만, 보면 알 수 있어."라는 말도 자주 들을 수 있다. 이렇게 작업 초기에 토론을 하면, 팀원 전체가 같은 관점을 가지게 되어 갑작스런 의견 충돌이 일어나지 않는다.

팀과 스튜디오의 작업방식에 따라, 매 단계의 이미지를 이메일로 보내두는 것도 좋은 방법이다. 이렇게 하면 일하는 도중 문제가 발생해도 스스로를 보호할 수 있고, 회의에 참석하지 않았던 팀원들의 의견도 들을 수 있다. 또한 이미지에 대해 논의한 내역이 기록으로 남는다. 사람들은 자신의 결정을 서면으로 쓰고 나면 이를 번복할 가능성이 적어지고, 누군가 해당 이미지가 승인되었다고 글을 남기면, 그 이미지는 공식적인 승인을 얻게 된다.

드로잉에는 다양한 형태와 스타일, 세부적인 묘사가 담겨 있다. 보통은 실루엣이나 대략적인 스케치, 좀 더 세밀한 스케치를 하고 이 세 가지 스타일을 섞어서 드로잉을 하기도 한다. 선택은 여러분에게 달려 있다. 자신의 드로잉 스타일을 정했으면 그로부터 디자인을 발전시키자. 하지만 하나의 캔버스에 여러 가지 드로잉을 함께 보여줄 때에는 줄마다 다른 스타일을 사용하는 것이 좋다.

스케치 발전시키기

스케치가 승인을 받으면 이를 발전시킬 차례다. 여기에서는 팀원들에게 게임의 룩앤필 발전방향을 보여주는 표지판으로 사용될 캐릭터를 만들어보자. 이 캐릭터는 제안 회의에서 사용하고, 모델러에게 나눠주고, 티셔츠에 넣을 수도 있다. 드로잉의 중요성을 간과하지 말자.

1 proof sheet에서 이미지를 복사해 새 레이어에 붙여넣는다. 레이어의 이름은 rough sketch라고 짓는다(그림 2.5).

그림 2.5 원하는 드로잉을 잘라내서 새 레이어에 올린다

2 proof sheet 페이어는 감추고 이미지를 공간에 꽉 차게 확대한다.

3 레이어 투명도(Opacity)를 50%로 낮추고 새 레이어를 만든다.

4 새로 만든 레이어에 토끼 실루엣을 올린다(그림 2.6). 눈코입을 그린다. 작업 도중 더 괜찮은 포즈가 생각나면 주저하지 말고 적용하자. 그런 예감은 대부분 옳다. 단, 작업 중이던 레이어는 꼭 복사해서 감춰두자. 그런 다음 새 레이어에 작업을 하다가 돌아가야 할 경우 원래 레이어를 꺼내면 된다. 아래 그림에서는 토끼의 포즈를 더 역동적인 느낌으로 수정하고 원본 레이어를 감췄다.

그림 2.6 컨셉 캐릭터를 선으로 표현했다

바탕색 넣기

이제 기본 음영을 넣을 차례다. 기본 음영은 대상에서 빛이나 그림자를 제외하고 가장 진한 값이다(그림 2.7). 이는 캐릭터의 중간 색조를 이룬다. 기본 음영을 먼저 넣으면 빛을 어떻게 넣을지 구상하기 좋으며, 빛이나 색을 추가했을 때 이미지가 어떻게 보일지 파악할 수 있다. 색을 넣었을 때 이미지가 어떻게 보이는지 알면 나머지 작업도 훨씬 쉬워진다. 이제 외곽선이 있으므로, 실루엣은 감추면 색을 더 깔끔하게 볼 수 있어서 좋다. 하지만 꼭 그래야 하는 것은 아니다.

그림 2.7 컨셉 캐릭터에 바탕색을 깔았다

1   새 레이어를 만들어 base tones라고 이름을 붙인다. 레이어 패널에서 이 레이어를 rough sketch 레이어 아래로 내린다.

2   Brush 툴을 선택하고 중간 정도의 회색을 선택해 캐릭터의 피부 영역을 모두 칠한다. 이때 눈, 코, 이빨, 옷 부분은 칠하지 않는다. 레이어 모드를 multiply로 설정해서 외곽선 레이어 위에 놓으면, 더 밝은 색의 브러시 선을 감출 수 있다.

3   연한 회색으로 옷과 눈, 코, 꼬리를 칠한다.

4   색을 칠하다가 외곽선 바깥으로 벗어난 부분이 있다면, 가장자리를 깨끗하게 정리하자. 이때 배경색을 잠깐 빨간색으로 바꿔놓고 테두리를 살펴보면, 미처 색을 채우지 못한 부분을 쉽게 발견할 수 있다. 배경을 회색으로 돌려놓는다.

빛과 그림자 추가

그 다음은 빛과 그림자다. 광원의 방향을 정한 다음, 그림자부터 넣기 시작한다. 실제로 광원과 사물을 놓고 사진을 찍어서 사진을 찍어도 좋다. 봉제인형이나 액션피겨를 놓고, 이미지에서와 같은 방향에서 광원을 두고 빛을 비춰 찍은 사진을 참고자료로 활용하는 것이다(인터넷에서 비슷한 사진을 찾아도 된다).

1 새 레이어를 만들고 이름은 shadow라고 짓는다. 아주 어두운 색조(검은색 제외)를 골라서 그림자가 들어갈 부분을 칠한다. 캐릭터의 양감에 따라 살짝 덜 어두운 색을 선택해 경계 부분에 부드럽게 칠해줘도 좋다(그림 2.8). 캐릭터의 현실감을 높이거나 3D 모델링을 할 계획이라면, 평면이 아닌 조각으로서 이미지를 생각하자. 그러면 빛과 그림자가 어떻게 형태를 감싸는지 이해할 수 있다. 또는 검은색으로 그림자 부분을 새까맣게 칠한 다음, 투명도를 낮춰 원하는 색조를 만드는 방법도 있다.

2 어떤 방법을 사용하든, 그림자가 제대로 들어갔다는 느낌이 들 때까지 어두운 색조를 넣는다.

3 배경의 중간 회색보다 살짝 밝은 색조를 골라서 하이라이트를 넣기 시작한다(그림 2.9). 이제부터 전후 과정을 여러 차례 반복하게 될 것이다.

그림자를 넣는 작업이 끝났더라도 얼마든지 뒤로 돌아가 수정을 할 수 있다. 고칠 부분이 보이면 지체 없이 수정하자.

그림 2.8 캐릭터에 그림자를 넣은 모습　　　그림 2.9 캐릭터에 빛을 넣은 모습

4 그림자와 빛을 만족스럽게 넣었으면, 새 레이어를 만들고 touchup이라고 이름을 붙인다. 이 레이어에서는, 그림자나 하이라이트 가운데 경계가 너무 뚜렷한 부분을 부드럽게 다듬는다. 부드러운 브러시를 선택하고 Opacity는 50%로 설정한 다음, Eyedropper 툴로 색이 연한 부분을 선택해서 경계 부분의 색을 섞거나, 그림자와 하이라이트의 경계를 강조한다.

그림 2.10 색조간의 경계를 부드럽게 처리한 모습

색 넣고 다듬기

음영을 정리했으면 색을 넣어보자. 색을 넣을 때는 빛을 생각하지 않아서 작업이 더 쉽다. 가장 까다로운 부분은 캐릭터에 어울리는 색을 찾는 것이다.

1 새 레이어를 만들고 color라고 이름 붙인다. 레이어 모드를 Normal에서 Color로 바꾼다. 이렇게 하면 여러분의 캐릭터의 어울리는 색을 고르기에 좋다. 예를 들어 얼음괴물에게 빨간색은 어울리지 않다. 따뜻한 색은 차가운 느낌을 주기에 적절하지 않기 때문이다. 우리가 만드는 돌연변이 닌자 토끼에는 전형적인 돌연변이의 색상인 초록색을 사용해 보자(그림 2.11).

그림 2.11 캐릭터에 색 넣기

> 💡 색 하나를 추가할 때마다 레이어를 새로 만들어 두면 색 각각을 따로 수정할 수 있다.

2 색을 칠하되, 부분적으로만 대강 색을 넣어서 캐릭터와 잘 어울리는지 확인한다. 처음부터 너무 꼼꼼하게 칠하지 말자. 브러시의 투명도를 바꿔도 좋다. 외곽선은 나중에 다시 다듬을 것이므로 너무 신경 쓰지 않아도 된다. 이 단계에서 기본 음영이 살아남을 수도 있고, 없어질 수도 있다. 음영을 너무 밝거나 진하게 넣었다면 색이 정확하게 나타나지 않을 수도 있기 때문이다. 이 경우 당황하지 말고 문제가 된 음영 레이어를 수정하자.

팁 포토샵에서 새로 색을 넣거나 새로운 것을 시도해보고 싶을 때에는 항상 레이어부터 새로 만들어야 한다.

3 새 레이어를 만든다(레이어 만들기는 절대 끝나지 않지만 나중에는 여기에 고마워하게 될 것이다). 이번이 마지막 레이어가 될지도 모른다. 아닐 수도 있지만.

4 새 레이어에서는 드로잉을 마무리한다. 눈과 입, 이빨 같은 세부적인 부분을 꼼꼼하게 칠할 차례. 캐릭터에 현실감을 더하고 싶다면 검은색 스케치 선도 지운다(그림 2.12). 실제 사물에는 외곽선이 그림자로 나타난다. 그것도 하나의 색이 아닌, 주변 빛에서 비롯된 다양한 색과 음영이 어우러진 그림자다. 윤곽선을 검은색으로 놔두면 만화같은 느낌이 강해진다. 자신이 어떤 스타일을 원하는지 확실하게 정하자. 둘 다 컨셉 드로잉으로 적당한 스타일이며, 게임의 종류와 내용에 어울리는 방향을 선택하면 된다.

그림 2.12 완성된 컨셉 캐릭터

배경 제작

마지막으로 캐릭터의 배경을 만들자. 배경이 있으면 팀원들에게 캐릭터의 느낌을 더 효과적으로 보여줄 수 있다. 시간이 부족하다면 인터넷에서 사진을 찾아 활용해도 좋다. 이런 종류의 작업은 게임에 직접 사용되지 않으므로, 배경을 직접 그려도 좋지만 꼭 그럴 필요는 없다.

1 새 레이어를 만들고 Tbacktround라고 이름 붙인다. 레이어 패널에서 맨 처음 만들었던 회색 레이어 바로 위에 이 레이어를 배치한다.

2 캐릭터와 대비되는 색을 아무거나 선택해 레이어를 채운다(그림 2.13). 캐릭터 바탕색으로 초록색을 사용했다면 연노랑이나 보라색을 넣어볼 수 있다. 악당 캐릭터를 만들고 있다면 보라색을 추천한다. 색을 정하기 어렵다면, 어디에나 잘 어울리는 하늘색을 적용해 보자.

그림 2.13 단색 배경

3 너무 밋밋한 느낌이라면 Gradient Overlay를 선택해 그라데이션을 섞어보자. 그라데이션 윗부분에는 진한 색을 고른다(그림 2.14). 색의 위아래가 뒤집혀서 적용됐다면 이미지를 180도 회전한다.

그림 2.14 그라데이션 배경

4 그래도 밋밋하다면? 그라데이션 레이어 위에 새 레이어를 만든다. 레이어 이펙트에서 Bevel & Emboss를 선택한다. 기본값을 그대로 두고 이미지로 돌아온다. Brush 툴을 선택하고 Brush 옵션을 연다(그림 2.14A)

그림 2.14A Brush 툴의 옵션 창

5 Chalk처럼 촘촘하지 않은 브러시를 선택하고 브러시 크기는 400~900픽셀 사이로 설정한다. 배경에서 색을 선택해서 여기저기 브러시를 칠하면, 추상적이면서도 흥미로운 무늬가 생긴다(그림 2.15). 과한 느낌이 들지 않도록 투명도를 조절한다. 그림 2.16은 완성된 캐릭터에 주제가 담긴 배경을 적용한 모습이다.

그림 2.15 그라데이션 배경을 발전시켰다   그림 2.16 주제가 담긴 배경에 캐릭터를 넣었다

그림 2.17은 컨셉의 발전 과정을 보여준다. 시작 단계에서는 대략적인 스케치에 불과했지만, 최종 이미지는 렌더링을 하지 않았음에도 캐릭터의 느낌이 잘 살아 있다.

그림 2.17 컨셉 캐릭터 발전 과정

여러분은 앞으로 영상 작업을 하게 될 것이므로, 영화에 관련된 용어를 숙지하는 것이 좋다.

화면 비율: 그림을 그리는 상자의 치수, 사용자가 볼 화면의 픽셀 크기를 말한다(그림 2.18). 모션픽쳐 화면을 생각해 보자. 가장 일반적인 화면 비율은 TV가 1:1.33, 영화는 1:1.85, 와이드스크린은 1:2.35다. 이 숫자는 무슨 의미일까? 1:1.33이란 사각형의 화면에서 높이가 1일 때 너비가 1.33임을 의미한다. 따라서 한 변의 길이가 1인 정사각형 옆에, 높이가 같고 너비는 0.33인 직사각형을 놓으면 똑같은 화면 비율이 나온다. 게임이나 컴퓨터에서는 640X480, 1024X960 등 픽셀 단위를 주로 사용하지만, 이 역시 화면 비율에서 비롯되었다. 모바일 기기나 태블릿 PC의 화면 비율/픽셀도 있다. 이 주제는 나중에 다시 다룬다.

화면 구성에는 자주 사용되는 숏의 유형에 따라 이름이 붙어 있다(그림 2.19). 촬영 전문가들은 '투숏'이라는 말을 들으면 어떤 화면을 이야기하는지 바로 이해한다. 실무에서 자주 사용하는 숏의 종류를 알아보자.

- **클로즈업**: 카메라를 대상 가까이에 두고, 대상의 특정 부분에 초점을 맞춰서 화면 전체를 메운다.
- **미듐숏**: 카메라를 중간 정도 거리에 두고 대상을 더 크게 보여준다.
- **롱숏**: 대상 전체가 화면에 들어오고, 주변도 함께 보인다. 와이드숏이라고도 한다.
- **다운숏**: 카메라를 뒤에 놓고 대상을 내려다본다.
- **업숏**: 카메라를 아래에 두고 대상을 올려다본다.
- **로앵글**: 카메라가 수평선을 향하되, 낮은 각도에 위치한다.
- **하이앵글**: 카메라가 수평선을 향하되, 높은 각도에 위치한다.
- **투숏**: 두 사람이 화면에 함께 나오는 숏이며, 보통 미듐숏이고 대화를 촬영할 때 사용하기도 한다.
- **오버더숄더**: 사람 뒤에서 대상을 바라본다.
- **POV(포인트오브뷰)**: 보는 이가 카메라 위치에 있다고 설정된 각도

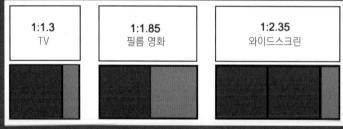

그림 2.18 TV와 영화, 와이드스크린에 자주 사용되는 화면 비율

보통 카메라가 정지된 상태에서 숏을 잡지만, 카메라는 움직일 수도 있다. 이번에는 업계에서 사용하는 카메라 이동 용어를 소개한다. 스토리보드에서는 화살표 등의 기호를 통해 숏을 설명한다.

- **아크**: 카메라가 대상 주변으로 반원을 그리며 움직인다.

- **돌리**: '돌리'는 레일을 따라 카메라를 움직이는 카트를 말한다. 돌리를 사용하면 평행을 유지하며 움직이거나, 화면을 확대 또는 축소할 수 있다. 이런 카메라 동작이 들어간 숏을 돌리라고 한다.

- **돌리 줌**: 똑같은 돌리 숏이지만, 카메라가 움직이면서 초점이 대상에게 가까워지거나, 대상으로부터 멀어진다.

- **팔로우**: 핸드헬드 카메라나 돌리를 사용해 카메라가 대상을 따라다닌다.

- **팬**: 카메라가 고정된 위치에서 왼쪽이나 오른쪽으로 돌아간다.

- **틸트**: 카메라가 고정된 위치에서 위나 아래로 돌아간다.

- **트러킹**: 돌리와 비슷하지만 카메라가 왼쪽이나 오른쪽 중 한 방향으로만 움직인다.

- **주밍**: 카메라가 대상에게 가까이 다가가지만, 실제로 카메라를 움직이지 않고 렌즈만 조작한다.

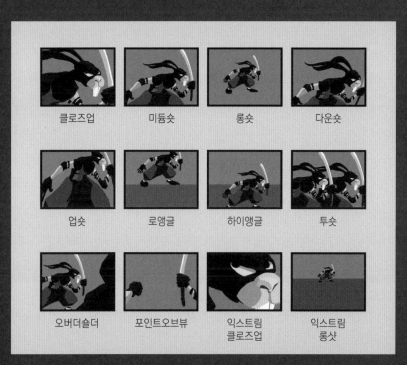

그림 2.19 스토리보드에서 카메라숏 표현하기

클로즈업   미듐숏   롱숏   다운숏

업숏   로앵글   하이앵글   투숏

오버더숄더   포인트오브뷰   익스트림 클로즈업   익스트림 롱샷

스토리보드 제작

많은 게임이 이야기를 바탕으로 이루어져 있으며, 이야기를 통해 게임의 액션이 진행된다. 지하 연구소를 탈출해 지상 세계에 좀비의 위험을 알려라, 또는 형제의 죽음에 복수하라. 게임은 영화와 똑같이 이야기를 전달한다. 영화보다 상호작용이 더 많기는 하지만, 방식은 똑같다. 그렇기 때문에 게임은 영화와 같은 도구를 사용해 이야기를 전달한다.

시네마틱을 만들 때 제일 처음 하는 것이 스토리보드 그리기다. 만화를 그리거나 웹사이트를 스케치할 때도 마찬가지다. 스토리보드는 시간의 흐름에 따라 서사가 어떻게 진행되는지를 보여주는 매우 효과적인 방법이다.

스토리보드 제작

스토리보드는 시간의 흐름에 따른 서사 요소를 보여주는 작은 그림이다. 어린 시절 엄마가 읽어 주시던 그림책과 비슷하게 생겼다.

아티스트마다 스토리보드를 그리는 스타일도 제각각이며, 방향을 가리킬 때 공통적으로 사용되는 시각적 기호가 있기는 하지만 그 규칙 역시 사람마다 다르게 활용한다. 영화 스토리보드에서는 스토리보드 제작 규칙을 따르는 경우가 많지만, 게임 시네마틱을 만들 때에는 그 규칙을 따르지 않아도 된다.

스토리보드는 애니메이션이 아니다. 따라서 애니메이션 프레임을 한 장 한 장 그리지 않는다. 그보다는 영화의 한 장면에서 주요 동작을 하나하나 담아낸 스냅샷에 가까우며, 카메라 각도나 카메라 동작도 함께 보여준다. 게임을 만들 때 영화계의 방식대로 스토리보드를 그리지 않아도 되는 이유가 여기에 있다.

게임에서는 보통 플레이어가 카메라를 조작하기 때문에, 게임 안에는 시네마틱이 많이 등장한다. 시네마틱은 인게임 캐릭터들이 나오는 애니메이션을 말하며, 캐릭터는 게임엔진을 통해 움직이며 실시간으로 영상을 만들어낸다. 시네마틱은 어떤 각도에서나 재생될 수 있기 때문에 카메라 각도를 따로 지정해 두는 것이 무의미하다.

그러나 플레이어가 아무런 조작도 할 수 없는 상태에서 이야기를 진행시기는 시네마틱 영상은 경우가 다르다. 이러한 시네마틱 영상은 고해상도 모델을 사용하고 더욱 뛰어난 특수효과를 넣을 수 있어, 인게임 영상보다 보기에 좋다. 어떤 영상을 만들든, 스토리보드를 사용하면 여러분이 계획하는 장면, 등장인물들의 만남, 게임 안에 있는 요소들을 잘 보여줄 수 있다.

스토리보드 제작 기술과 시각적 언어, 문화는 분야마다 다르다. 스토리보드는 영화에서 게임 산업에 전해졌기 때문에, 영화 업계에서 사용하는 관습이 많이 남아 있다. 그래서 영화 수업을 듣거나 영화업계에서 일해 보지 않은 사람들에게는 헷갈리는 부분이 많을 것이다. 사실 영화에 관련된 기술을 모르면 전문적인 스토리보드 아티스트가 되기는 어렵다. 하지만 컴퓨터 소프트웨어의 카메라 동작 관련 기능에도 영화계의 관습이 많이 적용되어 있으므로, 여러분도 이미 약간의 이론은 알고 있을 것이다.

스크립트 컨설팅

스크립트에는 스토리보드에 그려야 하는 세부사항이 모두 담겨 있다. 게임디자인 전체를 이해하려면 스크립트를 전부 읽어보는 것이 좋다. 여러분이 직접 그려야 하는 장면은 일부분에 불과하더라도, 캐릭터의 특성과 활동을 잘 알고 있으면 엉뚱한 그림을 그렸다가 다시 작업을 할 위험이 없다.

스크립트 형식은 작가마다 다르지만, 가장 널리 쓰이는 스크립트 형식이 있다. 여기에는 카메라 샷과 각도가 함께 표시된다.

그림 2.20은 게임 시네마틱 스크립트의 일부이며, 앞서 컨셉 드로잉을 그린 돌연변이 닌자 토끼가 나오는 장면 한 두 개를 설명하고 있다. 스크립트를 읽는 법과 지시의 의미를 함께 살펴보자.

스토리보드 시트 활용

스토리보드 시트를 읽는 것은 어렵지 않다. 시트에는 작은 그림상자가 몇 개씩 있고, 그 아래에는 지시나 대화가 쓰여 있다. 장면에 나오는 대화 전체를 스토리보드에 적을 필요는 없지만, 어느 장면인지를 파악할 수 있을 정도는 되어야 한다. 샷 번호, 카메라 방향, 그 외 참고사항도 함께 적는다.

노트 애니메이션에는 스크립트의 한 종류인 엑스시트가 사용된다. 엑스시트는 대화를 개별 프레임 단위로 나누는 것이다. 하지만 스토리보드 아티스트는 보통 엑스시트를 사용하지 않는다.

장면이 어떻게 시작되는지 ———— 페이드인:

액션 실행 때와 장소 ———— **실외, 악당 닌자의 신사 – 해질녘**
장면에 대한 짧은 설명 ———— 오래된 신사 옆에 있는 고요한 호수/도조가 언덕 꼭대기에 앉아 있다. 호수 근처 아래쪽에서 샷을 잡는다.

닌자 버니
캐릭터가 처음 등장할 때 ———— 초자연적 힘에 의해 닌자의 힘을 가지게 된 돌연변이 토끼는, 자신을 창조한 사악한 힘으로부터
캐릭터 설명 세상을 구하겠다고 맹세했다. 그는 사랑하는 공주를 구해달라는 간청을 받았다.

화자 캐릭터 ————————————————— 닌자 토끼
대화 ———————————————— 공주를 반드시 구해야 해, 하지만 어떻게?

카메라 또는 장면 지시 ———— 주인공이 화면에 들어오는 와이드샷. 악당 도조가 멀리 떨어져 있다. 천천히 도조에게 다가간다.

닌자 토끼
아하! 나무에 몸을 숨기고 공격해야지.

토끼가 화면 밖 풀숲으로 뛰어든다. 화면 오른쪽으로 사라진다.
닌자 토끼가 껑충껑충 뛰며 나무를 옮겨 다닌다.
닌토가 나무를 옮겨 다니는 장면을 따라가고, 화면 오른쪽으로 사라진다.

닌자 토끼
자 악마야, 내가 너를 놀래켜주마. 결투를 신청한다.

나무 위의 닌토를 클로즈업한다. 닌토는 프레임 아래로 뛰어 내려가고 카메라는 틸트로 이를 쫓는다.

실내, 악당 닌자의 신사

닌자 토끼
이 악당아, 넌 내 손 안에 있다.

카메라는 악마의 신사 내부에 있다. 닌토가 위에서 뛰어내려 화면에 들어온다.

스모 토끼
스모 능력을 얻은 돌연변이 토끼다. 몸집이 거대하고 사악하다.

스모 토끼
하하하, 꼬마야. 위대한 닌자의 힘을 보여주마.

카메라를 뒤로 빼, 스모 토끼가 서서 싸움을 준비하는 모습을 보여준다.

그림 2.20 게임 시네마틱 대본의 대사

그림 2.21에 보이는 스토리보드 양식에는 스크립트에 나오는 정보가 적혀 있다. 이 경우에는 대사 하나하나가 프레임을 하나씩 차지했다. 항상 이렇게 할 순 없지만 이런 방식도 괜찮다. 프레임 몇 개를 그려야 의미가 전달되는 경우도 있다.

프레임 속 그림은 대화와 카메라 참고사항, 장면에 대한 스토리보드 아티스트의 해석을 바탕에 둔다. 스토리보드 아티스트는 게임의 완성에 크게 기여하며, 샷을 새로 해석하거나 실제 샷을 잡는 방식에까지 영향을 미치기도 한다. 그래서 디렉터는 자신이 좋아하는 스토리보드 아티스트를 곁에 두려고 한다.

시트의 공간을 아끼기 위해 말하는 캐릭터의 이름은 이니셜로 표기한다. 카메라 방향은 그림 아래에 적는다. 그림 속에 화살표를 그려, 샷이나 카메라 동작 안에서 이루어지는 액션을 설명하기도 한다.

그림 2.21 프레임별 대사, 카메라 참고사항이 있는 스토리보드 예

실습 2: 스토리보드 그려보기

스토리보드를 만들려면 드로잉과 카메라 블로킹을 함께 해야 한다. 이번 실습에서는 스크립트 일부분에 대한 스토리보드를 만들어본다. 프레임별로 감정을 가장 잘 표현할 방법을 생각하고, 실제로 장면을 만들기 위한 계획을 그림으로 나타낸다.

과제

앞서 다룬 스크립트를 바탕으로, 6개 칸으로 된 스토리보드를 그리고 대화를 채워 넣는다.

순서

포토샵에서 스토리보드를 만드는 것은 어렵지 않다. 먼저 스토리보드 양식이 있어야 한다. 인터넷에서 무료로 제공하는 양식을 찾아도 되고, 스튜디오마다 자체적인 양식을 갖추고 있기도 하다. 여기에서는 여러분이 앞으로 계속 사용할 수 있는 스토리보드 양식을 PSD 파일로 직접 만들어보자.

스토리보드 양식 제작

1   포토샵에서 새 파일을 만들고 크기는 8.5×11인치, 해상도 300dpi, 이름은 Storyboard Blank라고 지정한다. 이 치수는 스토리보드를 인쇄해서 배포할 때 가장 널리 사용되는 크기다. 프린터의 기본 크기를 준수하면 특수용지를 사용할 필요가 없다. 양식을 인쇄해서 스토리보드를 그리고 이를 다시 스캔하는 아티스트도 있다. 이런 방법도 괜찮지만 이 책에서는 포토샵을 사용해 디지털로 작업해본다.

2   새 레이어를 만들고 pic_frame이라고 이름 붙인다. View 메뉴에서 Rulers와 Grid를 보이게 한다. 이 두 도구를 사용해 상자들을 정렬할 것이다(그림 2.22).

그림 2.22 View > Show > Grid

3 1:1.85의 칸을 만들자. 가장 쉬운 방법은 Rectangle 툴을 선택하고 전경색은 흰색, 스트로크는 검은색으로 설정하는 것이다.

4 스트로크 굵기를 3포인트로 설정하고 아무 크기로나 네모를 그린 다음, 크기를 1035×560픽셀로 바꾼다. 이 치수는 이 레이아웃에 정확하게 맞는 비율이다. 캔버스를 더블클릭해 Create Rectangle 창에서 크기를 설정해도 된다.

5 격자를 기준으로 오른쪽으로 격자 2칸, 아래로 4칸 내려온 지점에 상자를 배치한다. 이는 오른쪽에서 왼쪽으로 0.25인치, 위에서 아래로 1인치 떨어진 지점이다.

6 새 레이어를 만들고 Lines라고 이름 붙인다. 방금 만든 네모상자와 격자 아래에, Line 툴을 사용해 검은색 선 4개를 10픽셀 굵기로 긋는다. 격자를 기준으로 선들을 정렬하고, 선 길이는 네모상자의 너비보다 길어지지 않게 한다.

7 Lines 셰이프 레이어 밑에 새 레이어를 만들고, 선들을 이 레이어와 함께 병합해서 일반 레이어로 만든다. 이제 위의 두 줄의 왼쪽을 조금씩 잘라내

글씨를 넣을 자리를 만든다. Type 툴로 SHOT#, DESCRIPTION/DIALOG라고 글자를 입력한다. 이 글자들을 그림 2.23과 같이 배치한다.

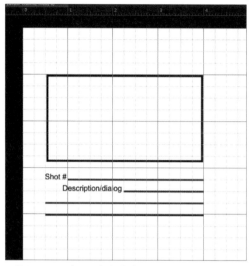

그림 2.23 스토리보드의 칸 배치

8 배경을 제외한 모든 레이어를 선택하고, New Group from Layers 기능을 사용해 이들을 하나의 그룹으로 묶는다. 이 그룹을 복사한다.

9 키보드에서 Shift 키와 왼쪽 화살표를 눌러서, 이 그룹을 왼쪽에서 격자 2칸이 떨어진 지점에 배치한다. 이때 Shift 키를 함께 누르면 이동 속도가 빨라진다.

10 두 레이어 그룹을 선택해서 복사한다. 새 레이어 그룹이 선택된 상태에서 Shift 키와 아래쪽 화살표 키를 눌러, 네모상자와 선들을 아래로 내린다. 이번 세트는 앞 세트의 넷째 줄에서 격자 한 칸이 떨어진 위치에 놓는다. 이 세트를 한 번 더 복사해서 아래에 넣으면 총 6개의 칸이 나온다.

11 레이어 패널 맨 위에 새 레이어를 만든다. Line 툴을 선택하고, 이미지 상단에 길게 선을 긋는다. 이 레이어 밑에 새 레이어를 만든 다음, 두 레이어를 병합해 일반 레이어로 만든다. 이제 앞에서처럼 Marquee 선택 툴을 사용해 글자가 들어갈 부분을 잘라내고, 그림 2.24와 같이 글자를 써 넣는다.

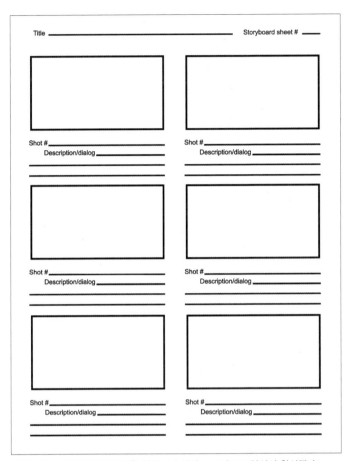

그림 2.24 스토리보드 레이아웃 완성 모습이제 스토리보드 양식이 완성됐다

이 파일은 앞으로 계속 사용할 것이므로 여기에 바로 그림을 그려서 저장해버리지 말자. 레이어를 모두 보존할 필요는 없으므로 이 양식은 JPG 파일로 저장해두는 것이 좋다.

12 폴더를 하나 만들고 NB_Storyboards라고 이름 붙인다. 스토리보드 양식 파일을 이 폴더에 저장한다. 앞으로 스토리보드에 관련된 파일은 작업 중인 것부터 완성본까지 모두 이 폴더에 저장한다. 관련 파일은 전부 같은 폴더에 넣어 두어야 앞으로도 파일을 정리하기 쉽다.

스토리보드 그리기

아래 스크립트를 장면별로 나눠보자.

1 아래의 스크립트 전문을 읽어서 캐릭터의 특징과 역할을 파악한다. 읽으면서 떠오르는 것들을 간단하게 스케치한다. 지시사항을 고려하고, 샷들이 일관성을 유지하도록 주의한다. 스토리보드 양식에 그림을 그릴 때에는 나중에 지울 수 있도록 항상 레이어를 만들고 작업한다. 스크립트에서 가장 먼저 확인할 요소는 카메라컷이다. 카메라컷이 있는 곳에서는 스토리보드를 그릴 때에도 칸을 바꾸어야 한다.

닌자버니 대본
2쪽
화면을 투샷으로 전환하고 뒤로 천천히 물러난다:

실내, 악당 닌자의 신사

3층 지붕 아래 넓은 정사각형 방이 있다. 방 귀퉁이마다 작은 정사각형 공간이 마련되어 있다. 이 공간은 무기와 훈련 장비가 가득 차 있다.

>   닌자버니
>   아무래도 내게 유리하겠군.
>   뒤룩뒤룩 살진 전사라니!

닌자버니 클로즈업으로 화면 전환

>   스모토끼
>   우우우, 네 재치보단 네 검이 더 쓸 만한 수준이길 바란다!

스모토끼 클로즈업으로 화면 전환. 스모토끼가 눈을 가늘게 뜨고 돌격한다.

닌자버니로 화면 전환. 닌자버니 역시 눈을 가늘게 뜨고 화면 밖으로 돌진한다.

두 캐릭터가 공중에 떠서 충돌하려는 장면을(슬로우 모션) 와이드샷으로 잡아 화면을 전환한다. 두 캐릭터가 부딪친 뒤 속도를 정상으로 회복한다. 두 캐릭터가 칼싸움을 한다.

투샷 안에서 두 캐릭터가 방어 자세를 취한다. 카메라를 뒤로 천천히 뺀다.

>   닌자버니
>   남산만한 배를 가지고 그 정도 속도를 낼 수 있다니 놀랍군.

>   스모토끼
>   외모는 속임수라네, 친구. 나는 뚱뚱한 게 아니라 뼈가 큰 거지.

---

2 스크립트를 대사별로 잘라내서, 포토샵의 새 파일에 붙여 넣는다. 붙여넣기가 끝난 다음에 새 프레임을 추가하고 싶다면, 나머지 프레임들을 전부 앞으로 보낸다. 이는 항상 레이어를 사용해야 하는 이유 중 하나다. 만약을 대비해서 빈 공간을 남겨두는 것도 좋다. 그림 2.25와 같이 스크립트를 정리한다.

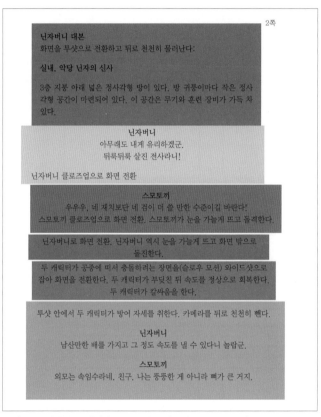

그림 2.25 이야기 프레임별로 스크립트 나누기

그림에 보이는 색들은 샷을 구분한 것이다. 더 잘게 나눌 수도 있지만, 이번 실습에서는 이 정도로 한다. 그림 2.26에서는 스토리보드 양식의 빈칸에 스크립트 지문을 넣었다. 이렇게 하면 무슨 그림을 그려야 할지 생각하기 좋다. 얼마나 상세하게 그림을 그릴지, 얼마나 많은 내용을 넣을지, 어떤 카메라 각도를 사용할 지는 여러분에게 달려 있다. 포토샵은 텍스트 기능이 뛰어나지 않으므로, 지문은 따로 레이어 그룹을 만들어 잠가놓는 것이 좋을 수도 있다.

제목 닌자 버니 　　　　　　　　　　　　　　　　　　　스토리보드 시트 # 2

샷 #
설명/대화 카메라를 투샷으로 전환하고 천천히 뒤로 뺀다.

샷 #
설명/대화 닌자토끼 – 아무래도 내게 유리하겠군. 뒤룩뒤룩 살찐 전사라니!

샷 #
설명/대화 우우우, 네 재치보단 네 검이 더 쓸 만한 수준이길 바란다!
스모토끼 클로즈업으로 화면 전환. 스모토끼가 눈을 가늘게 뜨고 돌격한다.

샷 #
설명/대화 닌자버니로 화면 전환. 닌자버니 역시 눈을 가늘게 뜨고 화면 밖으로 돌진한다.

샷 #
설명/대화 두 캐릭터가 공중에 떠서 충돌하려는 장면을(슬로우 모션) 와이드샷으로 잡아 화면 전환한다.
두 캐릭터가 부딪친 뒤 속도를 정상으로 회복한다. 두 캐릭터가 칼싸움을 한다.

샷 #
설명/대화 투샷 안에서 두 캐릭터가 방어 자세를 취한다. 카메라를 뒤로 천천히 뺀다.

그림 2.26 프레임별로 스크립트 나누기

3 이제 그림 2.27처럼 그림을 그릴 차례다. 첫 칸에 첫 장면부터 그리기 시작한다. 컨셉 드로잉을 할 때처럼, 시야를 넓게 잡고 요소들을 작게 그리는 것이 좋다. 실루엣을 잘 표현하고, 화면 안에서 밝은 부분과 어두운 부분을 조화롭게 배치하는 것이 중요하다. 지문에 잘 맞고 마음에 드는 그림이 나왔다면 다음 칸으로 넘어간다.

샷 # _007_

설명/대화 닌자버니? 공주를 꼭 구해야 하는데 어쩌면 좋지? 주인공이 나오는 와이드샷. 도조를 향해 천천히 옮겨간다.

그림 2.27 대사와 그림을 넣은 스토리보드

4 다른 방법도 있다. 한 번에 프레임 하나씩만 차례차례 그려서 전체를 완성할 수도 있고, 전체 페이지를 대강 그려놓고 시각적 흐름을 보면서 프레임들을 수정해 전체를 완성할 수도 있다. 둘 다 괜찮은 방법이지만 전자의 경우에는 장면들이 일관성을 유지하도록 주의해야 한다. 그림 2.28은 스토리보드를 대략적으로 그려놓은 예다. 캐릭터의 액션과 샷의 종류가 나타나 있다. 뛰어난 스토리보드 아티스트는 최소한의 그림만으로 빠르고 실감나게 장면을 표현한다. 그럭저럭 괜찮게 그리는 데 만족하지 말자. 장면에 담긴 감정까지도 표현할 수 있어야 한다.

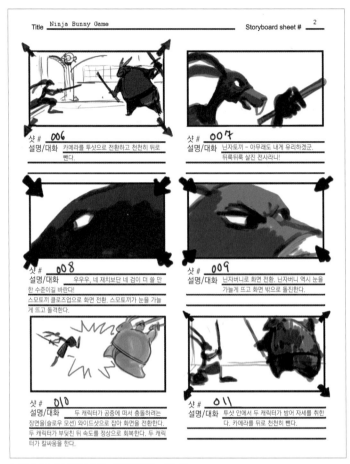

그림 2.28 스토리보드를 대략적으로 그린 예

5 만족스러운 스케치가 나왔으면 프레임별로 그림을 다듬기 시작한다. 다듬기 과정은 컨셉 드로잉에서의 작업과 비슷하다. 단, 스토리보드에서는 캐릭터와 조명, 형태에 신경 써야 한다. 캐릭터는 두 개뿐이라서 어렵지 않지만, 스크립트에 닌자 토끼 부대라도 등장한다면 어느 토끼가 주인공인지를 알아보기 쉽게 잘 표현해야 한다. 이미지의 실제 크기에 따라 그려야 하는 디테일의 정도도 달라진다. 포토샵으로 표현할 수 있는 디테일은 무궁무진하지만, 수많은 스토리보드들 사이에서 프레임 하나하나의 세밀한 묘사는 묻혀버리기 십상이며, 불필요한 작업은 시간을 소모하는 것은 효율적이지 않

다.다른 아티스트들의 작업을 참고해서 스토리보드를 어느 정도까지 다듬어야 할지 결정하는 것도 좋다. 인터넷에 검색하면 수많은 스토리보드를 찾을 수 있다. 게임이나 제작사마다 기준은 다르며, 어느 정도까지 완성도를 높여야 동료들이 만족할지 파악하는 것은 항상 까다로운 일이다. 이런 문제는 디렉터나 프로듀서와 상의하는 것이 좋으며, 미리미리 작업을 보여주며 의견을 구하는 것이 좋다. 스토리보드 마무리 작업으로, 그림과 지문을 짝지어서 레이어 그룹 단위로 묶는다. 이렇게 하면 필요에 따라 프레임을 이리저리 옮겨볼 수 있다(그림 2.28A). 이야기를 구성할 때에는 요소들의 순서를 바꿔보면서 서사 흐름을 수정하는 경우가 많다. 컴퓨터로 스토리보드를 만들지 않을 때에는 3×5인치 카드에 스토리보드를 한 칸씩 그려서 이리저리 움직이기도 한다. 포토샵에서도 레이어를 만들면 이 방식을 흉내낼 수 있다.

그림 2.28A 기존 방식의 스토리보드 회의

6 레이어 패널에서, 프레임 하나를 구성하는 레이어 전체를 선택한다. 네모상자에 들어가는 그림, 그림상자, 샷, 대사 등을 빠짐없이 선택한다. 이제 New Group from Layers를 선택한다. 그룹에 이름을 붙일 때에는 어느 장면인지 파악하기 쉽도록 shot1, shot2 등의 체계를 사용한다.

7 레이어를 전부 병합한 뒤 Marquee 선택 툴로 프레임을 선택해서 잘라내고 붙이는 방법도 있다. 다른 사람들에게 보내기 위해 파일 용량을 줄여야 할 때 좋은 방법이지만, 나중에 글을 수정해야 할 수도 있으므로 원본 PSD 파일도 꼭 함께 저장해둔다.

애니메틱 제작

애니메틱은 스토리보드와 비슷하지만 조금 더 재미있는 작업이다. 스토리보드는 이야기를 전달하는 목적인 반면, 애니메틱은 대사와 이야기가 어떻게 조화를 이루는지 보여주는 용도다. 장면의 진행 속도를 보여주기에도 좋다.

포토샵에서 애니메틱을 만드는 것은 생각보다 어렵지 않다. 어려운 부분은 스토리보드를 만들면서 이미 처리해두었다. 애니메틱은 '촬영된' 스토리보드를 슬라이드쇼처럼 엮어서, 시간의 흐름에 따라 장면이 어떻게 진행되는지 보여주는 것이다. 녹음해둔 대사가 있다면 편집 프로그램을 사용해 애니메틱에 음성을 입힐 수도 있다.

애니메이션 소프트웨어

디지털 편집 프로그램은 차고 넘치도록 많다. 기능은 대부분 비슷비슷하고 조금씩 차이가 있을 뿐이다.

수많은 편집 프로그램의 공통적인 기능은 타임라인에서 원하는 시점에 영상, 정지화상, 음성 파일을 함께 배치하는 것이다. 영상이나 음성 파일을 편집하거나 불필요한 부분을 삭제하고, 다른 영상으로의 전환하고, 음량을 조절할 수노 있다. 정지화상 역시 영상과 똑같은 전환효과를 주면서 편집할 수 있다.

글자와 도형 같은 요소들을 만들어서 통합해주는 프로그램도 있고, 푸티지를 가지고 애니메이션을 만드는 프로그램도 있다.

조합된 푸티지들을 모아서 하나의 파일로 만드는 과정을 렌더링이라고 하며, 렌더링을 거치면 영상 파일이 나온다.

그림 2.29는 어도비 애프터이펙트에서 애니메틱을 만드는 모습이다. '개썰매'라는 MP4 시퀀스를 소스 푸티지로 사용했다. 애프터이펙트는 가장 대표적인 편집 프로그램으로, 빈_{Bin} 또는 라이브러리에 푸티지를 저장한다. 타임라인에서는 푸티지를 비롯해 애니메틱에 들어가는 요소들을 편집하고, 뷰윈도우에서는 프로젝트를 확인한다. DVR과 비슷한 방식으로 프로그램을 사용하며, 비디오 프레임 또는 타임코드 값을 화면에 표시해서(사용자가 원하는 대로 설정 가능) 타이밍을 조절할 수 있다.

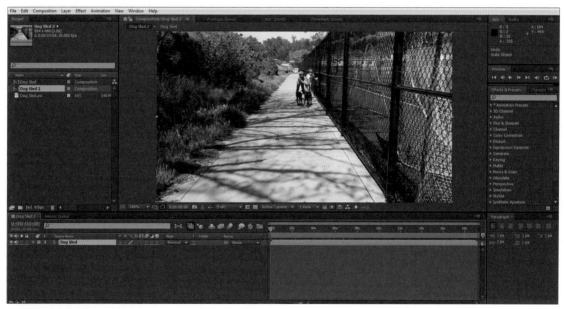

그림 2.29 어도비 애프터이펙트 화면

그림 2.30에 보이는 캠타시아 스튜디오 역시 아주 훌륭한 편집 프로그램이다. 애프터이펙트만큼 다양한 특수효과는 없지만, 사용법이 매우 간단하고 푸티지를 편집하는 기능이 뛰어나다. 스크린캡처 기능도 탁월하다. 화면 레이아

웃은 애프터이펙트와 비슷하게 미디어 라이브러리, 편집용 타임라인, 화면을 확인하는 윈도우로 구성되어 있다. 최종적으로 렌더링을 해 다양한 형식으로 파일을 추출할 수도 있다.

그림 2.30 캠타시아 스튜디오 화면

애프터이펙트와 캠타시아 외에 어도비 프리미어, 파이널컷프로, 바인, 윈도 무비메이커, 아이무비 같은 프로그램도 투자할 가치가 있다.

이들 모두 애니메틱을 편집하기 좋은 프로그램이며, 대부분 한 달 간 시험판을 사용할 수 있다. 하지만 이 책에서는 포토샵을 다루는 책인 만큼, 우리는 포토샵으로 애니메틱 만드는 방법을 배워본다.

실습 3: 애니메틱 제작

"포토샵에 애니메이션 기능이 있었다고?" 눈이 휘둥그레진 독자들이 있을 것이다. 그렇다! 포토샵에 있는 타임라인 창은 가장 효율적인 편집 기능이라 말할 수는 없을지 몰라도, 어도비 애프터이펙트의 타임라인에서 훌륭한 요소들을 많이 빌려왔다. 하지만 포토샵 타임라인을 쓰다보면 명쾌한 메뉴 체계와 기능에 감사하게 될 것이다. 포토샵 타임라인의 가장 좋은 점은 애니메틱을 만드느라 다른 프로그램을 열지 않아도 된다는 점이다. 심지어 스토리보드 파일을 닫을 필요도 없다. 레이어를 병합하고 실습을 시작하자(그림 2.31).

그림 2.31 포토샵의 타임라인 모드

오디오 추가

포토샵은 MP3, MP4, WAV 등 일부 오디오 형식을 지원한다. 오디오 편집 프로 그램이나 녹음 장비를 잘 다루지 못해도 겁먹지 말자. 전문가들이 대사를 녹음 한 최종본 없이 스크립트만 가지고 있을 때 할 수 있는 작업들을 우리도 똑같 이 할 수 있다. 휴대폰에 임시 트랙을 녹음하면 된다. 이는 특별한 기능이 아니 다. 사촌의 생일잔치에서 동영상을 찍듯 녹음을 하면 된다. 단, 케이크와 친척 들을 촬영하는 대신 여러분이 스크립트의 대사를 읽어 내려가야 한다. 이 영상을 컴퓨터로 옮기면 애니메틱을 만들기 위한 이정표가 완성된다.

연기를 전혀 할 줄 모르는 사람이라도 대사를 읽을 수 있다. 애니메틱을 만들 때에는 소리내서 대사를 읽기만 하면 정확한 타이밍을 잡을 수 있다. 아무리 조근 조근 말하는 배우가 대사를 읽더라도 타이밍은 크게 달라지지 않는다. 타임라인을 앞뒤로 왔다 갔다 하면서 음성을 편집할 때 단어를 알아듣기 쉽도록, 또박또박 읽으면 된다.

두 닌자 토끼의 대사는 다음과 같다.

1페이지

닌자 토끼
공주를 반드시 구해야 해, 하지만 어떻게?

닌자 토끼
아하! 나무에 몸을 숨기고 공격해야지.

닌자 토끼
자 악마야, 내가 너를 놀래켜주마. 결투를 신청한다.

닌자 토끼
이 악당아, 넌 내 손 안에 있다.

스모 토끼
하하하, 꼬마야. 위대한 닌자의 힘을 보여주마.

2페이지

닌자 토끼
저렇게 피둥피둥한 전사를 봤나!
승산은 나에게 있겠군!

카메라가 닌자 토끼 클로즈업

스모 토끼
흠, 네가 머리 쓰는 것보단 검을 휘두르는 데 능하기를 바란다!

닌자 토끼
그 피둥피둥한 몸으로 날쌔게 움직이다니 놀랍군.

스모 토끼
겉모습은 껍질에 불과하다네 친구,
난 뚱뚱한 게 아니라 뼈대가 클 뿐이지.

파일 한 자리에 모으기

대사 녹음을 마쳤으면 이를 스토리보드로 가져오자. 방법은 여러 가지가 있다. 먼저 스토리보드 프레임을 하나씩 잘라내고 글자를 없애서 개별적인 파일들로 저장하는 방법이 있지만, 파일이 너무 많아진다는 단점이 있다. 그 파일들을 하나의 레이어로 모으고 원치 않는 레이어들은 감추는 방법도 있다. 또는 레이어들을 병합해서 JPG 이미지를 만들 수 있다. 우리는 이 방법을 사용한다.

컴퓨터에 Animatics라는 폴더를 만들고, 스토리보드의 JPG 파일 2개와 대사 녹음 파일을 저장한다. 이때 외장하드나 클라우드 서비스보다는 컴퓨터에 바로 파일을 저장해야 속도가 더 빠르다. 이번 실습은 간단한 편이라서 괜찮지만, 한 시간 분량의 대사 녹음 파일과 수백 장의 그림을 다룰 때에는 이런 점을 생각하는 것이 좋다.

타임라인 사용

이번 실습에서는 타임라인 편집기를 다뤄본다. 타임라인 키프레임을 설정하고, 타임라인 편집기가 어떻게 작동하는지 배운다.

1   포토샵에서 열려 있는 창을 모두 닫고, 첫 번째 스토리보드 시트를 연다. 파일 크기는 8.5×11인치에 해상도 300dpi여야 한다. 그렇지 않다면 이에 맞게 값을 수정한다.

2   Layers 패널에서 백그라운드 레이어를 복사하고, 원래 레이어는 삭제한다. 백그라운드 레이어는 편집이 불가능할 때도 있기 때문이다.

3   타임라인 편집기(그림 2.32)를 실행한다. 메뉴에서 Window ➤ Timeline을 클릭한다. 화면 하단에 새로운 회색 막대가 나타난다.

4   타임라인 중앙에는 Create Video Timeline 또는 Create Frames Timeline이라고 적힌 작은 풀다운 메뉴가 있다. Create Video Timeline을 선택한다(그림 2.33).

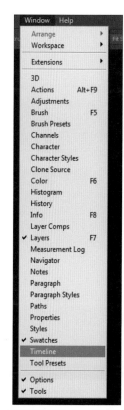

그림 2.32 Window 메뉴의 Timeline

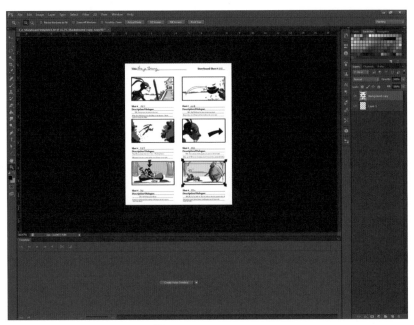

그림 2.33 Create Video Timeline 버튼

비디오그룹이 열린다. 화면에 가로로 길게 뜨는 막대가 비디오그룹이다. 왼쪽에는 비디오그룹의 이름이 보이며, 이는 레이어 이름과 같아야 한다. 작은 화살표도 보인다. 이 화살표를 클릭하면 애니메이션 키프레임을 조절하는 Position, Opacity, Style 카테고리가 보인다. 키프레임을 타임라인에 배치하고, 파일들을 어떻게 전환할지 표시하는 부분이다.

5   그림 2.34에서처럼 타임라인 맨 왼쪽의 프레임인디케이터는 프레임 0에 위치해 있어야 한다. 인디케이터는 현재 작업 중인 시간을 표시하며, 인디케이터를 오른쪽으로 움직이면 시간이 진행된다. Position 옆에 있는 시계 아이콘(키프레임 옵션)을 한 번 클릭하면, 타임라인에 작은 노란색 점이 뜬다. 이는 키프레임 하나가 추가되었다는 뜻이다. 왼쪽에 있는 노란색 마름모꼴은, 특정 시간의 이미지 전환 정보를 기록했다는 의미다.

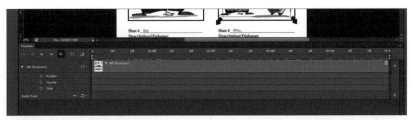

그림 2.34 프레임 인디케이터를 맨 왼쪽의 프레임 0에 놓고, 타임라인에서 오른쪽으로 인디케이터
를 움직이면 시간이 앞으로 진행된다

6 빨간 선 위에 있는 푸른색 핸들을 클릭한 뒤 프레임 10으로 드래그해, 타임
인디케이터를 프레임 10에 놓는다. 두 화살표 아이콘(Move to Next 키프레임
버튼) 사이에, 회색으로 보일 마름모꼴을 클릭한다. Move 툴을 사용해 이미
지를 살짝 왼쪽으로 밀어낸다. 여러분은 방금 이미지에 애니메이션을 넣었
다(그림 2.35).

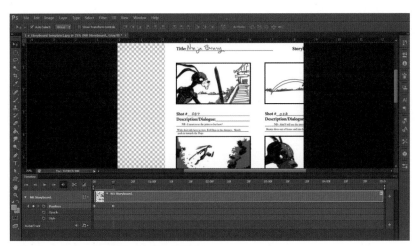

그림 2.35 Timeline 모드에서 키프레임 설정하기

7 타임인디케이터(빨간 선 위에 있는 푸른 핸들)를 프레임 0으로 돌려놓고, 타임
라인의 영상 컨트롤 영역에서 Play를 클릭해 이미지가 움직이는 모습을 확
인한다.

8 결과가 만족스럽다면 두 번째 키프레임 아이콘을 클릭해 이를 선택하고,
키보드에서 Delete 키를 누른다. 이렇게 하면 키가 삭제되고 이미지는 원래
위치로 돌아온다.

타임라인에 오디오 파일 배치

기본적인 타임라인 사용법을 이해했으면, 대화를 추가해 보자(그림 2.36).

그림 2.36 타임라인에 오디오 추가

1 앞서 작업했던 비디오그룹 바로 아래에 있는 오디오트랙에서 **Add Audio** 아이콘(음표 모양 버튼)을 클릭하고, **Add Audio**를 선택한다. 휴대폰에 녹음했던 오디오 파일을 찾는다.

2 파일을 선택해서 오디오클립으로 불러온다. 오디오클립이 길어서 타임라인 기본 창에 전부 표시되지는 않지만, 현재 화면에 나타나 있지 않을 뿐 타임라인에 모두 올라와 있다.

3 오디오파일이 모두 열렸는지 확인하고 싶다면, 타임라인 창 하단에서 줌 슬라이더를 좌우로 움직여본다. 왼쪽으로 움직이면 타임라인이 축소되면서 오디오클립 전체가 화면에 들어온다.

클립에 애니메이션 넣기

소리 나는 슬라이드쇼 하나를 만드는 데 너무 많은 작업을 하는 것처럼 느껴질 수도 있지만, 이 기능을 잘 익혀두면 아티스트로 일하는 데 많은 도움이 된다. 이제 고지가 얼마 남지 않았다. 스토리보드 JPG 파일을 한 가지만 더 수정하면 된다.

앞서 스토리보드 이미지의 레이어를 모두 병합했고, 애니메틱에서는 한 번에 그림을 한 칸씩만 보여줄 것이므로 비주얼 마스크를 만들어야 한다. 포토샵에서 마스크를 만드는 방법은 여러 가지이지만, 우리는 요령을 부려보려고 한다.

1   메뉴에서 Image > Canvas Size를 클릭한다. Size 창이 뜨면 Width는 1100px, Height는 1000px로 설정한다. 경고 메시지는 모두 넘어가고(우리는 요령을 부리고 있다) 창을 닫는다.

노트 1100×1000픽셀 크기는, 원본 이미지가 8.5×11인치, 해상도 300dpi인 경우에만 적용된다.

2   이제 키프레임은 프레임 0에 둔 상태에서, Move 툴을 사용해 캔버스에 이미지를 정확하게 정렬한다.

3   스토리보드 이미지 프레임 모서리에 가로세로로 안내선을 하나씩 넣는다. 이제 이 선들을 기준으로 스토리보드 이미지를 움직일 것이다. 눈대중으로 움직이면 그림 칸 위치가 조금씩 달라지면서 영상이 산만해진다(그림 2.37).

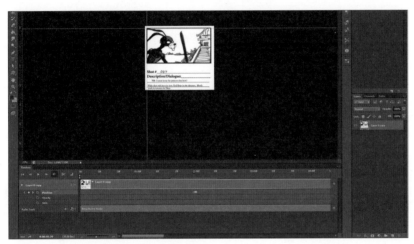

그림 2.37 이미지 전환을 위한 기준선 설정하기

4   이제 장면을 재생하면서, 첫 번째 대사가 끝나는 시점을 확인한다. "공주를 반드시 구해야 해, 하지만 어떻게?"에서 "어떻게"가 나올 때 새 키프레임을 추가해야 한다.

5   타임라인에서 타임인디케이터를 1 프레임 앞으로 움직인 뒤, 키프레임을 추가한다. 그리고 스토리보드 이미지를 움직여서 두 번째 칸 부분이 화면에 나타나게 한다. 타임인디케이터를 왼쪽으로 움직이고 프레임이 바뀌는 것을 확인한다(앞서 얘기했던 번거로운 과정이다).

6 이 과정을 반복해 총 6개 프레임을 추가한다. 대사가 바뀌는 시점을 찾는다.키프레임을 설정하고, 스토리보드 이미지를 다음 칸이 보이게 움직인다.한 대사가 끝나면 바로 다음 대사가 나오므로, 그에 맞춰 다음 칸이 화면에 보이게 한다.

7 스토리보드와 대사가 모두 맞아 떨어지면 애니메틱을 렌더링할 차례다. File ▶ Export ▶ Render to Video를 클릭한다. 그림 2.38처럼 값을 설정한다. 설정에서 특히 신경 써야 할 부분은 파일 형식이다. 여기에서는 QuickTime 형식을 선택한다. 렌더링한 파일이 저장되는 위치도 꼭 확인하자. 저장된 파일을 찾지 못하는 경우가 종종 발생하기 때문이다.

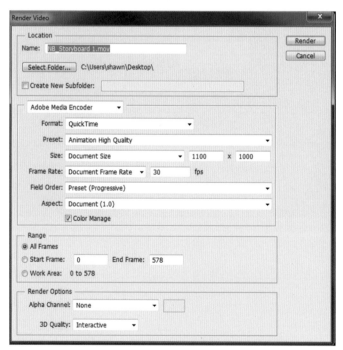

그림 2.38 렌더링 설정창

스토리보드와 애니메틱은 게임과 영화 제작에 항상 필요하다. 전체적인 이야기를 풀어내고 전개 속도를 보여주는 첫 단계이기 때문이다. 게임이나 영화의 종류에 관계없이, 모든 컷신과 도입부 영상을 만들 때에는 스토리보드를 먼저 그린다. 스토리보드는 장면을 미리 시각화해볼 수 있는 저렴한 방식이며, 감독들이 비전을 시각적으로 보여주기에 적절하다. 우리는 이미지를 움직이게 함으로써 이를 한 단계 발전시킨 것이다.

사용자 인터페이스 제작

게임에서 사용자 인터페이스는 글자, 가상의 버튼, 계기판, 스위치, 슬라이더 등 플레이어가 게임 안에서 작동하거나 상호작용하는 모든 요소를 말한다. UI 디자인을 잘 하기 위해서는 그래픽을 잘 알아야 한다. 매력적인 페이지를 구성하기 위한 이모저모를 알고, 어떤 글꼴이나 색이 잘 어울리며 어떻게 해야 플레이어의 시선을 끌 수 있는지 이해해야 한다.

게임 UI 아티스트의 일반적인 자격요건은 다음과 같다.

- 시각디자인 또는 일러스트레이션, 회화 등 관련 전공자
- 어도비 포토샵, 일러스트레이터 활용 능력
- 체계적이고 꼼꼼한 성격
- 오늘날 게임 콘솔의 상호작용과 정보표시 한계에 대한 이해력
- 작업 후반부에 주로 발생하는 어려운 과제에 유연하게 대처하는 능력
- 창의력을 요하는 문제 해결력 및 자율성
- 간단한 썸네일 스케치를 통해 다른 아티스트들과 시각적으로 소통하는 능력
- 오토데스크 마야(또는 유사 프로그램), 모델링, 애프터이펙트, 플래시, 3D 애니메이션 기술을 사용해 프로토타입을 만들 수 있는 경우 가산점 부여
- 게임업계 경력 2년 이상

간단해 보일 수도 있는 일이지만, 실제로 일을 하는 데에는 이렇게 많은 능력이 필요하다.

이와 더불어 사용자경험ux을 구성하는 능력도 필요하다. 플레이어가 UI를

어떻게 사용할지 예측하고, 기능성을 최대한으로 발휘한 UI를 디자인할 수 있어야 한다. 규모가 큰 게임 스튜디오에는 UI와 UX 디자이너가 따로 있기도 하지만, 대부분의 경우 UI 아티스트가 UX도 함께 담당한다.

이 정도로도 부족한지, UI 아티스트가 게임디자이너와 함께 일하면서 종합적인 와이어프레임까지 만드는 경우도 있다. 그렇다면 와이어프레임이란 무엇일까?

와이어프레임

와이어프레임은 상호작용 페이지의 디자인과 기능을 표현하는 스토리보드다 (그림 2.39). 와이어프레임은 웹 페이지를 만들 때 가장 많이 사용되며, 이 경우에는 주로 버튼과 탭, 팝업창을 자유자재로 움직이고, 페이지를 마음껏 넘나들 수 있는 화면을 디자인하게 된다. 그러나 게임디자인 과정에서 UI를 구성할 때에도 와이어프레임을 만든다. 이를 통해 버튼을 누르는 흐름을 조직하고, 간단한 프로토타입을 만드는 것이다.

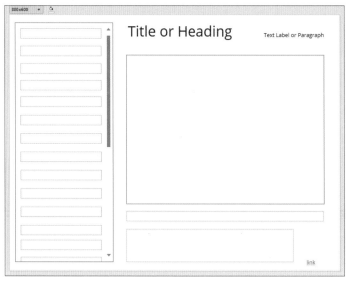

그림 2.39 와이어프레임 예

와이어프레임은 정보를 어떻게 배치할지 나타낸 그림이며, 주로 흑백으로 그린다. 일반적으로 상호작용은 작동하지 않지만, 버튼에 어떤 기능이 있는지를 표시하는 경우는 있다. 와이어프레임은 UI 기능을 보여주기 위한 것이지, 아티스트로서의 기량을 뽐내기 위한 작업이 아니므로 최대한 간소하게 만드는 것이 좋다. 와이어프레임에 색이나 이미지를 넣기 시작하면, 디자인을 평가하는 사람들은 완성되지 않은 버튼 디자인 등에 신경 쓰느라, 버튼의 위치에 제대로 관심을 기울이지 못하게 된다.

포토샵은 와이어프레임을 만들기에도 알맞은 도구다. 자주 사용하는 상자, 목록, 창, 버튼들을 모아둔 라이브러리를 만들어두면, 이 요소들을 레고처럼 페이지에 배치해서 한결 빠르게 디자인을 완성할 수 있다. 또한 이 방법을 사용하면 상자들 크기가 들쑥날쑥해질 염려가 없다(상자 크기를 똑같게 유지하는 다른 방법은 수치를 입력해서 상자를 만드는 것이다).

버튼에 색을 넣지 않는 것과 같은 이유로 글꼴은 수수한 스타일을 선택한다. 우주게임의 UI에 카우보이 글꼴을 적용한다면, 아무리 나중에 글꼴을 바꾼다고 해도 동료들이 디자인을 평가할 때 집중력을 잃기 쉽다. 따라서 Comic Sans나 Palatino 등의 기본적인 글꼴을 사용하는 것이 가장 좋다.

실습 4: 와이어프레임 제작

실습 4, 5에서는 주어진 화면 요소들을 조합해 닌자 토끼 게임 홈페이지를 디자인하기 위한 와이어프레임을 만든다. 그리고 이 와이어프레임을 바탕으로 최종 UI와 커버아트를 만들 것이다(그림 2.40).

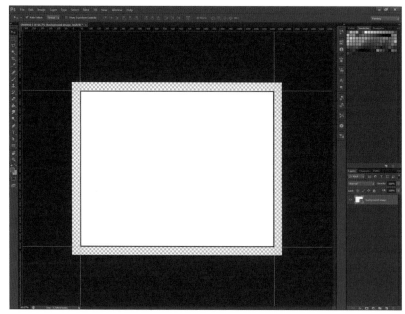

그림 2.40 와이어프레임을 만들기 위한 작업 화면

와이어프레임 제작

앞서 다운로드한 자료들을 사용해 와이어프레임을 만들자.

1 File ➤ New ➤ Preset ➤ Web을 선택한다. 프리셋에서 Web을 선택하면 웹 옵션에 접근할 수 있다.

2 크기를 1280×1024픽셀로 설정한다. 4:3 비율은 가장 일반적인 웹 표준이다. OK를 눌러서 새 파일을 만든다.

3 작업 창에 자를 표시한다. 자가 보이지 않으면 View ➤ Rulers에서 Ruler에 체크한다. 자가 나타나면, 자 위에서 오른쪽 마우스를 클릭해 단위를 Pixels로 바꾼다. 이제 홈페이지에 들어갈 요소들을 가져올 차례다. 홈페이지는 게임을 불러올 때 가장 먼저 뜨는 화면이다. 보통 그림과 로고가 나온 뒤, 다양한 버튼과 아이콘, 제작진 정보가 나타난다. 그리고 게임 시작 버튼과 게임플레이 옵션 변경을 위한 메뉴 버튼이 나온다. 게임을 불러오는 동안

표시되는 대기화면을 만드는 경우, 로딩 막대도 표시해야 한다. 전문 게임 스튜디오에서는 게임디자이너가 화면에 표시해야 하는 요소들을 알려주고, 페이지의 기능과 디자인에 대해 의견을 제시하기도 한다. 여러분은 게임디자이너의 지시를 잘 듣고, 미소를 지으며, "해보겠습니다."라고 말한다. 이제 여러분은 다음 요소들을 조합해(때로는 '쑤셔 넣어') 한 장의 와이어프레인 페이지를 만들어야 한다.

- 게임을 대표하는 메인 아트워크
- 메뉴 버튼
- 플레이 버튼
- 게임 제작사 로고
- 배포사 로고
- 로딩 막대
- 게임 로고

이 과정에서 만들어야 하는 가장 큰 요소는 배경 그림이다. 배경은 보통 페이지 전체 면적을 차지한다. 하지만 이번 실습에서는 게임디자이너가 검은색 테두리를 넣고 싶어 한다고 가정하고, 가장자리에 50픽셀 두께의 선을 넣어보자.

4   배경 이미지의 크기를 파악하는 가장 쉬운 방법은 계산을 하는 것이다. 이미지 전체 크기는 1280×1024픽셀이고, 배경 이미지 가장자리에 50픽셀 두께의 테두리를 넣는다고 하면, 배경 이미지 크기는 전체에서 가로세로 100픽셀씩을 빼야 한다. 따라서 1180×924픽셀이라는 결과가 나온다.

5   테두리를 뺀 영역의 크기를 계산했으면, Rectangle 툴을 선택해서 사각형을 만들어야 한다. 전경색은 흰색, 스트로크는 검은색을 선택하고, 스트로크 두께는 3픽셀로 한다.

6   1180×924픽셀 크기의 사각형을 그린다.

7   Marquee 툴을 사용해 배경 이미지 전체를 선택한다.

그림 2.41 포토샵의 정렬 옵션

8 이미지가 선택된 상태에서 Move 툴을 선택한다. 메뉴 막대 바로 아래에서 정렬 툴들을 찾는다(그림 2.41).

9 Align Vertical Centers와 Align Horizontal Centers를 클릭한다. 어느 아이콘이 해당 기능인지 헷갈리는 경우, 아이콘에 마우스를 대고 기다리면 기능 이름이 나타난다. 이제 이미지가 화면 중앙에 놓였으므로, 레이어를 움직일 때 참고할 기준선을 추가하자.

10 화면 왼쪽의 자 부분을 클릭하고 오른쪽으로 드래그해서 캔버스로 가져가서 놓는다. 이 파란색 안내선을 기준으로 버튼들을 정렬할 것이다.

11 배경 이미지의 좌우와 상단에 정렬을 할 수 있도록 안내선을 드래그한다. 이 안내선들은 이른바 '안전화면'이라고 하는 안전지대를 형성한다. 앞으로 모든 작업은 이 안전지대 안에서 이뤄져야 한다. 선을 넘지 말자. 선은 우리의 친구다. 왜 안전지대를 넘어가면 안 되는 걸까? 게임은 컴퓨터 모니터, 텔레비전, 콘솔 등 다양한 기기에서 플레이될 것이고, 기기마다 화면 해상도가 제각각이기 때문이다(그림 2.42). 안전화면을 설정하고 모든 요소를 그 안에 배치해야, 플레이어가 기기에 관계없이 게임 내 모든 UI 요소를 볼 수 있다.

그림 2.42 화면 크기는 기기마다 제각각이다

12 새 레이어를 만들고, 방금 작업한 레이어 아래에 둔다. 흰색으로 면을 채우고 이름은 BG라고 붙인다.

13 배경이미지 레이어 위에 사각형을 새로 만들고, sponsor logo라고 이름 붙인다(그림 2.43). 사각형 크기는 140×140으로 한다.

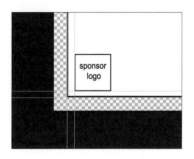

그림 2.43 후원사 로고 위치

14 방금 만든 사각형 안에 **Type** 툴로 sponsor logo라고 적어 넣는다. 글자와 사각형을 레이어 그룹으로 묶고, 그룹 이름을 sponsor logo라고 붙인다. 이 레이어 그룹을 배경 이미지 왼쪽과 아래쪽에서 25픽셀씩 떨어진 위치에 놓는다.

15 이제 다른 상자를 만들어서(앞에서 만든 레이어 그룹을 복사해도 된다), 14번 상자에서 오른쪽으로 25픽셀 떨어진 위치에 놓는다(그림 2.44). 이 그룹의 이름은 my logo라고 하고, 상자 안의 글자도 my logo라고 수정한다. 여러분이 사용할 로고가 사각형이 아닌 동그라미라면 형태를 바꿔도 좋다.

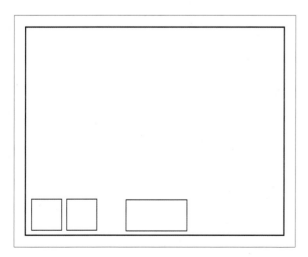

그림 2.44 버튼 복사하고 형태 수정하기

16 같은 방법으로 메뉴 버튼을 만든다. 레이어 그룹에서 상자의 크기를 280×140픽셀로 수정한다. 이 상자를 안전화면 맨 오른쪽에서 왼쪽으로 25픽셀 떨어진 위치에 놓는다.

17 이 레이어 그룹을 다시 한 번 복사하고, start button이라고 이름 붙인다. Marquee 툴을 사용해 레이어 그룹을 선택한다. 그리고 Move 툴을 사용해서 이 버튼의 중앙 수직선을 화면의 중앙 수직선과 정렬한다(Align Horizontal Centers). 이때 높이는 다른 버튼들과 똑같게 유지한다.

18 Rectangle 툴로 560×30픽셀 크기의 사각형을 만든다. 이 버튼은 17번의 버튼과 마찬가지로 화면 중앙의 수직선에 정렬하고, 높이는 17번 버튼보다 100픽셀 위로 올린다. 마지막으로 게임 로고가 들어갈 자리를 만든다. 게임 로고는 페이지에서 가장 중요한 요소이며, 반드시 좋은 위치를 차지해야 한다.

19 1024×512픽셀로 사각형을 만들고, 화면 중앙 수직선에 정렬한다. 그리고 안전화면 상단에서 50픽셀 내려간 높이에 배치한다.

20 Main Logo라고 글자를 입력하고, 앞에서와 같은 방법으로 레이어 그룹을 만든다.

UI 요소들 배치가 끝났다. 결과는 그림 2.45와 같다.

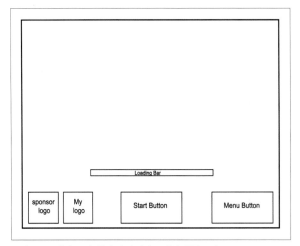

그림 2.45 닌자 토끼 화면의 와이어프레임 완성 모습

실습 5: UI와 커버아트 완성

이번 실습에서는 홈페이지에 들어갈 최종 UI와 커버아트를 만든다.

방금 디자인한 와이어프레임은, 홈페이지에서 UI 요소들이 들어가야 할 정확한 위치를 알려준다. 이제 글자와 버튼, 이미지를 만든다.

보통 글자를 다루거나 디자인할 때에는 글자 편집 기능이 훨씬 많은 어도비 일러스트레이터를 더 많이 사용한다. 하지만 지금은 포토샵을 사용하고 있고, 포토샵 역시 글자 기능이 훌륭하다. 게임스튜디오에서는 일러스트레이터로 만든 애셋들을 포토샵으로 가져와서 최종 구현을 하는 경우가 많다. 이번 실습에서는 중간 과정을 건너뛴다고 생각하자.

메인 로고 제작

게임 로고부터 만들자. 여기에 사용되는 글자는 페이지의 나머지 분위기를 좌우하며, 이를 통해 어떤 색을 사용하고 글자를 어떻게 처리해야 할지도 파악할 수 있다.

로고를 만들 때에는 사전조사를 하는 것이 좋다. 만들려고 하는 로고와 같은 느낌의 글자 디자인을 찾아야 한다. 영화 포스터, 장난감, 식품 포장 등 어디에서나 이미지를 찾을 수 있다. 글자 디자인을 위한 무드보드를 만들어서 이미지들을 모으고 원하는 느낌을 찾아도 좋다.

글꼴을 다운받아 사용해도 되지만, 대부분의 글꼴은 유료이며 상업적 용도로 사용하려면 라이선스 비용을 내야 한다.

우리는 닌자 토끼 게임을 만들고 있으므로, 빨간색과 함께 일본 느낌이 나는 로고를 만들면 좋을 것 같다.

1   메인 로고 레이어 폴더에 들어가 NINJA BUNNIES라고 글자를 입력한다. 입력한 글자를 선택하고, Fonts 메뉴에서 강한 느낌의 글꼴을 선택한다. 이 책에서는 Ash라는 글꼴을 사용했다.

2   앞서 만든 상자 안에 들어가도록 글자 크기를 조절한다. 책에서는 190포인트를 사용했다.

3 Type 툴이 선택돼 있는 상태로, 화면 상단 메뉴 막대의 Create Warp Text를 클릭해 Style에서 Flag를 선택한다(그림 2.46). 슬라이더 값을 조절해 글자가 휘어지는 정도를 조절하고, 마음에 들면 OK를 클릭한다.

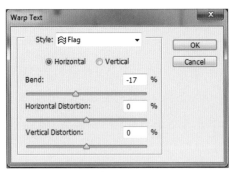

그림 2.46 게임 로고를 만들기 위한 Warp Text 설정 창

4 작업 중인 레이어가 선택된 상태에서 Options > Blending Options를 선택한다.

5 Stroke에 체크하고 탭을 클릭하면 오른쪽에 속성 메뉴가 나온다(그림 2.47). Size를 3픽셀, Opacity를 100으로 설정한다. Color는 검은색으로 한다.

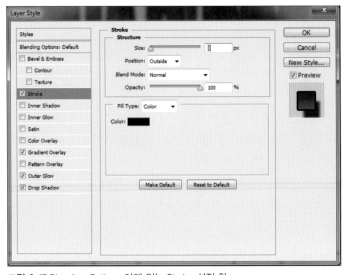

그림 2.47 Blending Options 아래 있는 Stroke 설정 창

6 Blending Options 메뉴에서 Gradient Overlay에 체크하고 탭을 클릭한다. 오른쪽에 설정 메뉴가 나오면 그라데이션을(검은색과 흰색으로 된 막대) 더블클릭한다. 새 창이 뜨면, Preset에서 빨간색과 초록색이 섞여 있는 스와치를 선택한다(그림 2.48).

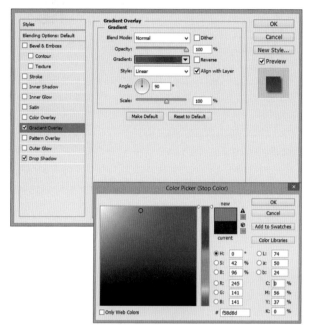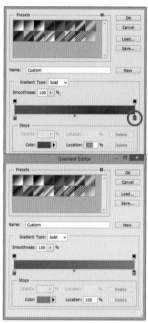

그림 2.48 Layer Style 창과 Gradient Editor 창

창 아래쪽에 빨간색이 초록색으로 변하는 색깔 막대가 보인다. 초록색 부분 밑에 있는 연필 모양을 클릭하면 Color Picker 창이 뜬다. 여기에서 초록색을 빨간색(그라데이션 왼쪽에 있는 빨간색보다 밝은 빨강)으로 바꾼다. 이제 은은한 빨간색 그라데이션이 나올 것이다. 포토샵의 Blend Options Editor에서는 바깥쪽으로 스트로크를 하나밖에 넣을 수 없으므로, Outer Glow 기능을 사용해 테두리 선을 이중으로 넣으려고 한다(그림 2.49). 이 기능에 대해서는 약간의 논쟁이 있기도 하지만, 완성되었을 때 원래 있던 스트로크를 사용한 느낌을 낼 수 있다.

그림 2.49 Blending Options > Outer Glow

7 Outer Glow에 체크하고 탭을 클릭해서 설정 메뉴를 연다. Blend Mode는 Normal, Opacity는 100%를 선택하고 색은 금색을 고른다. Technique는 Precise, Spread는 100%, Size는 9, Range는 100%로 설정한다. 이렇게 하면 교묘한 외부 광 효과 내지는 감쪽같은 이중의 테두리 효과가 난다.

8 마지막으로 Drop Shadow에 체크하고 설정 메뉴에서 Distance를 20픽셀, Spread는 8, Size는 5로 설정한다(그림 2.50).

그림 2.50 닌자 토끼의 로고 완성 모습

이제 메인로고가 완성됐다.

배경 이미지 제작

게임스튜디오에는 배경이미지를 만들 때 활용하거나 참조할 수 있는 게임 요소들이 모두 있다. 스크린샷과 일러스트레이션, 아트워크들을 보면서 창의력을 발휘해 보자. 여러분은 게임의 줄거리와 캐릭터를 알고 있을 것이다. 게임 전체를 대표하는 하나의 이미지를 만들어내는 것은 결코 쉽지 않다.

대형 스튜디오에서는 UI를 디자인하는 사람과 배경 일러스트를 그리는 사람이 따로 있어서, 배경이미지는 UI 디자인과 어울리게 만들어서 홈페이지에 올리기만 하면 된다. 하지만 상황이 여의치 않다면 여러분이 두 작업을 모두 소화해야 한다.

1 1280×1024픽셀 크기의 파일을 새로 연다. 지금까지 만들어놓은 애셋들을 생각해 보자. 우선 스토리보드에서 이미지를 찾아보자.

2 스토리보드의 맨 마지막 그림을 가져와서 깔끔하게 정리한다. 컨셉 드로잉으로 그렸던 스모 토끼를 깔끔하게 정리하고 다듬은 다음, 스토리보드의 닌자 토끼 이미지를 채색한다.

3. 스모 토끼와 닌자 토끼를 마음에 드는 구도로 배치한다(그림 2.51).

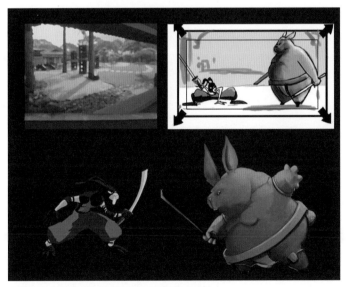

그림 2.51 홈페이지에 사용할 아트워크들을 모은다

4 캐릭터들을 배치했으면 배경을 댈 차례다. 인터넷에서 일본의 옛 신사 사진을 찾아보자. 캐릭터들과 잘 어울리고 시점이 정확한 사진이어야 한다. 인터넷에 올라와 있는 사진에는 보통 저작권이 있으며, 상업적 용도로 사용하려면 소정의 라이선스 금액을 지불해야 한다. 하지만 인터넷에 공개된 이미지를. 직접 그림을 그릴 때 참고할 용도로 내부에서 사용하는 것은 법으로 금지되어 있지 않다.

5 인터넷에서 구한 이미지를 참조해, 게임의 느낌을 대략적으로 보여주는 배경을 그린다. 캐릭터가 돋보여야 한다는 사실을 잊지 말자.

6 두 캐릭터를 배경 위에 올린다(그림 2.52). 이미지 색감이 게임 로고와 어울리는지 확인한다.

그림 2.52 메인 타이틀과 배경 이미지

UI 버튼

이제 와이어프레임 하단에 들어갈 버튼에 대해 생각해 보자. 보통 게임 UI에서 버튼과 상호작용 요소를 만들 때에는, 포토샵보다 벡터 기능이 다양한 어도비 플래시 또는 일러스트레이터를 사용한다. 또한 태블릿 PC나 스마트폰 등 기기에 따라 게임 화면의 크기를 달리해야 할 경우, 선명도를 잃지 않으면서 UI 요소의 크기를 조절할 수 있어야 한다. 플래시에는 액션스크립트라는 독자적 코드와 애니메이션 기능이 있어, 간단한 조작만으로도 버튼을 만들 수 있다. 플래시의 코드와 애니메이션은 대부분의 게임엔진에서 바로 불러올 수 있다는 장점도 있다.

어도비 일러스트레이터에도 역시 버튼 디자인이 마련되어 있다(그림 2.53). 일러스트레이터의 심볼 라이브러리를 살펴보면 친숙한 버튼 디자인들이 눈에 들어올 것이다.

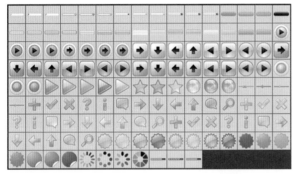

그림 2.53 어도비 일러스트레이터에 마련되어 있는 버튼들

일러스트레이터는 벡터 버튼을 만들기에 훌륭한 프로그램이지만, 포토샵과 마찬가지로 게임에서 사용하려면 약간의 코딩이 필요하다. 또한 벡터로 디자인한 버튼을 SWFShockwave Flash movie나 PNGPortable Network Graphic 파일로 저장해야 한다.

버튼 하나는 몇 장의 이미지로 이루어진다. 상호작용에 따라 달라지는 버튼의 상태를 나타내야 하기 때문이다. 가장 확실하게 차이가 나는 상태는 '기본'과 '작동 중' 상태다. 기본 상태는 버튼에 아무 일도 일어나지 않았을 때 표시된다. 작동 중 상태는 버튼을 클릭했을 때 표시된다. 일반적으로 기본 상태의 버튼은 버튼이 들어가는 페이지와 어울리게 디자인하고 원래의 색을 그대로 사용한다. 작동 중 상태에서는 원래의 색에서 명도와 채도를 높이거나 낮춘다. 이는 버튼이 눌렸거나 작동 중이라는 것을 표시하는 관습의 하나다.

버튼에는 '롤오버'라고 하는 상태도 있을 수 있다. 이는 마우스 포인터가 버튼 위에 올라와있지만, 클릭은 하지 않아 작동은 하지 않는 상태에 버튼의 색이나 채도가 바뀌는 것이다.

버튼 색 정하기

우리는 와이어프레임을 만들면서 버튼의 대략적인 크기를 정했으므로, 이를 바탕으로 버튼을 디자인하면 된다. 버튼은 크기를 조절할 수 있도록 벡터 이미지로 만들어야 한다는 사실을 잊지 말자. 작업을 시작하기 전에 몇 가지 질문을 해 보자. 어떤 스타일의 버튼을 만들고 싶은가? 어떤 형태의 버튼을 만들 것이며, 어떤 색을 사용할 것인가?

버튼 색은 선택 범위가 한정되어 있다. 게임 로고에 빨간색 그라데이션이고 배경에는 초록색과 갈색이 많이 들어가 있으므로, 버튼 역시 이 색들 중에서 골라야 한다. 어떤 색을 써야 할지 모르겠다면 컬러 팔레트를 만들어보자(그림 2.54).

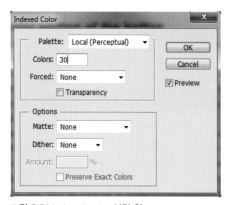

그림 2.54 Indexed color 설정 창

1 먼저 파일을 저장한다. 그 다음, Image ＞ Duplicate를 클릭해 해당 파일을 복사한다.

2 새 파일이 선택된 상태에서, Image ＞ Model ＞ Indexed colors를 선택해서, 이미지를 병합하고 압축한다. 이미지 변환을 위한 설정 창이 열린다.

Palette는 Local(Perceptual)을 선택하고, Colors의 숫자는 50, Forced는 None, Dither도 None을 지정하고 OK를 클릭한다. 이미지의 색이 달라졌음을 볼 수 있다. 앞에서 복사를 해두었던 것이 이 때문이다.

3 Image > Mode > Color Table을 선택해, 이미지에서 선택된 색들을 확인한다(그림 2.55). 이 색상표는 지금 Save 버튼을 눌러 저장해두자. 그렇지 않으면 파일을 닫을 때 색상표가 사라진다. Swatches 패널에서 Load Swatches를 클릭해 색상표를 불러오자.

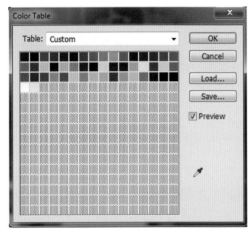

그림 2.55 이미지에서 추출된 색상들

4 3번에서 색상표를 저장한 폴더를 찾아서 불러온다. 이미지에 중점적으로 쓰인 색상이 무엇인지 볼 수 있다. 이 색들 중 아무 색이나 버튼에 적용해도 되지만, 초록 배경에서 눈에 잘 띄도록 빨간색을 선택해 보자.

5 Menu Button 레이어 그룹에서 menu button이라는 이름의 레이어를 선택해서 복사한다. 원본 레이어는 눈 모양 아이콘을 클릭해서 감춰둔다.

6 사본 레이어를 선택하고, Rectangle 툴을 클릭한다. 화면 상단의 메뉴 막대에서 전경색(Fill) 스와치를 클릭한다. 설정 창에서 그라데이션 아이콘을 클릭한다(그림 2.56).

그림 2.56 그라데이션 피커

그림 2.57 그라데이션 피커
에서 빨간색을 선택한다

그림 2.58 그라데이션이 들
어간 메뉴 버튼

7 그라데이션 색을 배경 이미지에 들어간 빨간 색으로 선택한다. 그라데이션 막대 아래 보이는 연필 모양의 컬러스탑을 더블클릭하면 컬러피커 창이 뜬다. 좌우의 컬러스탑을 각각 클릭해, 빨간색과 짙은 빨간색을 선택한다(그림 2.57).

UI를 보기 좋게 완성하기 위해서는, 서로 비슷한 두 빨간색을 선택해 은은한 느낌을 내는 것이 좋다. 색 대비가 너무 강하면 디자인이 산만해지기 때문이다. 탁월한 UI 디자인은 매력적이고 효율적이지만, 사용자가 UI 자체에 시선을 뺏기게 하지는 않는다. 휘황찬란한 디자인의 UI는 촌스럽게 두드러져 나온다.

8 작업 중이던 레이어 위에 새 레이어를 만든다. Marquee 툴로 버튼의 위쪽 절반을 선택한다. 전경색으로 흰색을 선택하고, 가장자리가 부드러운 50픽셀 굵기의 브러시를 선택한다. 브러시의 위쪽 절반만을 사용해, 선택 영역의 아래쪽에 흰 선을 긋는다. 이제 버튼이 그림 2.58처럼 보일 것이다.

9 Opacity(투명도)를 85%로 낮추고, Transform 툴을 사용해, 가장자리가 버튼의 빨간 부분 안쪽으로 들어오게 크기를 줄인다.

10 빨간 버튼 레이어로 돌아와서, Rectangle 툴을 다시 선택한다. 이번에는 Stroke 스와치를 클릭하고, 설정 창 우측 상단의 무지개색 아이콘을 클릭해 컬러피커 창을 연다. Eyedropper 툴을 사용해, 버튼의 그라데이션에서 가장 어두운 부분을 클릭해 색을 추출한다.

11 컬러피커 창에서, 앞서 추출한 빨간색보다 더 어두운 색을 선택하고 OK를 클릭한다. 빨간 버튼 레이어를 선택하고 오른쪽 마우스로 클릭한다.

12 Blending Options를 클릭하고, 레이어 스타일 창이 열리면 Inner Glow에 체크한다(그림 2.59). 색을 스트로크와 같게 바꾼다. Blend Mode를 Normal로 바꾸고, Size는 35픽셀을 입력한다.

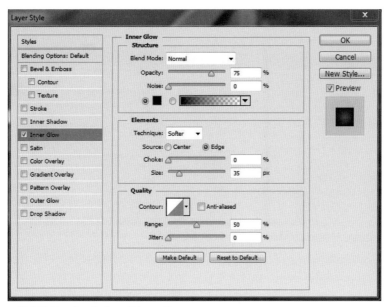

그림 2.59 Blending Options 중 Inner Glow

버튼 상태 제작

버튼에 들어가는 글자에는 게임 로고와 같은 글꼴을 쓸 필요가 없다. UI 디자인
은 명료하고 은은한 것이 좋으므로, 읽기 쉽고(모바일 기기에서도) 무료로 사용할
수 있는 글꼴을 선택하는 것이 좋다.

1   Type 툴을 선택하고, Menu Button이라고 입력한 글자 레이어를 선택한다.
    Button이라는 단어를 지우고 Menu만 남겨둔다.

2   글자가 선택되어 있는 상태에서 글꼴을 Tahoma/Bold로, 크기는 70포인트,
    색은 흰색으로 수정한다.

3   이 레이어의 레이어 스타일 창을 연다. Gradient Overlay에 체크하고, 설정
    영역의 그라데이션 막대를 클릭한다. Gradient Editor 창이 열리면 그라데
    이션 막대 아래쪽의 좌우 연필모양 컬러스톱을 클릭해, 각각 주황색과 노
    란색을 선택한다(그림 2.60).

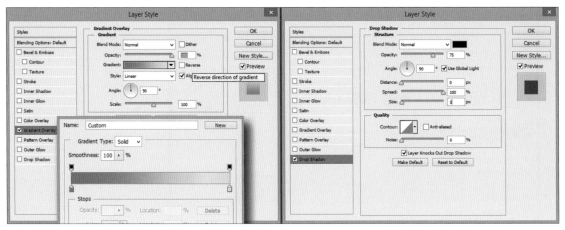

그림 2.60 Blending Options 중 Gradient Overaly와 Drop Shadows

이 그라데이션은 게임 로고와 색을 맞춘다. 이 게임의 글자에는 노란색이 쓰이게 될 것이며, 이런 방식으로 전체적인 시각 언어를 정립하게 된다. 이제부터 이 게임 화면에 들어가는 글자들에는 노란색을 어느 정도 가미할 것이다.

4 글자가 좀 더 눈에 잘 들어오도록 그림자를 넣어보자. Shadow에 체크하고 설정 영역에 들어간다. Blend Mode는 Normal, 색은 짙은 빨간색, Angle은 90, Distance는 0, Spread는 100, Size는 1로 설정한다. 이 설정 값들은 글자 가장자리와 뒤편에 테두리를 둘러주는 역할을 하며, 스트로크 기능을 사용하는 것보다 보기에 좋다.

5 마지막으로 Inner Shadow에 체크한다. Blend Mode는 Multiply, Opacity는 48로 설정하고 Use Global Light의 체크를 해제한다. 이렇게 하면 방금 만든 그림자를 방해하지 않으면서 그림자의 방향이 바꿀 수 있다.

그림 2.61 글자가 들어간 메뉴 버튼

6 Distance는 5, Choke와 Size는 0으로 지정한다. 그림 2.61과 같은 메뉴 버튼이 나왔을 것이다.

이렇게 해서 버튼 디자인이 끝난 걸까? 그렇지 않다. 버튼 각각에는 최소한 2개의 상태가 있다. 방금 우리가 만든 기본 상태, 그리고 작동 중 내지는 활성화 상태의 디자인이 필요하다. 기본 상태의 버튼이 완성돼 있으면 활성화 상태 버튼은 쉽게 만들 수 있다.

7 Menu Button 레이어 세트 전체를 복사해서 Menu Button Active라고 이름을 붙인다. 새 레이어 작업 중 원본 레이어를 실수로 건드리지 않도록, 원본 레이어는 숨겨둔다.

8 방금 만든 그룹을 열어서 빨간색 그라데이션 레이어를 선택한다. 레이어를 더블클릭해 그라데이션 색을 조절하자. 어두운 색 컬러스톱을 클릭하고, Color Picker에서 더 진한 빨간색을 선택한다.

9 반대쪽 컬러스톱을 클릭해서 더 연한 빨간색을 선택하고 OK를 클릭한다(그림 2.62).

10 감춰두었던 레이어를 다시 보이게 한다. 눈 모양 아이콘을 껐다 켰다 하면서 버튼의 상태를 비교해보고, 색이 지나치게 대비되지 않도록 주의한다.

11 결과가 만족스럽다면 파일을 저장하고, 원본 레이어를 다시 감춘다. Menu 글자 레이어로 돌아와 Blending Options 창을 연다. Inner Shadow 체크를 해제하고 Outer Glow에 체크한다. Outer Glow의 Blend Mode를 Normal, 색은 노란색, Opacity는 32, Spread는 24, Size는 8픽셀로 설정한다(그림 2.63).

그림 2.62 메뉴 버튼 빨간 배경의 두 가지 상태

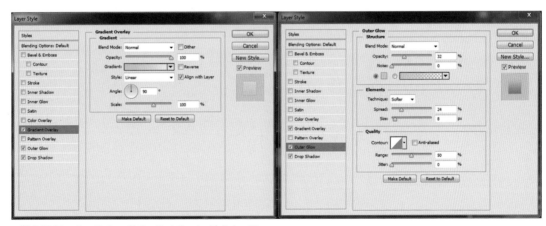

그림 2.63 Blending Options의 Gradient Overlay와 Outer Glow

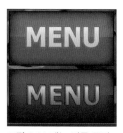

그림 2.64 메뉴 버튼 글자의 두 가지 상태

12 그라데이션 영역에서, 앞서 빨간 그라데이션을 넣었던 것처럼 색을 수정한다. 왼쪽에는 샛노랑, 오른쪽에는 연노랑이 오게 하고 **OK**를 클릭해 창을 닫는다. 레이어로 돌아와 원본 레이어를 보이게 한다. 버튼을 클릭했을 때 Menu라는 글자에 불이 들어오는 느낌이 날 것이다(그림 2.64).

13 두 레이어를 Menu Button이라는 레이어 그룹으로 묶는다.

14 작동 중 상태를 나타내는 버튼의 레이어를 감춰서, 나머지 버튼을 작업할 때 버튼이 기본 상태로 보이게 한다.

시작 버튼 제작

시작 버튼은 메뉴 버튼과 크기가 똑같아서 작업하기가 한결 쉽다.

1 Menu Button 그룹을 복사해서 Start Button이라고 이름을 붙인다.

2 새 그룹을 Start Button 와이어프레임 레이어 자리에 겹쳐 올린다.

3 원래 있던 Start Button 레이어를 새 그룹 안에 넣고 안 보이게 감춘다.

4 레이어의 글자 부분을 선택한다. **Type** 툴을 선택한 상태에서 Menu 글자를 클릭하고, 'Start'로 수정한다. 이때 문단 정렬 상태를 그대로 유지해야 글자 위치가 바뀌지 않는다.

5 '작동 중' 상태의 레이어도 똑같이 글자를 수정한다.

6 다른 레이어들도 전부 이름을 Menu에서 Start로 바꿔줘야 나중에 헷갈리지 않는다. 같은 크기의 버튼을 작업할 때에는 항상 이 과정을 거치게 된다. 같은 스타일에 크기만 다른 버튼의 경우에는 약간 다른 과정이 필요하다.

7 앞에서와 마찬가지로 버튼의 레이어 그룹을 복사하고, 사본 그룹이 선택된 상태에서 버튼의 크기를 수정한다(그림 2.65). 매우 편리한 기능이기는 하지만, 글자 간격이 함께 조절되어 보기 좋지 않다는 단점이 있다.

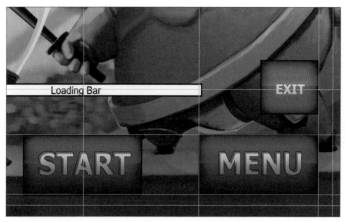

그림 2.65 레이어 스타일을 복사해서 다른 버튼에 사용한다

8 이 문제를 해결하기 위해, 크기를 조절한 버튼에서 글자 레이어를 삭제한다. 그런 다음 크기를 수정하지 않은 다른 버튼의 글자 레이어 2개를(기본 및 작동 중 상태) 복사해서, 앞서 삭제한 글자 레이어 위치에 붙여 넣는다.

9 상자 안에서 글자의 위치를 정렬하고, Type 툴의 Size 기능을 사용해 글자 크기를 줄인다(Transformation 기능을 사용하지 않는다). 이렇게 다른 글자 레이어를 복사해서 사용하면, 앞서 했던 모든 작업을 반복하지 않아도 된다.

로딩 막대 제작

로딩 막대는 사용자의 기기에 데이터가 다운 받고 있음을 표시하는 장치다. 로딩 막대 역시 어도비 플래시로 만드는 것이 좋지만, 포토샵으로도 얼마든지 만들 수 있다.

로딩 막대의 형태는 와이어프레임을 만들면서 정해놓았다. 길고 가는 막대를 보면 누구든 로딩 막대임을 쉽게 짐작할 수 있다. 이제 안에 들어갈 색을 만들어 보자.

1 로딩 막대 레이어 그룹에서, 막대 형태를 2개 복사한다. 첫 번째 막대는 Loading Bar Color, 두 번째는 Loading Bar Seat이라고 이름 붙인다. 이렇게 해서 Lading Bar, Loading Bar Color, Loading Bar Seat라는 세 레이어가 생겼다(그림 2.66).

그림 2.66 로딩 막대를 안에 들어갈 요소들에 따라 나누었다

2 Loading Bar 레이어를 선택하고 Rectangle 툴을 클릭한다. Fill은 색을 없애고 Stroke만 원래대로 남겨둔다.

3 Loading Bar Color 레이어를 선택하고 Rectangle 툴에서 Stroke의 색을 없앤다.

4 Fill 스와치를 더블클릭해서 Gradient를 선택한다. 글자와 어울리도록 그라데이션 색을 수정하자. 왼쪽 컬러스톱은 주황색으로, 오른쪽 컬러스톱은 노란색으로 바꾼다.

5 방금 작업한 레이어 아래에 새 레이어를 만들고, 두 레이어를 병합해 래스터라이즈한다.

6 Marquee 또는 Magic Wand 툴을 사용해 Color Bar 레이어를 선택한다. Ctrl+X 단축키로 선택한 영역을 잘라낸다.

7 Ladig Bar Seat 레이어 밑에 새 레이어를 만들고 병합한다. Magic Wand 툴로 상자 속 흰 부분을 선택한다.

8 Edit ＞ Paste Special ＞ Paste Into를 클릭한다. 이제 프레임 안에서 색깔 막대를 움직일 수 있다. 이런 방법으로 붙여넣기를 하면 자동으로 마스크가 생성되기 때문이다.

9 Loading Bar Seat 레이어의 **Opacity**를 50%로 낮춘다. 애니메이션 창을 열어서 색깔 막대가 점점 채워지게 할 수도 있다(그림 2.67). 이렇게 하면 막대가 어떻게 보일지 미리 확인할 수 있다.

그림 2.67 그라데이션을 넣은 로딩 막대

로고 넣기

로고를 넣는 것은 비교적 간단한 일이다. 하지만 해상도라는 골치 아픈 문제가 있다. 정교하고 아름다운 로고를 128×128픽셀 공간에 구겨 넣다 보면 요소들이 뭉개져 버리기 때문이다. 이럴 땐 어떻게 하면 좋을까?

기업 로고에는 보통 몇 가지 세트가 있다. 글자가 들어간 로고는 고해상도 환경에 적합하고, 기본 요소만 들어간 로고는 스마트폰 게임 귀퉁이에 들어가기 좋다. 작은 로고는 메인 로고를 인지할 수 있는 정도로만 단순화하기도 한다.

어도비나 오토데스크처럼 영리한 회사들은 크게 들어갈 때나 작게 들어갈 때나 항상 보기 좋은 아주 단순한 로고를 사용한다. 우리는 두 종류의 로고를 만들어보려고 한다. 매우 단순한 로고 하나, 단순화해야 하는 로고 하나를 만든다(그림 2.68).

그림 2.68 직접 만든 로고 아트 추가하기

그림 2.68에 보이는 것처럼 ME 로고는 크기를 줄이기 쉽다. 글자에 그라데이션이 들어가 있지만, 획이 굵고 대비가 뚜렷하다.

하지만 후원사 로고에는 몇 가지 문제가 있다. 글자들이 서로 뭉쳐서 읽기 어려운 부분이 있고 배경이 거의 묻혔다. 로고 전체의 비율이 정사각형에서 살짝 벗어났으며, 불 모양 로고는 크기를 늘리면 보기에 좋지 않을 것이다.

다른 회사의 로고를 수정해서 사용해야 할 때에는 해당 회사와 먼저 상의를 해야 하며, 이때 사용 목적에 맞는 버전의 로고를 제공 받을 수도 있다. 기업들은 로고의 명확성을 위해 다양한 사이즈로 여러 버전의 로고를 만든다. 하지만 회사에서 "음, 이 부분을 고쳐주세요."라는 대답이 돌아왔다고 가정하고, 저해상도에 사용하기 좋게 로고를 재구성해 보자.

먼저 이미지 크기를 줄였을 때 필요 없는 부분을 제거해야 한다. 배경이나 하이라이트, 그림자가 여기에 해당된다. 선은 그대로 둔다. 글자들이 뭉치는 것을 방지하기 위해서는 로고를 없애거나, 공간이 넉넉한 경우 글자 크기를 키우고 로고를 옆쪽에 배치한다.

그림 2.69는 원래 로고를 4가지 방식으로 편집했다. 첫 번째 버전은 공간을 늘리고 글자와 배경에 보이는 그라데이션과 배경 이미지를 제거했다. 두 번째 버전은 첫 번째에서 불 로고를 뺐다. 세 번째 버전은 글자 중 덜 중요한 부분을 뺌으로써 더 중요한 글자를 여유롭게 배치했다. 네 번째 버전은 불 로고만 넣은 것으로, 회사가 유명한 경우 활용 가능한 방법이다. 네 가지 모두 간단한 문제 해결 방법이다. UI 전문 아티스트들은 보통 이런 문제를 다뤄본 경험이 있다.

그림 2.70은 완성된 홈페이지/로딩 페이지다. 몇몇 부분을 수정했으며, 게임 아트 작업에는 이런 수정이 비일비재하다. 아무리 신중하게 계획하고 디자인을 해도 문제가 생기기 마련이다. 게임업계에서는 유연성을 가지고 문제 해결에 성실하게 임하는 것이 중요하다.

그림 2.69 공간에 맞게 로고 아트를 편집한다

그림 2.70 최종 게임 화면

정리

이 장에서는 어떤 게임 기기에나 적용되는 제작 과정을 배웠다. 여기에서 배운 내용은 어떤 게임 영역에서 일하든 도움이 될 것이다. 포토샵은 여러 기능을 수행할 수 있는 강력한 프로그램이다. 우리는 서로 다른 아트 분야에 있는 네다섯 명의 사람들이 모두 전문적으로 활용할 수 있는 다양한 작업 방법을 배웠다. 다양한 분야의 아티스트들이 모두 하나의 프로그램을 사용하는 것이다(그림 2.71).

그림 2.71 2장에서 배운 모든 프로젝트에 등장한 아트 작업들

3

소셜미디어를 위한
게임 애셋 제작

소셜 게임은 인터넷의 소셜 요소를 사용한 게임을 말하며, 단순히 다른 사람들과 함께
하는 게임만을 의미하지 않는다. 예를 들어 페이스북에서 볼 수 있는 게임은 모두 소셜
게임이라고 부른다. 또한 개발자는 게임 화면의 크기나 프로그래밍 언어를 정할 때 이를
고려해야 한다.

노트 peachpit.com에 접속해 이 책의 ISBN을 입력하면 자료 파일을 받고 영상을 볼 수 있다. 책을 등록하면 Registered Products 아래 Account 페이지에 파일 링크가 보인다.

소셜 요소는 사람들을 한 자리에 모아 교류하게 하는 힘이 있다. 만남주선 사이트, 도박 사이트, 맛집 정보 사이트, 이베이, 페이스북, 아마존 등이 모두 소셜 요소를 가지고 있다. 상호작용이 꼭 영상 회의나 실시간 소통 같은 형태일 필요는 없다. 제품 후기를 남기거나 친구가 올린 고양이 사진에 '좋아요'를 누르는 것 모두 소셜 요소가 된다.

3장에서는 어도비 포토샵을 사용해 소셜 게임의 애셋을 만들어보고, 카지노 게임의 세계를 살펴보며, 아트 작업의 수준을 높이는 방법을 알아본다.

소셜미디어는 무엇이고, 누가 만드는 것일까?

소셜 세계에는 거대한 게임 시장이 존재하며, 사용자들은 보통 '캐주얼 게이머'라고 불린다. 한 번에 몇 시간씩 게임을 하는 이른바 '하드코어 게이머'와는 달리, 캐주얼 게이머는 보통 한 번에 5분 내외로 게임을 즐긴다. 하지만 하루에 여러 차례 게임을 하므로 절대적인 시간이 적은 것은 아니다.

캐주얼 소셜 게임 시장에서는 제법 큰 수익이 창출되고 있다. 소셜 게임은 보통 무료이며 소셜 사이트 홈페이지에서 플레이하게 된다. 이런 무료 게임 모델의 생존 전략은 '소액 결제'다. 플레이어가 게임 내에서 즉각적으로 능력치를 올리거나, 시간을 연장하거나, 높은 레벨에 진입하기 위해 돈을 지불하는 것이다. 이런 유료 기능을 뒷받침하기 위해, 개발자는 새 콘텐츠를 꾸준히 제공해야 한다. 적당한 수익을 창출하는 게임의 경우, 소액결제를 통해 평균 일인당 50원 정도의 수익을 낸다. 큰 액수가 아닌 것처럼 들리지만 2백만 명이 일주일 동안 매일 50원씩 낸다고 생각해 보자.

소셜 콘텐츠 상당수는 자동으로 생성된다. 아티스트가 만든 그래픽 애셋을 게임엔진에 삽입하고, 이 애셋들의 색과 크기 등을 다양하게 바꾸면서 플레이어에게 새 레벨을 제공한다. 즉 소셜 게임을 만들기 위해서는 많은 애셋을 만들어야 한다.

소셜 게임 팀

소셜 게임을 만드는 팀은 보통 10~20명 정도의 적은 인원으로 구성된다. 하지만 일부 소셜 게임은 100명이 넘는 팀을 꾸린다. 소액결제에서 나오는 수익으로는 그 정도 규모의 팀을 유지하기가 쉽지는 않다.

대부분의 게임회사는 어떤 종류의 게임을 만들든 같은 직원들을 투입하며, 경영, 제작 및 디자인, 프로그래밍, 아트의 네 부서가 한 팀으로 일한다(그림 3.1).

그림 3.1 하나의 게임 팀에서는 몇 개의 부서가 함께 일한다

- 경영 부서에는 스튜디오 운영의 사업적 측면을 담당하는 사람들이 있다. 최고경영자와 재무책임자, 변호사, 사무관리자, 회계사 등이다. 이들은 임금 지급과 새 사업 기회 탐색, 사무실 월세, 사무용품 구매, 직원 휴가 관리, 일정 관리 등을 맡는다. 아트디렉터와 기술책임자가 경영 부서에 합류하는 경우도 있다.

- 제작부서는 경영 부서와 나머지 부서를 조율한다. 프로젝트의 진척상황을 파악하고 보고하며, 모든 부서가 조화롭게 돌아가도록 한다. 해야 할 일들을 정리하고 스크럼을 이끈다. 뛰어난 프로듀서는 여러분의 부서가 지나친 요청사항들에 시달리지 않게 도와준다.

- 소셜 게임을 만드는 스튜디오의 경우, 게임디자이너는 보통 게임 당 한 명씩 있다. 이들은 게임플레이의 복잡한 특성들에 정통한 사람이다. 게임디자

이너는 줄거리, 페이지 레이아웃, 소셜 상호작용, 게임 내 화폐 제작, 캐릭터 개발, 레벨 디자인을 비롯해 그림을 그리거나 코드를 짤 필요가 없는 모든 일을 담당한다. 또한 플레이어가 게임에서 흥미를 잃지 않도록 게임 방식을 조율한다.

■ 소셜 게임에는 개발자가 프런트엔드와 백엔드, 툴, 그래픽 영역을 아우른다. 프런트엔드 프로그래머는 게임이 원활하게 실행되게 만든다. 백엔드 프로그래머는 게임이 서버와 웹사이트, 소셜미디어에서 잘 실행되게 만든다. 툴 담당자는 나머지 영역에서 작업이 효율적으로 이루어지도록 프로그래밍을 한다. 그래픽 프로그래머는 아트워크가 빠르게 실행되고 최대한 근사하게 보이게 만드는 코드를 작성해, 게임을 보기 좋게 만든다.

■ 아트워크는 보통 아트디렉터가 총괄한다. 아트디렉터는 게임 프로젝트의 외관을 개발하고 유지한다. 아트 부서의 그래픽 디자이너들은 끝없는 회의를 통해 게임의 시각적 방향을 잡는다. 부서 내 아티스트들에게 업무를 배정하거나 아트 관련 외주를 맡기는 것도 아트디렉터의 역할이다.

다른 아티스트들은 책임 및 선임, 평사원 등의 직급을 가진다. 아티스트가 진급을 하는 데 있어 정해진 원칙은 없다. 게임업계에서 몇 년 동안 일한 사람들이 대부분이지만, 2년차 아티스트가 아트디렉터와 친구처럼 지내며 책임아티스트로 일하는 경우도 꽤 있다. 소셜 게임을 만들 때에는 주로 2D로 애셋을 디자인하고, 어도비 플래시나 2D에 최적화된 다른 게임엔진으로 가져간다.

소셜 게임 콘텐츠 제작을 위한 파이프라인

지금까지 게임회사 구성원들의 역할에 대해 알아보았다. 이제 이들이 어떻게 협동하는지 배워보자.

게임을 만드는 방식은 여러 가지다. 출발은 언제나 아이디어를 내는 것이다. 한 사람이 소셜 게임에 대한 아이디어를 가지고 친구들을 모아, 애셋을 만들고 코드를 짠 다음, 유통업체를 통해 게임을 출시하는 경우도 있다. 독창적인 느낌의 게임들은 보통 이렇게 탄생한다. 이 게임이 승승장구해서 돈이 들어오기 시작하면(투자를 받거나 게임에 관련돼 매출을 올린다), 회사가 확장되고 새 게임을 만들어 같은 과정을 반복하게 된다.

또는 이미 존재하는 게임회사에서 기획을 통해 소셜 게임을 만든다. 기획 팀이 컨셉을 내놓고 팀을 꾸린다. 회사가 다른 프로젝트에서 번 수익을 새 프로젝트에 투자해 게임 제작에 착수한다. 안타깝게도 직원들은 타사의 게임을 베끼거나 발전시킨 게임을 만들어야 할 때가 많다. 투자자들은 그런 게임이 자신의 돈을 회수하기에 유리하다고 여기기 때문이다. 물론 비슷한 게임이 너무 많으면 공급 과잉으로 시장이 죽고, 다른 독창적인 게임이 등장해서 시장을 평정하면 또 다른 모방작들이 생겨난다. 이것이 게임 생명의 순환이다(그림 3.2).

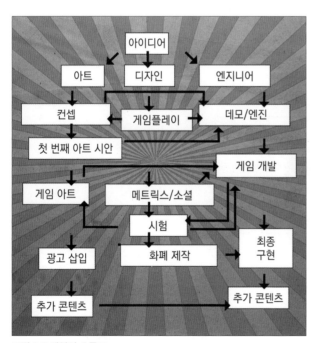

그림 3.2 게임의 흐름도

데모

데모 제작은 엔지니어들에게 가장 까다로운 단계다. 아트나 디자인에 대한 방향 제시도 없이, 게임의 분위기를 표현해야 하기 때문이다. 이 단계에서 엔지니어는 해당 게임에 국한되지 않은 부분들을 개발한다. 프로필 제작, 저장, 아트 애셋을 다루기 위한 기본 시스템을 만든다. 대부분 기존의 코드를 개발하거나 엔진을 수정하며, 아트와 디자인이 나올 때까지 이 작업을 진행한다.

아트 및 디자인 부서는 머지않아 애셋들을 만들어 엔지니어 작업을 따라잡게 된다. 이제 팀의 목표는 데모를 만드는 것이다. 이는 게임을 매우 대략적으로 보여주는 버전이며, 해당 게임을 구현할 수 있고 앞으로도 자금을 지원받아야 한다는 사실을 입증하는 수단이다.

데모 제작을 위해 디자이너는 리더보드, 활용 가능한 테마, 캐릭터(있다면), 보상, 인게임 화폐 및 포인트를 비롯해 데모에서 구현할 수 있는 속성들을 정의하여 게임플레이를 정리한다(그림 3.3).

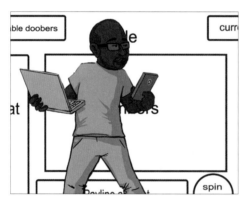

그림 3.3 게임디자이너

이 단계에서는 시스템을 시험할 수 있도록 데모를 실행시키는 것이 관건이다. 이를 위해 아트 부서는 임시로 많은 아트워크를 만들어야 한다. 이 아트워크들은 나중에 다듬어서 실제 게임에 사용할 수도 있고, 그렇지 않을 수도 있다. 아티스트는 게임의 다양한 측면을 보여주는 컨셉 스케치도 그려야 한다(그림 3.4). 아트디렉터는 컨셉을 검토하고, 애셋 목록을 작성하고, 아티스트늘의 작업 일정을 짜고, 테마와 색 구성을 구체화하고, 무엇보다도 작업이 끝나기 전에 엔지니어가 아트 애셋을 요청하면 걱정스러운 표정을 지어준다.

그림 3.4 곤란해하는 아티스트

데모가 완성되면 팀원들은 게임이 어떻게 보이고 작동하는지 파악하게 된다. 이 시점에서 경영 부서 및/또는 퍼블리셔는 게임을 검토해 추가 투자 여부를 결정한다. 대부분의 게임은 중요한 시점들에 맞춰 자금이 지원되고, 사전에 합의된 작업량을 완료하는 것을 기준으로 이 자금을 분할 지급한다. 보통 데모 발표가 첫 중요 시점이며, 여기에서 퍼블리셔가 게임 개발 진행 여부를 결정한다. 여기에서 허가가 떨어지는 것은 게임을 완성할 수 있다는 청신호다. 허가가 나지 않는 경우 게임 개발이 중단되고, 팀은 해산되거나 재배치된다. 아이디어는 쓸모 없어지고 지금까지 만든 애셋들은 고이 저장된다. 참으로 슬픈 순간이다.

우리는 퍼블리셔가 게임을 완성해도 좋다는 청신호를 줬다. 휴! 다음 단계는 게임을 다듬고 반복작업을 할 차례다. 즉 모든 애셋의 최종 아트를 만들었고, 최종 작업과 애셋 목록이 컴파일되었으며, 팀원들은 제시간에 게임을 완성하기 위해 무슨 일을 해야 하는지 알고 있다. 일정은 아직 완전히 끝나지 않았으므로, 마감일까지 게임을 완성해야 한다.

청신호가 켜진 다음 단계

퍼블리셔가 소셜 슬롯머신 게임 개발을 계속 진행하도록 허가를 내렸다. 이제 디자이너는 게임밸런싱을 맞추고 플레이가 재미있게 이어지도록 게임을 구성한다. 게임 내 화폐 체계도 만들어야 한다. 슬롯머신에서는 화폐 체계가 비교적 간단하다. 사람들이 돈을 거는 도박 게임의 경우, 플레이어가 실제 돈으로 게임 내 화폐를 구입한다.

화폐 구입과 더불어, 플레이어는 새 테마나 스킨을 구입할 수도 있다. 그러므로 디자이너는 아트 팀에게, 판매를 위한 애셋 제작을 요청한다.

스타일 선택

수익 창출을 위해서는 플레이어가 누구인지, 그들은 어떤 장르를 좋아하는지 파악해야 한다. 사람들이 어떤 종류의 게임을 플레이하고자 하는지 파악하는 이론은 지난 몇 년 동안 급격하게 발전했다. 이제 게임 회사들은 게임플레이 습관을 관찰하고, 기록하고, 연구하는 전문 부서를 두고 있다.

이렇게 수집된 데이터들을 분석해봤을 때, 소셜 게임을 가장 많이 즐기는 사람들은 누구였을까? 43세 여성이었다(그림 3.5). 바로 여러분들의 어머니다. 즉 게임 아티스트로서 여러분은 어머니의 관심을 끌 수 있는 시각요소를 개발해야 한다. 이를 위해 확실히 선택할 수 있는 요소들은 무엇이 있을까?

말도 안 되게 잘생기거나 귀여운 캐릭터가 아니고서야, 군대, 비키니 모델을 납치하는 목 없는 외계인, 악마는 피하는 게 좋다(그림 3.6). 이 말이 무슨 뜻인지 알 수 있을 것이다. 소셜 게임에서는 전통적으로 남성들이 선호하던 요소들을 서랍 속에 넣어둬야 한다. 남자들도 물론 소셜 게임을 즐기지만, 이들의 비중은 시장의 절반을 넘지 못하므로 크게 신경 쓰지 않는다.

그림 3.5 소셜 게임을 즐기는 사람들은 바로 여러분의 어머니다

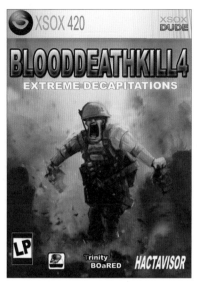

그림 3.6 이런 게임은 엄마들이 좋아하지 않는다

그렇다면 여러분이 알지 못하는 대상을 사로잡는 디자인을 하려면 어떻게 해야 할까? 그들의 머릿속으로 들어가 보자. 그들이 주 독자층인 잡지를 사고, 그 잡지에 쓰인 색감을 살펴본다. 주부들이 즐겨보는 TV 프로그램에서 어떤 주제를 다루는지 관찰한다. 또한 그들 사이에서 사랑 받는 게임들을 분석해 요소들을 빌려올 수도 있다. 이 과정은 바로 무드보드를 만드는 과정이다. 공략 대상층이 좋아할만한 이미지들을 모아보자. 이미지들을 조합하다보면, 가장 눈에 잘 들어오는 특정한 스타일이 있을 것이다. 무의식이 여러분을 돕는 것이다. 아마도 여러분의 직감이 옳을 것이다.

크기와 형식

이 게임은 소셜 웹사이트에 올릴 것이므로, 해당 매체의 형식을 준수해야 한다. 즉 웹사이트를 구축할 때 적용되는 치수 제한이 여기에도 똑같이 적용된다.

먼저, 공략 대상 사이에서 가장 널리 사용되는 기기의 화면 크기와 해상도를 알아보자. 유행은 시시때때로 변하므로, 가급적 인터넷에서 최신 정보를 찾는 것이 좋다. 국가별 하드웨어 및 소프트웨어 사용 현황을 발표하는 웹사이트들이 많이 있다. 앞으로 만들어야 하는 모든 애셋의 크기는 화면의 크기에 영향을 받으므로, 작업을 시작하기 전에 이를 확실하게 알아두는 것이 매우 중요하다. 이때 화면의 해상도란, 스크롤 없이 한 화면에 꽉 차는 창의 크기를 말한다. 1024×3720픽셀 크기로 제작한 게임을 1920×1080 해상도의 모니터에서 실행하는 데에는 아무런 문제가 없다. 하지만 플레이어는 화면 전체를 보기 위해, 계속해서(불편하게) 스크롤을 내려야 한다. 일반적인 상황에서, 플레이어가 게임을 관두고 싶게 만드는 불편을 초래하는 것은 좋지 않다.

여러 웹사이트의 정보를 취합한 결과, 화면 해상도는 평균 1366×768이었다. 따라서 앞으로 만들 아트 애셋들은 이 해상도에 최적화해야 한다. 예를 들어 화면의 절반을 차지하는 게임을 만들려면, 1366×384픽셀의 고해상도 화면에 맞는 애셋을 제작해야 한다(그림 3.7). 화면 높이의 1/4 정도를 차지하는 캐릭터를 만들려면, 캐릭터의 키는 200픽셀 정도가 되어야 한다.

그림 3.7 화면 크기 비교

크기 조절

게임을 플레이할 모든 사람의 화면 해상도를 일일이 알 길은 없다. 그러므로 아트워크가 화면에 맞게 커지거나 작아질 수 있는 크기조절을 생각해야 한다. 포토샵에서 크기를 조절하는 방법은 몇 가지가 있지만, 가장 널리 사용되는 기능은 transform 또는 free transform 툴이다. 이 기능은 치수를 숫자로 입력해 크기를 조절하는 대신, 눈으로 직접 크기를 보면서 조절할 수 있다.

애셋의 크기를 조절하더라도 해상도가 같이 조절되지는 않는다. 그래서 픽셀이 깨지는 지점이 생긴다. 이런 부분이 생기면 이미지의 선명도가 떨어진다. 특히 애셋의 크기를 키울 때에는 정해진 양의 픽셀을 늘려 더 넓은 영역을 아우르게 만든다. 이 과정에서 포토샵이 원래의 이미지를 아무리 잘 보존하더라도 벼룩의 간을 빼먹는 데에는 한계가 있고, 결국 깨지는 부분이 생기기 마련이다(그림 3.8). 물론 벡터아트는 코드를 기반에 두고 있어, 아무런 오류 없이 크기를 자유자재로 조절할 수 있다.

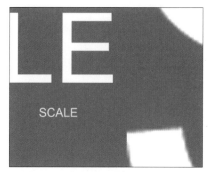

그림 3.8 SCALE이라는 글자를, 해상도 수정 없이 크기를 늘리고 줄여본 모습이다. 글자 가장자리가 어떻게 됐는지 확인하자

포토샵은 고해상도의 이미지의 크기를 줄일 때 가장 효과적이다. 사실 게임 그래픽에서는 큰 이미지를 작게 줄여야 시각적으로 가장 보기에 좋다는 불문율이 있다. 그래서 보통은 실제 필요한 해상도보다 높게 작업을 한다. 이렇게 하면 고해상도를 요구하는 잡지나 홍보자료에도 이미지를 넣을 수 있다.

책에서 예로 든 화면 크기인 1366×768의 경우, 두세 배 정도의 크기로 작업을 한 뒤 맨 마지막에 크기를 줄이게 된다. 2장 마지막에 설명했던 것처럼, 큰 이미지에서는 보였던 요소가 크기를 줄이면 잘 보이지 않는 단점을 제외하면 문제 되는 부분이 없다.

게임을 만들 때에는, 엔지니어가 코드를 짤 때 상황을 봐가며 아트워크의 크기를 조절하는 경우가 많다. 이런 방식은 파일 형식 변경이나 메모리 문제를 해결하는 최선의 방법이기도 하다. 아트디렉터는 엔지니어가 크기를 조절한 애셋이 심미적으로 보기에 괜찮은지 판단해야 한다.

그래픽 형식

소셜 게임에 쓰이는 아트워크는 보통 PNG 형식으로 저장한다. 그래야 배경색을 투명하게 유지해, 다른 애셋들과 겹쳐 놓아도 문제가 없기 때문이다. 하지만 소셜 게임에 쓰이는 아트애셋 대부분은 레이어를 지원하는 PSD나 TIFF 형식으로 제작된다. 안타깝게도 이 형식은 PNG에 비해 용량을 훨씬 많이 차지해서, 게임의 용량을 구성하기에 적합하지 않다.

포토샵에는 웹에서 사용할 애셋을 위한 특수 저장 기능 **Save for Web**이 있다 (그림 3.9). 2장에서도 버튼 팔레트를 만들 때 이 기능을 사용한 바 있다. 이 기능은 이미지 파일에서 중요하지 않은 정보를 최대한 삭제한다. 기본적으로 포토샵 파일은, 게임 제작에 필요하지 않은 소량의 정보를 저장한다. 윈도우 탐색기에서 파일을 마우스 오른쪽으로 클릭해 **속성**을 선택한다. **자세히** 탭을 클릭하고 아래쪽에 **속성 및 개인 정보 제거**로 들어간다. 속성 제거 창이 뜨면 삭제하고 싶은 속성을 선택해서 지울 수 있다(그림 3.10).

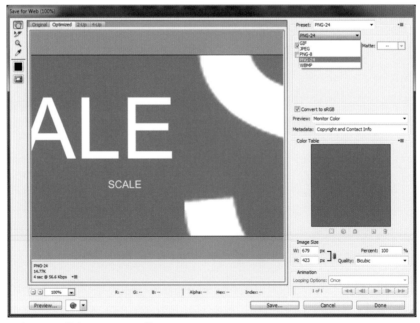

그림 3.9 포토샵의 Save for Web 창

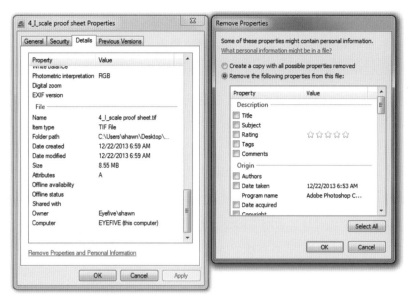

그림 3.10 파일의 속성 확인 창

Save for Web을 사용하면 파일을 저장할 때 이런 정보를 삭제할 수 있다. 파일 하나에서 고작 몇 바이트를 줄이는 것은 큰 일이 아닌 것처럼 느껴지지만, 게임에 들어가는 수만 개의 애셋에서 몇 바이트씩 아끼면 큰 용량을 절약할 수 있다.

Save for Web에서는 파일 형식을 바꾸고 결과물을 미리 확인할 수 있다. 이미지 최적화, 비율을 활용한 크기 변경, 색깔 인덱싱도 가능하다. Save for Web은 모든 파일이 호환되어야 하는 상황에도 유용하다. 여러 명의 아티스트가 이미지를 제작하는 상황에서 이 기능을 사용하면, 모두가 게임엔진에 사용하기 적합한 아트애셋을 만들게 할 수 있다.

소셜 게임의 캐릭터

지난 몇 년 동안, 소셜 게임은 고유의 오락 형태를 구축하며 다른 게임들로부터 차별화되어 왔다. 콘솔 게임이 점점 현실에 가까워지는 동안, 소셜 공간은 1950년대의 만화에 가깝게 발전해 갔다. 머리가 크고 몸집이 작은 캐릭터, 파스텔 톤과 단순한 선들이 주로 등장한다. 어마어마한 렌더링을 요하는 스타일의 게임은 찾기 어려우며, 1950년대 느낌의 귀여운 만화 캐릭터가 대세다.

소셜 게임의 캐릭터는(다른 요소들 역시) 보통 머리를 기준으로 크기를 측정한다. 따라서 2등신 캐릭터는 머리, 그리고 머리와 같은 높이의 몸으로 2등분된다. 2등신 캐릭터는 머리가 크고 몸집은 작은 느낌이 든다. 여러분도 2등신으로 된 농부나 개척자, 기사의 캐릭터를 본 적이 있을 것이다. 이런 신체비율은 플레이어가 얼굴을 잘 볼 수 있어, 캐릭터의 표정을 잘 보여줘야 하는 경우에 유용하다. 애니메이션을 주기도 더 편하다. 다리가 잘 보이지 않기 때문에 걷는 등의 동작은 표현하기가 훨씬 간단하기 때문이다.

2등신 캐릭터의 가장 큰 문제점은, 의상이 눈에 잘 들어오지 않아서 소액결제로 의상을 판매하기 힘들다는 것이다. 그렇다면 3등신은 어떨까? 여전히 머리가 큰 느낌이 나지만 몸이 훨씬 잘 보여서, 플레이어가 다양한 옷을 추가로 입혀보게 유도할 수 있다. 실제로 많은 게임회사가 이 이유만으로 캐릭터의 몸을 더 길게 그린다. 또한 컴퓨터 기술이 발전하면서 더 높은 해상도를 지원해, 캐릭터를 더욱 상세하게 묘사할 수 있게 되었다.

그림 3.11은 같은 캐릭터를 세 가지 비율로 표현한 것이다. 마치 어른과 청소년, 아기를 보는 것 같다. 세 캐릭터의 머리 크기는 똑같고, 몸만 늘렸다. 전통적인 아트워크에서는 보통 인체를 8등신으로 그린다. 3등신은 반신상, 4등신은 토르소에 적용되며 두상은 1등신이다(그림 3.12). 포토샵에서는 안내선과 자를 사용해 비율을 확인할 수 있다. 소셜 게임에서는 1~3등신 정도의 캐릭터를 만들 때가 많다.

끊임없이 변화하는 소셜 시장 속에서 캐릭터의 신체비율을 결정하는 것은 아티스트의 몫이므로, 캐릭터 디자인을 시작하기 전에는 시장조사와 연구를 철저히 해야 한다. 전쟁 시뮬레이션 게임에 2등신 캐릭터를 넣거나, 농장을 가꾸는 게임에 8등신의 비키니 모델 캐릭터를 넣을 수는 없기 때문이다. 물론 아주 불가능한 얘기는 아니다.

이 시점에서 아티스트는 애셋 제작을 주도한다. 애니메이터는 움직임을 넣고, UI 아티스트는 UI를 디자인하고, 일러스트레이터는 그림을 그리고, 컨셉을 시각적으로 표현하고, 완성된 애셋은 게임 안에 통합된다. 이 과정에서 그때그때 애셋들을 개선하기도 한다. 기능들을 구현하고 시험하면서, 필요에 따라 애셋들을 유지하거나 수정하도록 결정 내린다.

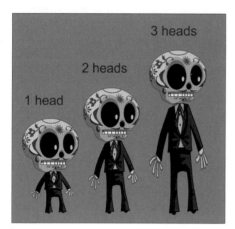

그림 3.11 소셜 게임에 등장하는 캐릭터는 보통 머리 크기를 기준으로 세 가지 비율로 디자인한다

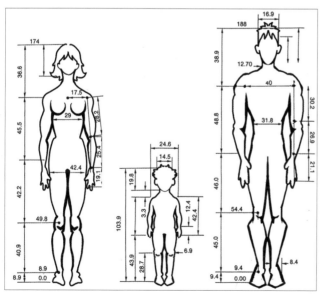

그림 3.12 실제 인체 비율

작업 후반부가 되면, 아트디렉터는 일정을 지키고, 소위 말하는 피쳐크립 feature creep[1] 현상을 방지하기 위해 수정을 제한하기 시작한다. 개발 과정에서 팀원들은 추가 기능을 생각하게 되고, 여기에는 어마어마한 추가 작업이 수반된다. 게임이 지루하거나 엉성해서 재미요소를 추가하도록 승인될 때도 있다. 하지만 중요하지 않은 새 기능들을 추가하다 보면 게임을 완성할 수 없고, 개발 비용은 무한대로 치솟으며, 끝을 모르는 야망의 무게를 이기지 못하고 피쳐크립의 희생양이 되고 만다.

게임 가동

소셜 게임의 개발이 끝나고 시험을 통해 버그를 수정한 뒤 서버에 올리면, 소셜 미디어 웹사이트를 통해 대중에게 공개해 게임을 가동한다. 게임 제작자들에게는 이 시기가 매우 초조하게 흘러간다. 플레이어의 클릭 하나하나를 세심히 살피고, 그룹의 사용 현황을 추적하며, 플레이어들의 소비성향을 분석한다.

심각한 문제가 나타나지 않으면, 프로듀서와 디자이너는 지표 분석을 통해 게임이 어떻게 굴러가고 있는지 판단하고, 아트 팀은 휴식을 취할 수 있게 된다.

추가 콘텐츠

소셜 게임의 추가 콘텐츠DLC, Downloadable Content란 게임 출시 후 제공되는 추가 기능 및 아이템 등을 말한다(보통 추가 비용 발생).

소셜 게임은 부분유료화 사업모델을 채택하는 경우가 많아, 사용자가 게임을 설치해 플레이를 시작한 뒤 소액결제를 하는 과정에서 수익 대부분이 발생한다. 그래서 추가 콘텐츠가 무척 중요하다. 추가 콘텐츠는 새 캐릭터와 그래픽, 레벨 등으로 이루어진다. 우리는 슬롯머신 게임에 들어갈 새 그래픽 테마를 제공할 계획이므로, 아트 부서가 추가 콘텐츠 애셋 제작의 책임을 맡는다. 소셜 게임이 몇 년 동안 인기를 지속할 경우, 팀 전체가 다른 일은 아지 않고 새 애셋

1 　제품 개발 시 끝없이 기능을 추가하고 세밀한 부분을 다듬느라, 제품을 완성해 출시하지 못하는 현상 – 옮긴이

만 계속 만들어서, 플레이어가 흥미를 잃지 않고 푼돈을 계속 지불하도록 수많은 추가 콘텐츠를 공급한다.

웹사이트용 아트워크

웹사이트에 들어가는 아트워크는 게임과 별 관계가 없는 것처럼 들릴 수도 있지만, 소셜 게임은 웹사이트 안에서 플레이하기 때문에, 게임의 아트 스타일도 같은 맥락을 이루어야 한다.

캐주얼한 느낌의 술집에 갈 때 정장을 쫙 빼 입는 것도 즐겁겠지만, 분위기를 맞추기 위해선 청바지에 티셔츠가 더 잘 어울릴 것이다. 소셜 게임도 마찬가지다. 웹사이트 디자인에 적용된 관습을 지나치게 벗어나면 사용자에게 혼동을 주기 쉽다. 인터넷 사용자들은 수년 동안 인터넷을 사용하면서, 보통 웹사이트의 어느 위치에 어떤 기능이 있는지를 습득해왔다. 여러분이 이를 무시하면 사용자들은 혼란과 부담을 느끼게 된다.

앞 장에서 와이어프레임을 설명하면서, 화면 레이아웃과 사용자 인터페이스 구성을 살짝 다루었다. 와이어프레임 구성은 요즘 시대에 우리가 사용하는 웹사이트 대다수의 화면 구성을 기반에 두고 있다. 홈페이지에 들어갈 UI 요소를 디자인할 때에는, 웹디자이너의 입장에서 생각할 수 있어야 한다. 여러분이 가고자 하는 장소에 맞는 옷차림을 갖추는 것이다.

웹사이트를 위한 반응형 레이아웃을 고려하자. 한 웹사이트를 17인치 노트북에서 보다가, 휴대폰이나 태블릿 PC에서 다시 보면, 각기 다른 화면 크기에 맞게 레이아웃이 바뀐다. 게임의 경우, 게임플레이는 화면 크기에 의존하는 부분이 많아 이 문제를 해결하기가 더욱 어렵다. 또한 게임의 레이아웃이 바뀌면 게임플레이 방식이 바뀌는 경우도 있다.

그림 3.13과 3.14를 보면, 스마트폰에서는 작은 화면에 맞춰 레이아웃이 크게 바뀌었다. UI도 이에 맞춰 달라졌다. 가장자리의 요소들은 그대로 있지만, 이 게임은 그냥 노트북에서 플레이하는 게 낫지 않을까? 그래도 더 넓은 시장

을 공략하고 사용자가 언제 어디서든 플레이를 할 수 있게 하려면, 두 레이아웃을 모두 고민하고 아트도 두 가지 버전에 최적화해야 한다. 또한 게임 내 모든 요소가 두 가지 버전에서 원활하게 작동하게 한다. 이 부분은 뒷부분에서 다시 다루고, 지금은 이런 일을 해야 한다는 정도로만 알아두자.

요즘의 웹사이트들은 대부분 컴퓨터, 태블릿 PC, 스마트폰 등 기기에 따라 여러 버전으로 사이트를 제공한다. 브라우저에서 컴퓨터에 최적화된 웹페이지를 원래 크기로 띄우도록 설정할 수도 있지만, 모바일 버전을 따로 제공하면 페이지가 훨씬 빨리 실행되고 스크롤을 움직일 일도 줄어든다.

그림 3.13 가로 화면

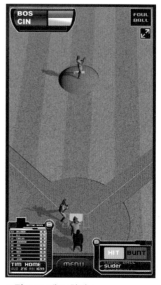

그림 3.14 세로 화면

실습 6: 카지노 게임 스킨 제작

이번 실습에서는 카지노 슬롯머신 게임의 스킨에 들어갈 애셋을 만들어보자. 기존의 와이어프레임을 바탕으로 다양한 UI 요소를 만들고, 테마를 표현할 애셋들을 만든다. 마지막에는 이 요소들을 수십 개 가량 만들 수 있어야 한다.

과제

책 홈페이지에서 내려받은 슬롯머신 와이어프레임과 선택된 테마를 사용해, Loco Dinero라는 이름의 '죽음의 날 카지노' 스킨을 만든다.

카지노 게임 스킨이란?

우리가 만드는 게임의 레이아웃은 전형적인 슬롯머신 스타일이다. 라스베이거스에서 흔하게 볼 수 있는 3개의 창과 버튼이 등장한다. 하지만 소셜 게임에서는 앞서 만들었던 게임의 시각요소를 다시 제작해 새로운 느낌을 주는 것이 좋다(돈이 된다). 클레오파트라 슬롯과 작고 귀여운 물고기 슬롯, 늑대 슬롯은 모두 똑같은 기계와 소프트웨어에 껍데기만 바꾼 것이다. 게임의 세계에서는 이 껍데기를 '스킨'이라고 부른다.

우리는 조상을 기리고 죽음과 삶의 순환을 예찬하는 메소아메리칸의 전통적인 명절 '죽음의 날'을 테마로 삼는다. 아름답게 채색한 해골과 다채로운 색상들을 사용할 수 있다.

게임에 적용할 테마가 정해지고 나면, 아티스트는 해당 테마의 특정 부분을 게임에 통합시킨다. 테마에 아티스트가 색다른 느낌을 가미할 수도 있다. 예를 들어 '죽음의 날'은 사랑했던 이들의 죽음을 다루기 때문에 어두운 분위기가 감돈다. 그러나 행복한 표정의 해골과 아름다운 꽃 이미지를 사용하면, 어두운 분위기가 사라지고 행복한 느낌을 강조할 수 있다.

무드보드

여러분이 잘 아는 테마이든 한 번도 들어본 적이 없는 테마이든, 무드보드를 만들어서 이미지들을 모아보는 것이 좋다. 이렇게 하면 생각을 정리하고 다른 사람들에게 작업 방향을 설명할 수 있다. 그림 3.15는 내가 이번 실습을 위해 만든 무드보드다.

그림 3.15 '죽음의 날' 테마 스킨 제작에 참고할 무드보드

와이어프레임

이미 존재하는 게임의 새 스킨을 만드는 작업이므로 이미 와이어프레임이 존재한다. 코드와 게임 메커닉은 오래 전에 완성됐기 때문에, 안타깝게도 창의적인 상상력을 펼치기에는 제한이 따른다. 하지만 특정 스킨에 적합한 좋은 아이디어가 있다면, 게임의 뼈대를 어느 정도 재구성하는 과정이 필요하더라도 구현이 전혀 불가능하지는 않다(그림 3.16). 엔지니어에게 구현 가능성을 검증 받고, 판매 담당자에게 컨셉을 승인 받아 그 아이디어를 구현할 시간과 예산이 충분한지 확인하자.

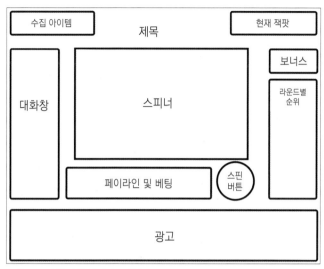

그림 3.16 슬롯머신 와이어프레임

　와이어프레임에는 모든 게임 요소의 위치가 나와 있고, 어떤 애셋을 어떤 크기로 만들어야 할지도 표시되어 있다. 게임을 새로 만드는 것이 아니기 때문에, 다음 목록에 따라 기존 애셋을 새 애셋으로 바꾸기면 하면 된다.

- 게임 배경Game background
- 게임 제목Game title
- 게임 제목 장식Game title decorations
- 메인 스피너 창Main spinner window
- 메인 스피너 창 배경Main spinner window background
- 수집 아이템 상자An available doobers box
- 현재 잭팟 상자A current jackpot box
- 보너스 상자A bonux box
- 현재 승패여부 표시 상자Current win status box
- 광고Advertising
- 라운드별 순위Round leader boards
- 스핀 버튼Spin button

- PIP(양 쪽에 10개씩10points on each side

- 숫자 심볼 3개Three numeric symbols

- 알파벳 심볼 3개Three alphabetic symbols

- 캐릭터 심볼 3개Three character symbols

컨셉 드로잉 시작

캐릭터 컨셉을 그릴 때와 마찬가지로, 포토샵에서 스킨의 느낌을 대강 그려본다. 현업에서는 이런 과정을 통해 동료들에게 작업 방향을 보여주고, 최종 작업 전에 의견을 듣는다.

컨셉을 그리는 데 정해진 규칙은 없지만 빠르게 그리는 것이 중요하다. 컨셉 이미지는 외부에 공개하지 않기 때문에 인터넷에서 찾은 이미지를 얼마든지 활용할 수 있다. 마음에 드는 UI 요소를 찾았다면 바로 활용해 보자. 멋진 캐릭터를 찾아서 적용해볼 수도 있다. 배경이나 숫자, 글자 등 무엇이든 활용해도 좋다. 단, 나중에 반드시 직접 만든 애셋으로 교체하는 것을 잊지 말자. 그렇지 않으면 소송에 휘말릴지도 모르는 일이다.

스킨 디자인에서는 정해진 와이어프레임을 따르기 때문에 컨셉 드로잉 과정이 약간 달라진다. 이번 실습에서는 모든 레이아웃이 정해져 있다.

1   포토샵에서 Chpt3_casino wireframe 이미지를 연다.

2   새 레이어를 만들고 titles라고 이름을 붙인다.

3   Loco Dinero라는 제목을 대강 써서 페이지 가운데, 스피너 창 위에 배치한다. Blending Options를 열고 Stroke에 체크한다. 이제부터 작업이 까다로워진다. 상자는 수정할 수 없지만 위에 새 옷을 입힐 수는 있다. 또한 스피너 창 양 옆에는 PIP을 넣어야 하고, PIP의 외형은 여러분이 디자인하게 된다. 애셋을 어떻게 디자인해야 할지 확실치 않을 때에는 색깔 브러시로 점을 찍어보는 것도 좋은 방법이다. 이렇게 하면 최종 디자인 시 색과 크기에 내한 삼을 삽을 수 있다.

4 디자인에 대한 기본적인 계획을 잡는다. 만족스러운 컨셉이 나오면 디자인을 다듬기 시작한다. 컨셉을 잡으면서 만든 레이어들은 모두 하나로 병합해서, 실제 애셋을 디자인할 때 참고자료로 사용한다(그림 3.17).

그림 3.17 컨셉 및 색상 스케치

최종 애셋 제작

현업에서는 실제로 애셋을 제작하기에 앞서, 아트디렉터로부터 승인을 받아야 한다. 우리는 승인을 받았다고 가정하고 애셋 제작에 돌입하자.

또한 현업에서는 정해진 순서대로 애셋을 만들어야 한다. 그래야 동료들이 정해진 흐름에 따라 엔진에 애셋을 삽입할 수 있기 때문이다. 이런 협업은 서류상으로는 효율적으로 느껴지지만, 아티스트 입장에서는 여간 번거로운 일이 아니다. 가끔은 작업이 생각대로 풀리지 않고, 첫 번째로 만들어야 하는 애셋에서 진도가 나가지 않을 때도 있다. 그럴 때에는 막히는 단계를 건너뛰고 가장 좋아하는 부분부터 시작하는 것이 좋다. 물론 다른 동료들에게 양해를 구해야 하지만, 모두들 이런 경험이 있으므로 흔쾌히 이해해줄 것이다. 순위 판보다 재미있는 캐릭터를 먼저 디자인하고 싶다면, 어서 작업을 시작하자. 다만 지금 건너뛴 애셋들도 언젠가는 전부 만들어야 한다는 점을 잊지 않는다.

배경 제작

작업 중인 게임에 대해 충분히 이해하고 많은 캐릭터를 그려보며 영감을 받았다면, 이제 앞 목록에 있는 요소들을 디자인할 차례다. 죽음의 날 배경을 먼저 만들어보자.

1 와이어프레임 파일의 레이어 패널 중 맨 아래에 새 레이어를 만들고, Background라고 이름 붙인다. 배경 레이어는 화면 전체에서 가장 아래에 자리 잡으며, 애니메이션은 잘 넣지 않는다. 배경은 화면 내 나머지 요소들과 시각적으로 부딪히면 안 되므로, 강한 색이나 짙은 선을 쓰지 않는다.

2 먼저 배경색을 채운 뒤, **Blending Options** 기능을 사용해 색을 추가할 것이다(그림 3.18). 먼저 배경 이미지를 제외한 모든 레이어를 감춘다. 밝은 색, 짙은 색을 하나씩 배경색으로 고른다. 이때 짙은 색이 밑에 와야 한다. 예제에 쓰인 색은 R:208, G:177, B:157(밝은 색)과 R:199, G:178, B:153(짙은 색)이다.

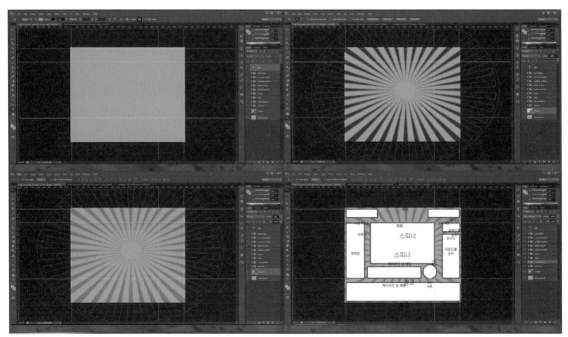

그림 3.18 화면에 배경 넣기

3 Custom Shape 툴을 선택한 뒤, 화면 상단 Shape 항목에서 방사선처럼 생긴 Registration Target II를 찾아 선택한다(이 형태가 바로 보이지 않으면 Symbols 팔레트를 열어서 찾는다). Fill은 짙은 빨간색, Stroke는 갈색 빛이 도는 회색을 선택하고, Size는 5포인트로 설정한다. 캔버스 바깥까지 형태를 늘린다.

4 레이어의 Transparency 값을 30%로 낮춘다(그림 3.19). 모든 레이어를 감추고, 원하는 결과물이 나왔는지 확인한다. 만족스러우면 다음 단계로 넘어간다. 이 배경을 반드시 사용해야 하는 것은 아니므로, 나중에 더 좋은 아이디어가 떠오르거나 이 배경이 어울리지 않는다고 판단하면 얼마든지 수정해도 좋다.

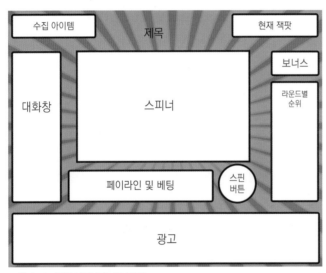

그림 3.19 배경이 들어간 레이아웃

메인 제목

메인 제목은 게임에 가장 큰 영향을 미치는 그래픽 요소다. 플레이어가 페이지를 열어서 가장 먼저 보는 요소이자, 플레이를 계속할지 결정할 때 떠올리는 요소다. 그러므로 제목 디자인에는 특히 신경을 써야 한다.

지금까지 배운 것처럼, 제목을 디자인할 때에는 벡터 기반의 어도비 일러스트레이터를 주로 사용한다. 우리 게임의 특징을 생각해 보자. 이 게임은 만화의 느낌이 강한 '죽음의 날' 게임이다. 죽음의 날을 대표하는 색은 흰색과 검은색, 빨간색이며 이 색들은 UI와 배경에 잘 어울린다. 뼈와 해골을 활용할 예정이므로, 뼈로 글자를 만들어보면 좋을 것 같다. 카지노와 멕시코의 스타일을 가만하면 금색 역시 탁월한 선택이다. 알록달록한 꽃송이들을 넣어도 좋다.

노트 글꼴의 Set the anti-aliasing method를 Smooth 모드로 설정하면 8포인트 이하의 크기에서 글자가 선명하게 보이지 않을 수 있다. 작은 글자가 많이 들어가는 경우, 해상도를 200%로 설정해서 작업한 뒤 크기를 줄이는 것이 좋다.

1. Type 툴을 선택하고 LOCO DINERO라고 입력한다. 획이 굵고 통통한 느낌의 글꼴을 선택하자. 일반적으로 멕시코 느낌의 글꼴은 두 가지로 나뉜다. 우선 멕시코 미술에 주로 등장하는 레이스와 꽃 장식의 화려한 스크립트 글꼴은, 보기에 아름답지만 가독성이 떨어진다. 두 번째로, 거친 손 글씨 느낌이 강한 민속공예 스타일의 스크립트 글꼴은 보기에 좋을지 몰라도 이번 테마에 잘 어울리지 않으며 전문적인 인상을 주기 어렵다.

2. 제목을 입력했으면 다양한 글꼴을 적용해보면서 원하는 것을 선택한다. 글꼴을 집중적으로 볼 수 있도록 글자 색은 검은색으로 통일한다. 그림 3.20에서는 Ash, Alley Oop, Coffee House, Damn Noisy Kids, Ghost Words라는 다섯 개 글꼴을 적용해 보았다. 이 글꼴들은 각기 다른 디자이너들이 제작한 것이며 사용권한에 대한 정보는 인터넷에 있다. 자신이 직접 만들지 않은 글꼴을 상업적으로 사용하기 위해서는 비용을 지불해야 한다. 레이어 이름을 글꼴의 이름과 똑같게 지정해두면 나중에 찾아보기가 쉽다.

그림 3.20 글꼴 선택하기

실습에서는 그림 3.21에 보이는 것처럼, Alley Oop라는 글꼴을 사용했으며, 이 글꼴을 만든 AJ. 파질라는 글꼴을 사용하는 대신 기부를 해달라고 요청했다. 이 글꼴은 민속적인 느낌과 스크립트 스타일이 잘 절충되어 있으면서 만화적인 느낌이 살아있고, 전체적인 디자인과 잘 어울린다. 이제 색을 넣자.

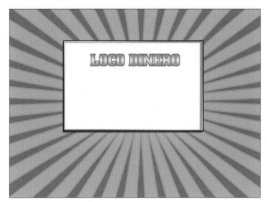

그림 3.21 Blending Options을 통해 글자에 색 넣기

3 글자 레이어의 Blending Options 창을 연다. **Gradient Overlay**에 체크하고, 그라데이션 막대를 클릭한다.

4 검은색을 어두운 빨간색으로, 흰색을 빨간색으로 바꾼다. 이제 **Stroke**의 **Size**를 8픽셀로 황갈색을 선택한다. 이 색은 다른 디자인 요소들을 결정할 때 참고로 삼을 수 있다.이 색 조합이 괜찮을 수도 있지만 몇 가지를 더 시도해 보자(그림 3.22)

그림 3.22 색 응용해보기

5 레이어를 복사해서, 그라데이션 스와치 중 노란색-주황색 조합을 적용해본다. 다른 색들도 적용해 보자.

6 배경에 사용한 색들도 사용해보고, 어떤 색이 가장 잘 어울리는지 판단하자.

7 색을 정했으면, 나머지 레이어들을 감추고 글자 위치를 조정한다. Type 툴에서 Create warped text를 클릭하고, 설정 창이 열리면 Style에서 Arch를 선택한다. Bend를 +7, 나머지 값들은 0으로 설정한다.

8 글자를 스핀 창 윗부분에 걸치게 배치한다. 나머지 창들을 화면에 보이게 하고, 제목 글자가 다른 창들을 침범하지 않게 크기를 조절한다.

9 이 레이어의 Blending Options에서 Stroke과 Bevel Emboss에 체크한다. 그림 3.23에서처럼 우리는 황금빛이 도는 노란색-주황색 그라데이션을 적용했다. 남은 작업에서도 제목 부분에서 황금의 느낌을 강화해야 한다. 어도비 포토샵은 글자를 편집하도록 최적화된 프로그램이 아니지만, 장인은 연장을 탓하지 않으므로 우리는 원하는 결과를 얻기 위해 약간의 효과를 곁들이자. 포토샵의 기능에 꼼수를 부려보는 것이다.

그림 3.23 제목 글자에 테두리와 입체감 더하기

10 황갈색 테두리와 그라데이션 사이에 테두리를 한 겹 더 넣어보자. Blending Options에서 Inner Grow에 체크한다(그림 3.24). Inner Shadow를 사용해도 된다. 그러나 여기에서는 테두리만을 넣으려고 하는 반면, 그림자 기능에서는 방향 값을 설정해야 하므로 과정이 좀 더 복잡해진다.

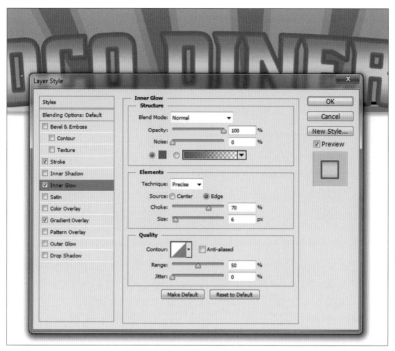

그림 3.24 Blending Options에서 Inner Glow 적용하기

11 Inner Glow의 색을 빨간색으로 바꾼다. Blend Mode를 Normal, Opacity는 100%, Technique를 Precise, Choke를 75%, Size를 6픽셀로 설정한다. 나머지는 기본 값을 그대로 둔다. 이렇게 하면 흐릿하게 빛을 뿜는 게 아니라 또렷한 테두리가 들어간 것처럼 보이면서, 글자가 더욱 도톰해 보인다.

12 Bevel & Emboss에 체크하고 Style을 Outer Bevel, Depth는 100%, Direction은 Up, Size는 8픽셀로 설정한다. 이제 그림 3.25처럼 제목이 더욱 도톰하게 도드라져 보인다.

그림 3.25 제목에 Bevel & Emboss 효과 더하기

이제 재미있는 순서다. O자 자리에 글자 대신 해골을 넣는 것이다. 이때 해골에도 글자와 똑같은 스타일을 적용해야 한다(그림 3.26).

그림 3.26 작은 해골을 그려서 제목 글자에 넣는다

13 글자 레이어를 선택하고, Magic Wand 툴로 'Loco'에서 o 부분을 선택한다. 새 레이어를 만들고, 선택된 영역에 빨간색을 칠한다. o자 안의 뚫린 부분도 전부 칠한다.

14 레이어 패널에서 글자 레이어를 오른쪽 마우스로 클릭하고, Copy Layer Style을 해서 빨간 o자가 있는 레이어에 붙여넣는다. 이제 제목에 있던 o자의 사본이 생겼을 것이다. 새 레이어를 만들고, 제목에 사용했던 진한 색을 사용해 해골 얼굴을 작게 그린다. 레이어들을 그룹으로 묶고 복사해서, 제목에 있는 모든 o자 자리에 배치한다. 전체적으로는 보기가 좋지만 가장자리를 깔끔하게 정리하고 크기를 조절하고, 회전을 통해 각도를 맞춰야 한다.

15 해골 모양 o자 레이어 3개와 원래의 제목 글자 레이어를 복사해서 병합한다. 새 레이어를 만들어서 글자 레이어 밑에 놓고, shadow layer라고 이름 붙인다.

16 shadow layer를 선택한 상태에서, Image ➤ Adjustments ➤ Hue/Saturation 창을 열고 Lightness를 가장 어둡게 조절한다. 해골을 칠했던 색을 선택해, 검은색이 된 형태 안쪽을 칠한다. 이 글자 레이어를 밑으로 내리고, 아래로 약간 내려서 글자 전체에 두께감을 준다.

17 Perspective 툴을 사용해 그림자 레이어 아래쪽을 살짝 좁혀주자. Brush 툴과 Erase 툴로 가장자리를 말끔하게 정리한다(그림 3.27).

그림 3.27 그림자 레이어를 추가해 글자에 두께감을 더한다

18 빛이 반사된 효과를 내기 위해, 글자 레이어를 다시 선택한 뒤 Magic Wand 툴을 사용해 글자 영역을 선택한다(그림 3.28). 제목 디자인에 관련된 모든 레이어 위에 새 레이어를 만든 뒤 선택 영역에 흰색을 칠한다.

그림 3.28 제목에 빛 반사 효과를 더한다

팁 사용하지 않기로 한 레이어라도 삭제해 버리지 말고, 감춰서 보관해두자. 작업을 하다보면 생각이 어떻게 바뀔지 모른다. 제목 글자에 금색이 아니라 빨간색을 넣기로 마음을 바꾸었을 때, 지우지 않고 레이어를 남겨뒀다면 작업이 훨씬 쉬워질 것이다. 게임 아티스트 법칙 124번: 파일은 완전히 삭제하고 나면 꼭 바로 필요해진다.

19 Elliptical Marquee 툴을 사용해 큰 타원 영역을 그려서, 흰색으로 칠한 레이어의 아래부분을 선택한다. 글자 중간으로 큰 아치를 그리도록 선택한 뒤, 이 영역을 잘라내기 한다. 레이어 패널에서 흰색 레이어의 **Opacity**를 30%로 설정해 투명도를 낮춘다.

20 새 레이어를 만들고 glare라고 이름 붙인다. 이제 빛 반사와 반짝이는 효과를 넣어서 글자를 강조해 보자. **Polygon Lasso** 툴을 사용해 꼭지점이 8개인 별모양을 그리고, 선택 영역 안에 흰색을 칠한다.

21 선택을 해제한다. **Brush** 툴에서 가장자리가 부드럽고 별 중앙을 덮을 정도 크기의 브러시를 선택한다. 별모양 가운데에 브러시를 한 번 찍는다. 이 별을 글자 위에 올리면 간단하게 빛 반사가 완성된다.

22 모든 레이어를 선택해서 하나의 그룹으로 묶은 뒤, 그림 3.29처럼 LocoDineroTitle이라고 이름 붙인다.

그림 3.29 모든 레이어를 하나의 그룹으로 묶는다

스피너 배경

스피너 배경은 돌아가는 다이얼들 뒤로 보이는 공간이다. 전통적인 슬롯머신은 당시의 기술적 한계로 인해 릴이 3개밖에 없지만, 우리 게임에는 릴을 5개 넣는다. 게임이 이미 그렇게 코딩되어 있고, 우리는 그 테두리 안에서 작업을 해야 한다. 배경은 돌아가지 않으며, 배경 위에서 아이콘들이 돌아갈 것이다. 그러므로 배경 이미지는 스피너보다 도드라져 보이면 안 된다.

스피너 배경에는 레이스 무늬를 넣기로 합의했다(그림 3.30). 레이스는 멕시코 문화의 핵심 요소이기도 하지만, 식탁보에도 레이스가 많이 사용되므로 그 위에 무언가 올라와있어도 거슬리지 않는다. 포토샵에서 레이스 무늬를 직접 만들어도 되지만, 인터넷에서 참고용 이미지를 찾아도 좋다.

그림 3.30 해골이 들어간 레이스 무늬를 확대한 모습

1 스피너 창과 같은 크기인 1200×670픽셀로 새 파일을 열고, spinner window라고 이름을 지정한다. 이번 작업은 이제까지의 작업보다 메모리를 많이 소모할 것이다.

2 포토샵에서 미리 제작해 놓은 레이스 무늬를 활용해도 좋고, 참고 이미지를 보며 직접 따라 그려도 좋다. 예제에서는 해골이 들어간 개성 있는 무늬를 만들기 위해 레이스를 직접 그린다. 그림 3.31은 Freeform Pen 툴을 사용해 꽃무늬를 그린 모습이다. 진회색 배경에, 외곽선 없이 연회색으로 그렸다.

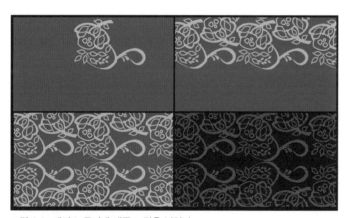

그림 3.31 레이스 무늬에 해골 그림을 넣었다

3 레이스 무늬를 백업파일로 저장해두고, Lace 1이라는 이름으로 다시 저장한다. 작업을 위해서는 레이어를 병합해야 하지만, 선을 수정해야 할 경우에 대비해 원본 파일은 따로 보관하는 것이 안전하다. 레이스는 같은 무늬가 반복되므로, 하나의 레이스를 계속 복사해서 붙여 넣는다.

4 스피너 창의 상단을 레이스로 채웠으면, 레이어들을 전부 병합해서 복사하고, 가로선을 기준으로 뒤집어서 하단에 배치한다.

5 방금 만든 두 레이어 밑에 새 레이어를 만들고 진회색을 채운다. 파일을 저장한다.

6 이제 레이스 느낌을 살려보자. 3개 레이어를 병합하고, Filter > Filter Gallery를 연다. Texture 항목에서 Stained Glass를 선택하고, Cell Size를 3, Border Thickness를 3, Light Intensity를 0으로 설정한다(그림 3.32). 이렇게 하면 섬유의 느낌이 표현된다. OK를 눌러서 창을 닫는다.

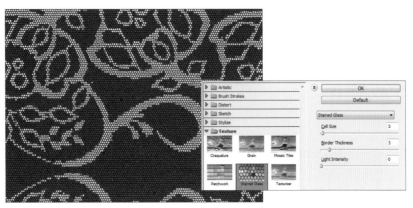

그림 3.32 스테인드 글라스 필터 사용하기

7 이미지를 선택해서 복사한다.

8 스피너 상자 레이어를 복사하고, 사본 레이어 밑에 새 레이어를 만든다. 두 레이어를 병합한다.

9 Magic Wand 툴을 사용해 상자 안쪽을 선택한다. Edit > Paste Special > Paste Into를 선택하고, 공간이 꽉 차게 크기를 조절한다(그림 3.33).

그림 3.33 스피너 상자의 배경에 레이스 무늬를 은은하게 넣는다

10 레이스는 배경색에 거의 묻히도록 밝기를 조절한다.

해골 제작

작업 방향에 대한 감이 잡혔으면 애셋을 만들어보자. 캐릭터 심볼은 가장 고해상도로 만들어야 하는 이미지이므로, 캐릭터부터 먼저 작업하는 것이 좋다. 여기에서는 릴에 들어가는 PIP이 아니라 게임 스킨을 장식하는 요소를 디자인한다.

어떤 심볼을 만들어야 할지 결정하기가 어려울 수도 있다. 게임 테마에 잘 어울리는 동시에 시선을 끌어당길 수 있어야 한다. 예를 들어 지금 우리가 만드는 '죽음의 날'에서는 색을 칠한 해골이 가장 먼저 떠오른다. 이는 매우 흥미로운 시각요소이며, 여러 가지로 디자인을 전개할 여지가 있다. 해골은 죽음의 날을 상징하며, 심볼로 만들기에도 좋다. 꽃이나 케이크, 묘지, 밴드, 악기, 술 등도 연관이 있지만, 우리는 그림 3.34처럼 해골 머리를 주요 심볼로 사용한다.

그림 3.34 해골 캐릭터 완성 모습

1 새 레이어를 만들고 skull base라고 이름 붙인다.

2 다음 단계는 컨셉 드로잉에서와 같이, 중간색을 넣는 것이다. 이번에는 푸른 빛이 도는 회색을 넣는다.

3 해골 정수리 부분의 곡선을 매끈하게 표현하기 위해, Elliptical Marquee 툴로 타원을 그리고 안쪽에 색을 칠한다. 턱을 그려 넣고, 입 부분은 브러시가 아닌 Erase 툴로 지운다(그림 3.35).

4 Blending Options에서 Stroke에 체크한다. 선 굵기를 8픽셀로 설정하고, 선의 색은 검은색이 아닌 진회색으로 한다.

그림 3.35 해골의 바탕 레이어

5 Elliptical Marquee 툴을 사용해 눈과 코를 그린다(그림 3.36). 왼쪽 눈 크기를 줄여서 입체감을 더한다.

6 이제 죽음의 날 해골만의 특징을 넣어보자. 포토샵 라이브러리에 있는 심볼 기능을 사용해도 되고, Freeform Pen 툴로 직접 그림을 그려도 좋다. 평면으로 무늬를 그린 뒤 Warp 툴로 곡면의 느낌을 낼 수 있으며, 다른 방법

그림 3.36 눈과 코 그리기

도 많다. 그림 3.37의 해골에는 여러 방법들로 무늬를 그려 넣었다. 치아는 레이어 3개를 사용해 그렸다(그림 3.38). 첫 번째 레이어에는 색만 들어가 있으며, 거의 흰색에 가까워서 해골의 색과 구별된다. 다음 레이어에는 선을 그려서 이를 표현했다. 가장자리가 선명한 브러시로 그렸다. 세 번째 레이어에는 그림자를 넣었다.

그림 3.37 해골의 무늬

그림 3.38 치아에 그림자 넣기

노트 Magic Wand 툴이 보이지 않을 경우, 단축키 W를 누른다.

7 새 레이어를 만들어서 tooth shadow라고 이름 붙인다. Magic Wand 툴로 6번 흰색 레이어의 흰색 영역을 선택한다. 그림자 레이어로 돌아와, 뒷부분에 진회색을 길게 칠한다. 그림자처럼 보이도록 Opacity 값을 조절하면 치아가 완성된다.

8 새 레이어를 만들고 skull shadow라고 이름 붙인다(그림 3.39). Magic Wand 툴로, 가장 먼저 만들었던 레이어를 선택한다. 그 상태에서 방금 만든 skull shadow 레이어로 돌아와서, 7번에서와 마찬가지로 해골 아랫부분에 진회색으로 그림자를 넣는다. 치아 그림자 색과 비슷하게 Opacity 값을 조절하고 작업을 저장한다.

그림 3.39 진회색으로 그림자 넣기

9 다음 단계도 비슷하다. 새 레이어를 만들고 skull highlight라고 이름 붙인다(그림 3.40). Magic Wand 툴로 맨 처음 레이어를 선택하고, 방금 만든 새 레이어로 돌아와서 해골 머리 윗부분에 연회색으로 하이라이트 부분을 칠한다.

그림 3.40 연회색으로 하이라이트 넣기

10 마지막으로 새 레이어를 만들고 eye right라고 이름 붙인다(그림 3.41). Elliptical Marquee 툴로 작고 길쭉한 눈동자를 그린 뒤, 안에는 연회색을 칠한다. 눈동자 형태가 선택된 상태에서, 위쪽에 진회색을 살짝 칠해 눈이 안

으로 들어간 느낌을 낸다. 레이어를 복사해서 eye left라고 이름 붙이고 왼쪽 눈에 배치한다.

11 레이어 전체를 하나의 그룹으로 묶고 Skull Head라고 이름 붙인다.

그림 3.41 별도의 레이어에 눈 그리기

꽃 심볼

두 번째 심볼은 꽃 모양이다. 진부하게 느껴질 수도 있지만, 꽃을 활용하면 좋은 점이 많다. 우선 꽃을 하나만 그리면 여러 가지 응용형을 빠르게 만들 수 있다. 꽃에는 다채로운 색을 넣을 수 있고, 크기도 자유자재로 조절 가능하다. 해골이 주인공이라면, 꽃은 주변을 채우는 일개미 같은 존재다.

1 실제 꽃 사진을 연다. 이 책에서는 장미 사진 위에 바로 외곽선을 그렸다(그림 3.42). 이 사진은 실습용 파일에 포함되어 있다. 새 레이어를 만들고 rose outline이라고 이름 붙인다(그림 3.43). **Shape** 툴에서 **Stroke** 색을 없애고, 꽃잎을 따라 대략적인 외곽선을 그린다.

그림 3.42 정원에서 찍은 장미 사진의 형태를 수정했다

그림 3.43 장미의 외곽선

2 새 레이어를 만들고 flower color라고 이름 붙인 뒤, 장미 외곽선 레이어 밑에 둔다. **Eyedropper** 툴로 사진 속 빨간색을 추출한다. **Paint** 툴에서 가장자리가 선명한 브러시를 선택하고, 꽃잎 안을 칠한다.

그림 3.44 장미의 그림자

3 빨간색 레이어 위에, rose shadow라는 이름의 레이어를 만든다(그림 3.44). 사진에서 살짝 어두운 빨간색을 추출한다. 외곽선 안쪽을 따라 그림자를 칠한다. 이때 외곽선과 별개의 레이어에 색을 칠해야 나중에 다양한 색을 적용할 수 있다.

4 인터넷에서 여러 가지 꽃 사진을 찾아 색을 참고한다. Image ≻ Adjust ≻ Hue/Saturation으로 색을 조절해본다(그림 3.45).

참고로 말하자면, 그림자 레이어의 색도 함께 수정해줘야 하며, Hue/Saturation 조절만으로는 원하는 색을 찾기 어려울 것이다. 색을 골라 새로 칠해야 한다.

그림 3.45 작업 중인 장미 이미지의 레이어들

5 레이어들을 하나의 그룹으로 묶고, rose red라고 이름 붙인다.

6 장미 레이어 그룹을 4개 복사해서 Pink Rose, Carmine Rose, Yellow Rose, Orange Rose라고 이름 붙인다. 이름에 맞게 분홍색, 암적색, 노란색, 주황색으로 색을 바꾼다(그림 3.46).

그림 3.46 사진을 참고해서 다양한 색의 장미를 만든다

지폐

세 번째로는 지폐 이미지를 만든다. 지폐는 슬롯머신의 돈 느낌을 낼 수 있고, 게임 제목 뒤에 깔아서 배경 색으로 활용할 수도 있다.

1 새 레이어를 만들고 dollar background라고 이름 붙인다. **Rectangle Marquee** 툴로 지폐 모양의 사각형을 만든 뒤, 안쪽에 녹색을 칠한다(그림 3.47). Shapes 갤러리에서 액자 형태를 하나 선택한다. **Fill**과 **Stroke**에 진녹색을 선택하고, **Transform/Scale** 기능을 사용해 사각형 안에 차도록 크기를 늘린다.

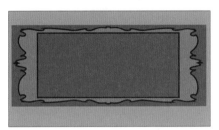

그림 3.47 Shapes 갤러리에서 액자 형태를 하나 선택한다

2 Shape 갤러리에서 방패 형태를 하나 선택한다(그림 3.48). 지폐 중앙에 가득 차도록 크기를 늘린다. 예제에서는 방패 형태를 180도 회전시켰다. 지폐처럼 보이게 색을 선택하고, 사각형 가운데 잘 배치한다.

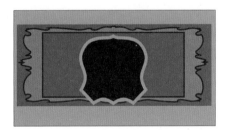

그림 3.48 Shape 갤러리에서 방패 형태를 선택한다

3 앞서 만들었던 해골 머리 파일을 열고, 레이어를 전부 병합한다. 이때 해골의 여백이 투명하게 남아 있도록, 배경 레이어는 병합하지 않는다.

4 Image > Adjust > Hue/Saturation을 클릭한다. Colorize 상자에 체크한다. Hue는 138, Saturation은 42, Lightness는 −19로 설정해서 그림 3.49와 같은 연녹색을 만든다.

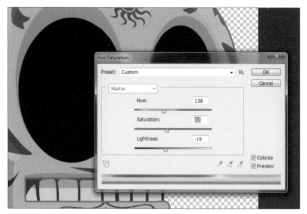

그림 3.49 해골을 연녹색으로 바꾼다

5 해골을 방패 중앙에 놓는다(그림 3.50).

6 Type 툴을 선택하고, 해골의 흰색 부분과 같은 색을 고른다. 숫자 100이라고 글자를 쓴다. 블렌딩 옵션 창에서 Stroke에 체크하고, 지폐의 배경색인 진녹색을 선택한다. 100이라는 글자를 지폐 우측 상단에 놓는다. 이 레이어를 3번 복사해 모서리마다 배치한다(그림 3.51).

그림 3.50 방패 형태 중앙에 해골을 놓는다   그림 3.51 모서리에 숫자를 넣는다

7 파일을 PSD나 TIFF로 한 번 저장하고, PNG 파일로 다시 한 번 저장한다. 나중에 이 파일을 다시 사용할 수도 있으므로 원본을 저장해두어야 하지만, 원본 파일은 게임에 직접 사용하기에는 용량을 너무 크다. 용량이 더 작은 PNG 형식이 정답이다.

장식 시작

이제 아트 애셋 몇 가지를 만들었으니, 배치를 해 보자. 여기에서 사용할 꽃과 해골(초록색과 흰색), 지폐는 모두 PNG 파일이어야 한다. 컴퓨터에 PNG 파일만 저장할 폴더도 따로 만들어두는 것이 좋다.

1 그림 3.52처럼 스피너 창에 3개의 아이콘을 불러온다. 나머지 꽃들은 나중에 불러와도 된다.

그림 3.52 모든 요소를 불러온다

2 먼저 테두리를 멋지게 꾸미자. 스피너 창 형태를 선택한다.

3 Blending Options 창에서 Bevel & Emboss, Stroke, Gradient Overlay, Drop Shadow, Inner Shadow에 체크한다.

4 Gradient Overlay에서 하단은 연녹색, 상단은 진녹색으로 그라데이션을 만든다.

5 Stroke는 8포인트, 검은색으로 설정한다.

6 Inner Shadow의 Opacity를 20%로 낮추고 살짝 각도를 기울인 뒤, Drop Shadow에도 같은 값을 적용한다.

7 Bevel & Emboss 탭에서 Style은 Inner Bevel, Technique은 Smooth, Size는 8로 설정한다. 나머지 값은 그대로 두고 OK를 눌러 창을 닫는다.

8 이제 더 재미있는 작업이 기다린다. 레이어를 오른쪽 마우스로 클릭하고, **Stack** 옵션 창에서 **Copy Layer Style**을 클릭한다. 이 스타일을 다른 상자들 (doobers, current jackpot, bonus, round leaders, payline, advertising 레이어)에도 붙여 넣는다. 레이어 스타일을 복사할 때와 마찬가지로, 레이어를 오른쪽 마우스로 클릭하고 **Paste Layer Style**을 클릭하면 된다.

9 이제 각 상자의 블렌딩 옵션을 열어서 그림 3.53과 같이 그라데이션 색을 수정한다.

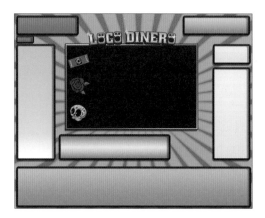

그림 3.53 다른 영역에 레이어 스타일 붙여넣기

해골로 마무리

심볼들을 스피너 창 안에 배치했으면, 레이어를 복사해서 나머지 공간을 채워 넣는다(그림 3.54).

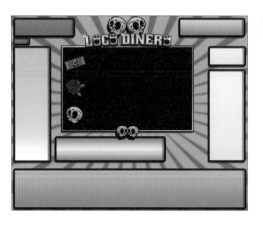

그림 3.54 제목 글자 뒤에 해골을 배치한다

1 available doobers와 current jackpot 레이어는 이번 작업에 방해가 되므로 일단 감춰둔다.

2 해골 레이어를 복사해서, 사본에 skull top left라고 이름 붙인다.
새 레이어를 제목 글자 LOCO의 O자 바로 뒤에 놓는다. 이때 새 레이어가 글자보다 뒤로 가야 한다. 해골 레이어를 다시 복사해서 skull top right라고 이름 붙인 다음, 방금 놓은 해골 옆에 나란히 놓는다. 좌우를 반전시켜 두 해골이 서로 반대쪽을 보게 배치한다.

3 두 해골 레이어를 다시 한 번 복사해서, 각각 skull bottom right, skull botton left라고 이름 붙인다. 두 레이어를 스피너 창 아래쪽에 놓고, 크기를 반으로 줄인다.

돈 제작

이제 돈을 흩뿌려보자.

1 해골 레이어들 밑에 새 레이어를 만들고, money background라고 이름 붙인다(그림 3.55). Polygon Lasso 툴을 사용해 돈 무더기 모양의 실루엣을 그린다. 지폐에 사용했던 녹색으로 안을 칠한다. 블렌딩 옵션 창에서 Stroke에 체크하고, Size는 5, 색은 검은색으로 설정한다.

그림 3.55 돈 배경 만들기

해골 뒤에 돈이 잔뜩 쌓여 있는 느낌을 내자. 방금 만든 돈 배경도 좋지만, 돈 부채를 만들면 좀 더 흥미를 돋굴 수 있을 것이다.

2 지폐 레이어를 복사해서, dollar fan이라고 이름 붙인다(그림 3.56). 새 레이어를 시계 반대방향으로 45도 기울인다. 같은 방식으로 계속 레이어를 복사

하고 회전해서 부채 모양을 완성한다(10번 정도 복사한다). 돈 부채를 이루는 레이어들을 병합해서 money fan이라고 이름 붙이고, 해골 뒤에 배치한다.

그림 3.56 돈 부채 만들기

3 돈 부채 레이어를 복사해서 money fan lower라고 이름 붙인다. 그림 3.57 처럼 스피너 창 아래쪽 해골 뒤에 이 레이어를 배치한다.

그림 3.57 아래쪽에 돈 부채 배치하기

4 지폐 한 장을 다시 복사하고, 여기저기에 뿌려, 지폐들이 날아다니는 느낌을 낸다.

5 만족스러운 결과가 나오면, 지폐 레이어와 앞서 만든 돈 부채 레이어를 하나의 그룹으로 묶어서 money upper라고 이름 붙인다(그림 3.58).

6 money fan lower 레이어를 스피너 창 레이어 밑으로 내린다. 이 레이어는 다른 돈 레이어들과 같은 그룹으로 묶지 않는다. 요소들을 배치하는 순서 상, 위의 지폐들과 별개로 다루어야 하기 때문이다.

그림 3.58 돈 레이어들을 하나의 그룹으로 묶는다

꽃 제작

앞과 비슷한 방식으로 꽃을 복사해서 다발을 만든 뒤, 적절한 위치에 놓아보자
(그림 3.59).

그림 3.59 스피너 창 가장자리에 꽃을 더한다

1   앞서 만든 색색의 꽃들을 전부 가져와서, 스피너 창 중간에 놓는다.

2   꽃들의 크기를 50%로 줄이고, 스피너 창 아래쪽에 줄줄이 배치한다. 모양
    이 마음에 들면 레이어를 하나의 그룹으로 묶어서, flowers bottom right
    라고 이름 붙인다. 이 레이어는 해골과 돈 레이어보다 위에 있어야 한다.

3   레이어를 복사해서 flowers bottom left라고 이름 붙인다(그림 3.60). 레이
    어 좌우를 반전시켜서, 오른쪽과 대칭으로 배치한다.

그림 3.60 꽃들을 복사해서 창 반대쪽에 배치한다

4 방금 만든 두 레이어를 복사해서, 스피너 창 위쪽을 장식한다. 꽃송이들의 위치를 정돈한다. 이런 작업은 레이어를 사용했기에 가능한 것이다. 두 레이어에 각각 flowers top right, flowers top left라고 이름 붙인다. 블렌딩 옵션 창에 들어가, **Drop Shadow** 기능으로 레이어들에 그림자를 넣는다.

PIP 배치

PIP은 페이라인이 걸리는 자리며, 이 게임에서는 양쪽에 PIP을 10개씩 넣는다. 꽃 이미지를 먼저 사용하자(그림 3.61). 나중에는 PIP 위에 숫자를 배치해서 베팅 레벨을 표시할 것이다. 숫자는 특별한 글꼴을 사용하지 않는 이상 코드를 사용해 배치한다.

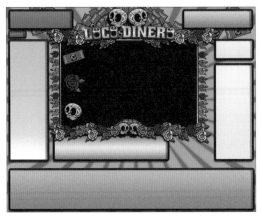

그림 3.61 꽃을 PIP으로 사용한다

1. 꽃 파일들을 복사해서 세로로 배치한다. 색의 순서는 크게 중요하지 않고, 같은 색의 꽃을 연속으로 놓지만 않으면 된다.

2. 스피너 창 양쪽을 따라 꽃의 크기를 스피너 창에 맞게 줄인다. 안내선과 그리드를 사용해, 꽃들이 일정한 간격을 유지하게 정리한다.

3. 꽃을 보기 좋게 배치했으면, 레이어들을 하나의 그룹으로 묶고 pip left side라고 이름 붙인다. 이 레이어를 복사해서 pip right side라고 이름 붙인 다음, 스피너 창 오른쪽에 배치하고, 초록 잎이 창 바깥을 향하도록 좌우를 반전시킨다. 양쪽 꽃들이 같은 방향을 향하는 것보다는 대칭을 이루는 편이 더 자연스럽기 때문이다.

스피너 좌우 가두리 장식

PIP을 배치하고 나니, 가장자리의 노란색과 주황색 그라데이션이 너무 번잡해 보인다. 플레이어가 스피너 상자에 시선을 뺏기지 않고 게임에 집중할 수 있도록, 수수한 색으로 가두리를 장식해 시선을 분리해주자(그림 3.62). 제목 글자와 같은 분위기로 척추와 비슷한 형태를 만들어본다.

그림 3.62 가두리에 척추 모양을 넣는다

1. Pen 툴을 선택한다. 긴 뼈대를 먼저 그리고, 해골 머리에서 사용했던 흰색을 칠한다. 외곽선은 검은색, 굵기는 2포인트로 지정한다.

2. 이제 뼈의 그림자를 넣자. 1번 레이어 위에 새 레이어를 만든 뒤, Pen 툴을 선택한 상태에서 Stroke의 색을 없애고, Fill 색은 중간 정도의 회색으로 한다. 뼈 안쪽을 길게 칠한다. 레이어 이름은 bone shadow라고 붙인다.

3. 마무리를 위해 앞의 레이어들 위에 새 레이어를 만든다(그림 3.63). 아까와 같은 설정으로 등골을 그린다. 등골 뼈에도 Pen 툴을 사용해 외곽선 없이, 진회색으로 그림자를 넣는다.

그림 3.63 척추 모양의 장식 완성 모습

4 만화스러운 척추 모양으로 테두리를 깔끔하게 정리했다(그림 3.64). 이번 작업에서 만든 레이어들을 하나의 그룹으로 묶고, spine left라고 이름 붙인다. 이 그룹을 복사해서 좌우를 반전시키고, 오른쪽에 배치한 뒤 spine right라고 이름 붙인다.

그림 3.64 스피너 창 장식 완성 모습

스핀 버튼

스핀 버튼은 게임플레이를 시작하는 큰 버튼이다. 보통 활성화/비활성화의 두 가지 상태를 보인다. 예제에서는 버튼을 누르면 작은 애니메이션이 시작된다. 따라서 비활성화 상태에는 보기 좋은 이미지가 나타나고, 그 상태에서 애니메이션이 시작돼서, 움직임을 보여주고, 비활성화 상태로 돌아오게 된다.

버튼에 들어갈 이미지는 사각형이나 동그라미 등 버튼처럼 생겨야 한다. 우리는 게임을 상징하는 해골 이미지를 이미 만들었으므로 이를 활용하자(그림 3.65). 이 해골은 애니메이션을 넣기에도 좋다.

그림 3.65 해골을 스핀 버튼으로 활용한다

1 해골 레이어 하나를 복사해서, skull spin이라고 이름 붙인다.

2 이 레이어를 와이어프레임의 스핀 버튼 자리에 놓는다.

3 스핀 버튼 자리에 맞게 크기를 키운다. 나중에 글자를 넣어야 할 수도 있지만, 우선은 그림만으로 마무리하자.

스피너 창에 기호 삽입

이제 스피너 창에 기호들을 넣어보자. 숫자 기호 3개, 알파벳 기호 3개, 캐릭터 기호 3개가 필요하다. 사실 보너스 화면과 잭팟 당첨 등 더 많은 디자인이 필요하지만 일단은 다루지 않는다. 우리는 지폐와 장미, 해골 캐릭터 기호를 이미 만들어 놓았다. 이 기호들을 배치하고, 숫자와 알파벳 기호들을 만들자.

알파벳 기호 제작

스핀 영역의 기호를 만드는 작업은 제목 디자인과 똑같다. 제목 글자 전체에 적용했던 효과들을 글자 또는 숫자 하나에 똑같이 적용할 것이다. 카드덱처럼 J와 Q, K를 만들자(그림 3.66).

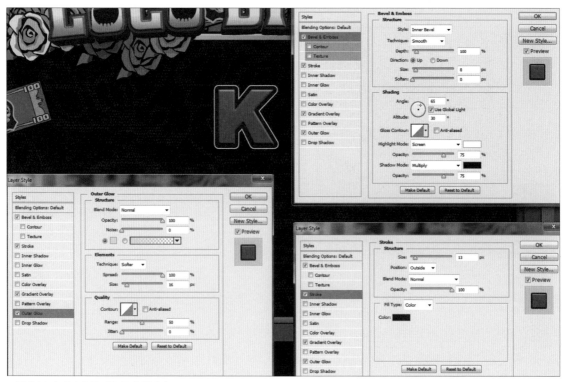

그림 3.66 스피너에 들어갈 글자 만들기

1   Type 툴을 선택하고, Arial 글꼴로 대문자 K를 입력한다. 블렌딩 옵션 창
    에서 Bevel & Emboss와 Stroke, Outer Glow, Gradient Overlay에 체크한다.
    Stroke 항목에서 제목 글자의 그림자 색과 똑같은 색, 크기는 13포인트를
    지정한다. Gradient Overlay의 그라데이션 막대는 진한 보라색과 연보라색
    을 지정해서, 색이 점차 연해지게 한다.

2   Outer Glow는, 제목 글자를 디자인할 때 Inner Glow를 통해 선명한 윤곽선
    을 만들었을 때와 같은 값을 설정한다. 색은 연노랑으로 한다.

3   제목에서 반짝이 하나를 복사해, K자 귀퉁이에 붙인다. 두 레이어를 그룹으
    로 묶어서 K_letter라고 이름 붙인다.

4   이 그룹을 2개 복사한다. 하나는 J로, 나머지 하나는 Q로 글자를 바꾼다(그
    림 3.67). 그라데이션의 색과 그룹 이름도 각각 바꾼다. 이름을 수정하는 과

정이 번거롭기는 하지만, 작업을 전부 처음부터 다시 시작하는 것보단 훨씬 빠르다. 완성된 템플릿이 있으면 여러 버전을 쉽게 만들 수 있다.

그림 3.67 K자 템플릿을 가지고 다른 글자도 디자인한다

숫자 기호 제작

숫자 기호를 만드는 작업도 훨씬 쉬워졌다. 방금 만든 글자 레이어를 복사하고, 글자 대신 숫자를 입력한다(그림 3.68). 숫자 역시 카드덱을 참고해서 7, 9, 10을 입력하자. 숫자에는 전부 금색을 입힐 예정이다. 그리고 숫자마다 반짝이의 위치를 바꿔준다.

그림 3.68 스피너에 들어갈 숫자 만들기

스피너 창 채우기

우리는 앞서 캐릭터 디자인을 마쳤고, 이들을 화면에 배치하는 작업만을 남겨두고 있었다. 여기서 잠깐, 앞서 만들었던 해골 머리에 몸을 붙여보는 건 어떨까?(그림 3.69). 게임 제작에는 이런 식의 갑작스런 추가 작업이 늘 따라다닌다. 추가 작업이 늘어나는 건 좋지 않지만, 좋은 아이디어가 떠오른다면, 이를 실행에 옮겨 팀원들에게 보여주는 것이 좋다. 아트디렉터가 보여줄 수 있는 최악의 반응은 해당 아이디어를 채용하지 않는 것이고, 최고의 반응은 그 아이디어가 제작에 반영되는 것이다.

그림 3.69 스피너 창에 매력적인 캐릭터를 넣는다

이번에는 해골 머리에 몸을 달아주는 추가 작업을 해 보자. 해골 머리 레이어 하나, 몸 레이어 하나를 합쳐 skull full body라는 이름의 그룹을 만들 것이다. 정장이 검은색이고 해골 머리에 검은 부분이 많으므로, 블렌딩 옵션의 Outer Glow를 통해 테두리에 후광 효과를 넣자.

해골에 몸을 넣고 보니, 스피너 창 속 해골과 스킨에 사용된 해골이 너무 비슷해서 헷갈릴 수 있을 것 같다. 색만 수정해서 살짝 변화를 줘보자. 색을 바꾸는 가장 쉬운 방법은 블렌딩 옵션을 활용하는 것이다(그림 3.70).

그림 3.70 블렌딩 옵션에서 해골머리의 색을 바꾼다

1　블렌딩 옵션을 열어서 Color Overlay에 들어간다.

2　색은 하늘색, Blend Mode는 Multiply를 선택한다. 이렇게 하면 세밀한 그래
　픽이 묻히지 않으면서 색이 바뀐다.

줄 나누기

복사와 붙여넣기를 통해 기호들을 스피너 창 전체에 배치한다. 세로 줄을 따라
배치된 기호들을 시각적으로 구분해줄 요소가 필요해 보인다(그림 3.71). 줄을
나눠보자.

그림 3.71 스피너 기호들의 세로 줄이 구분되지 않는다

1 스피너 창 천장부터 바닥까지 이어지는 세로로 긴 사각형을 그린다. 30×1951픽셀 정도 크기로 가늘고 긴 직사각형이어야 한다. 외곽선의 색은 검은색, 굵기는 2포인트로 한다.

2 외곽선 색을 회색-검은색의 그라데이션으로 바꾼다.

3 블렌딩 옵션에서 Bevel & Emboss와 Drop Shadow에 체크한다. Drop Shadow의 Distance 값을 25로 설정해 그림자의 거리를 조절한다. 스핀 창 가장자리에 장식이 덮여 있고 화면이 크지 않기 때문에, 줄을 일정한 간격으로 나누기 쉽지 않다. 자 기능을 사용해 치수를 재고 숫자를 계산해서 간격을 파악하는 것도 좋다.

4 계산이 복잡하다면 View ＞ Show ＞ Grid를 클릭한다.

5 그리드가 보이는 상태에서, 화면 가로 방향으로 작은 네모들의 개수를 센다. 4개의 구분 선을 넣어 다섯줄을 만들려면 한 줄에 네모가 몇 개씩 들어가야 하는지 계산한다(그림 3.72). 이 방법 역시 계산이 필요하지만 3번의 방법보다는 덜 어렵다.

그림 3.72 그리드의 네모 개수를 세 구분선의 간격을 정한다

6 선들의 간격을 대략적으로 계산했으면, 그리드에 맞춰 선들을 배치한다.

7 그리드 선에 맞춰놓은 4개의 선을 한꺼번에 옆으로 움직여서, 그리드 선이 아닌 스피너 창 안에서의 5등분선에 맞게 위치를 조절한다. 예제에서는 네모 칸 5개를 간격으로, 왼쪽에서 6번째 칸부터 선이 들어갔다. 구분 선을 모두 넣은 모습은 그림 3.73과 같다.

그림 3.73 완성된 구분 선

작은 상자들

이제 가장 일반적인 형태의 상자를 만든다. 이 상자는 필요에 따라 여러 스타일로 수정할 수 있다. 우리는 앞서 버튼을 디자인할 때에도 상자를 만들었었다. 이 상자는 광고 및 베팅을 비롯해 상자가 들어가는 대부분의 영역에 배경으로 쓰인다. 게임회사에서는 이런 상자를 하나만 만들어놓고, 필요에 따라 코드로 색을 바꾸는 경우가 많다. 하지만 우리는 전체 화면의 디자인을 보여주기 위해 채워야 하는 부분마다 상자를 만들어 넣는다.

1 Rectangle 툴로 직사각형을 그린다. 크기는 500×160픽셀, 색은 파란색, 외곽선은 검은색에 선 굵기는 2포인트로 설정한다.

2 전경색을 그라데이션으로 바꾼다. 파란색과 검푸른색으로 그라데이션을 만들되, 너무 어두워지지는 않게 주의한다.

3 블렌딩 옵션에서 Stroke, Inner Shadow, Drop Shadow를 선택한다. Stroke는 2픽셀에 연노랑을 설정하고, Inner Shadow와 Drop Shadow에서는 Distance를 16픽셀, Size를 7포인트로 설정한다. 그림 3.74 같은 결과가 나올 것이다.

그림 3.74 작은 상자들 만들기

앞에서 본 게임 레이아웃을 따라 요소들을 복사해서 배치한다. 이 레이아웃은 와이어프레임이나 보조 와이어프레임에 포함되어 있다(그림 3.75).

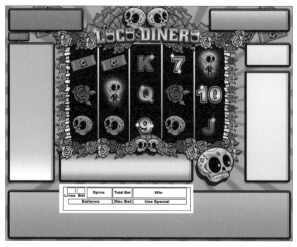

그림 3.75 보조 와이어프레임

4 숫자가 뜨는 창을 만들자. Rounded Rectangle 툴을 사용해 모서리가 둥근 사각형을 그린다. 전경색은 짙은 회색, 외곽선은 2포인트 굵기의 그라데이션으로 설정한다. 숫자는 게임플레이에 따라 바뀌므로 코드를 통해 집어넣는다. 파란 레이어는 Bet_Blue, 숫자 창 레이어는 Bet_Window라고 이름 붙이자. 또한 레이어 패널에서, 숫자 창 레이어가 파란 레이어 바로 위에 올라오게 해야 자료를 보관하기 쉽다.

5 그림 3.76과 같이 파란 상자에도 위의 과정을 전부 반복하고 이름도 붙인다.

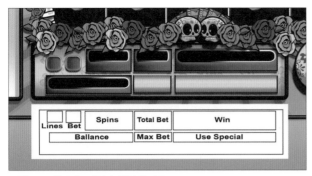

그림 3.76 와이어프레임과 최종 상자들

6 이제 황금 버튼 만들기는 누워서 떡 먹기다. 아직 헷갈린다면 2장의 메뉴 버튼 만들기 실습을 참고한다. 빨간색만 금색으로 바꾸면 된다.

버튼이 도드라지고, 숫자 창이 들어간 상자들은 상대적으로 묻혀 보인다. 실제 상황에서 정보 패널들은 이런 식으로 보이기 때문에, 우리는 빛과 그림자를 통해 이를 재현했다.

이 상자와 버튼들은 나중에 또 사용할 것이므로, 이름을 정확하게 지정해서 짝을 잘 맞춰 저장해두자. 여러 레이어로 이루어진 버튼들은 하나의 그룹으로 레이어들을 묶어둬야 한다.

다른 상자들

이번에는 현업에서는 잘 하지 않는 작업을 해 보자. 각기 다르게 생긴 상자들을 만들어 다양한 기법을 활용하는 것이다.

현재 잭팟 상자와 수집 아이템 요소

이 상자는 앞에서 만든 것과 비슷하지만, 그림자를 넣지 않아서 도드라지지는 않는다(그림 3.77). 작은 효과로도 이렇게 큰 차이를 만들 수 있다.

그림 3.77 수집 아이템 창

1 Rectangle이 아닌 Marquee 툴로 정사각형 버튼 세 개와 가로로 긴 직사각형 한 개를 만들었다. 이때 Shift 키를 누르고 사각형을 그리면 정사각형이 나온다.

2 선택 영역 안에 임시로 색을 채워둔다. 블렌딩 옵션에서 Bevel & Emboss, Stroke, Drop Shadow를 선택한다.

3 Gradient Overlay에서 색을 바꾼다.

4 수집 아이템 상자도 같은 식으로 색을 바꾼다.

대화창

그림 3.78 대화창

대화창의 경우 배경에서 크게 돋보일 필요가 없을 수도 있다. 대화상자의 글자 입력 영역이 특히 그렇다. 이번 효과는, 사각형 전경색의 배경 그라데이션 중 아랫부분에 있는 색을 사용한 기법이다. 블렌딩 옵션을 사용해 안쪽에 그림자, 바깥에 후광효과를 넣어서 대화창 배경이 안쪽으로 들어가 있는 느낌을 낸다 (그림 3.78).

라운드별 순위표

거의 다 됐다. 마지막으로 라운드별 순위표 상자를 만든다. 우리는 이미 노란색 상자를 몇 개 만들었다. 회색 상자에는 플레이어의 프로필 사진이 들어가고, 그 옆에는 글자로 된 플레이어 정보가 들어간다. 이 상자는 우리가 이미 만든 다른 두 상자를 합친 것이다. 노란색 부분은 앞장에서 버튼을 만들었던 방식으로, 회색 부분은 창을 만들었던 방식으로 만든다.

1 Rectangle 툴로 635×200픽셀 크기 사각형을 만든다. 이 크기는 현재 공간 안에 타일처럼 채워지고, 끝에는 스크롤이 들어갈 공간이 살짝 남는다. 하나의 색으로 된 상자 하나만 만들어두면 엔지니어들이 코드를 사용해 여러 개의 상자를 만들 것이다. 여기에는 게임을 플레이할 때 화면이 어떻게 보이는지 알 수 있게 상자를 여러 개 넣어놓았다.

2 블렌딩 옵션에서 Gradient Overlay를 선택한다. 여기가 작업 중 가장 어려운 부분이다. 3개의 색이 섞인 그라데이션을 선택한다. 오른쪽 컬러스톱은 주황색, 중간 컬러스톱은 개나리색, 왼쪽 컬러스톱은 연노랑으로 수정한다. 컬러스톱들의 위치를 좌우로 움직여 그림 3.79처럼 만든다.

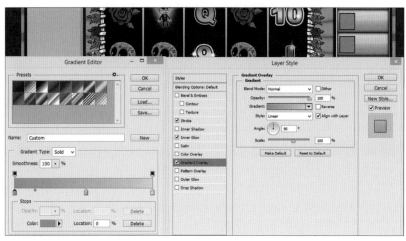

그림 3.79 라운드별 순위

3 Stroke를 선택하고 3픽셀, 검붉은색을 선택한다.

4 Inner Glow를 선택하고 똑같은 검붉은색, 35픽셀을 선택한다.

5 새 레이어를 만든다. Marquee 선택 툴을 사용해 버튼과 같은 크기의 영역을 선택한 뒤 여기에 흰색을 칠한다. 흰색 영역의 선택을 해제하고, Marquee 툴로 흰색 부분의 아래쪽 절반만 다시 선택한다. 해당 부분을 잘라낸다. 흰색을 칠한 레이어의 Opacity 값을 25%로 줄인다.

6 195×160픽셀 크기의 다각형을 새로 만든다. 중간 정도의 회색으로 안을 칠하고, 외곽선은 검은색, 2포인트 굵기로 설정한다. 이 다각형을 상자 왼쪽, 높이는 중앙에 배치한다.

7 지금 만든 레이어 3개를 그룹으로 묶어서 leader board yellow라고 이름 붙인다. 그림 3.80 같은 결과가 나올 것이다.

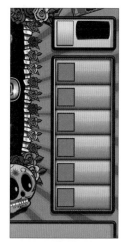

그림 3.80 모양을 갖춘 라운드별 순위표

마지막 단계

이제 요소 배치는 끝났다. 마지막으로 모든 요소가 제대로 작동하는지 확인하고 수정할 부분은 없는지 살핀다.

　게임 스튜디오에서라면 완성된 화면을 JPG 파일로 팀원 전체에게 보내 의견을 받을 것이다. 다른 사람의 의견대로 무조건 디자인을 바꿀 필요는 없다. 아트워크에 대해 궁극적으로 결정을 내리는 사람은 아티스트와 아트디렉터다. 그러나 동료들의 의견이나 요구사항 역시 도움이 되거나 결과물을 더욱 보기 좋게 만드는 데 일조할 수 있다.

마음에 걸리는 부분이 있는가?

동료들의 의견을 기다리는 동안 모든 요소를 하나하나 다시 뜯어보는 것도 좋다. 상자들의 정렬 상태, 공간 배치에 따른 요소들의 상호작용, 선 굵기와 색, 블렌딩 옵션 적용 여부 등을 꼼꼼히 살펴보고, 무엇보다도 잘못돼 보이는 부분이 없는지 확인한다. 아티스트가 잘못됐다고 느낀다면 실제로 문제가 있을 확률이 높으므로 이를 수정한다.

정리

3장에서 우리는 디지털 슬롯머신 게임의 스킨을 만들어보았다. 여기에서 배운 기법은 카지노 게임만이 아닌 다른 어떤 디지털 소셜미디어 디자인에도 적용할 수 있다.

　작업이 많아 보일 수도 있지만, 사실 우리는 이를 통해 나머지 작업을 수행할 수 있는 템플릿을 만들었다. 아티스트는 게임이 시각 요소를 디자인하고, 나머지 팀원들이 해당 부분을 채울 수 있게 안내해줘야 한다. 아티스트가 디자인한 애셋에는 어도비 플래시를 통해 당첨, 반짝이, 불꽃, 동전 폭포 등의 애니메이션이 들어갈 것이다. 엔지니어들은 모든 버튼이 눌리고, 스핀이 돌아가고, 게임이 작동되게 한다. 디자이너는 메트릭스와 페이아웃, 화폐 제작을 담당한다.

　게임이 출시되면 작동을 시작하고 플레이어들이 게임을 즐긴다. 아티스트는
다음 디자인을 준비하고, 모든 과정을 처음부터 다시 시작한다.

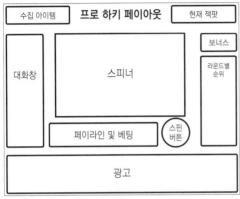

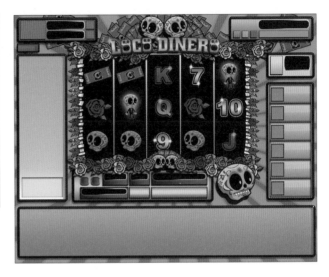

그림 3.81 와이어프레임과 완성된 슬롯머신 스킨

4

모바일 게임 제작

4장에서는 모바일 게임 제작 과정을 살펴본다. 모바일 및 소셜 게임은 콘텐츠 크기나 스타일이 비슷하지만, 각자의 공간에 맞게 진화를 거듭해왔다.

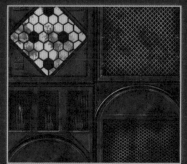
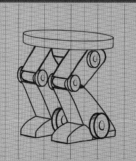

내가 휴대폰으로 하는 그 게임?

농담은 미뤄두고, 모바일 게임은 이 책에서 다루는 세 종류의 게임 중 가장 유망한 분야다. 콘솔과 소셜 게임은 화면이 커지고 하드웨어 성능이 개선되면서 발전될 것이다. 그러나 앞으로 가장 크게 발전할 분야는 모바일 게임이다. 이유는 단 하나다. 누구나 휴대폰을 가지고 있기 때문이다.

플레이어를 최대한 많이 모집해 수익을 내야 하는 회사 입장에서, 게임이 가능한 기기를 가지고 있는 사용자들은 주 공략 대상이다. 그렇다면 모든 기술은 어느 방향을 향해 발전하고 있을까? 정답은 여러분 주머니 안에 있다.

모바일 게임 및 게임 관련 구매는 높은 수익을 창출하고 있기에, 모바일 게임 회사는 괜찮은 투자 대상으로 자리매김하고 있다. 모바일 게임을 만드는 회사도 늘어나고 있어 아티스트가 일자리를 구하기도 더 쉽다. 그러므로 모바일 게임 플레이어가 하루에 30분 이상 모바일 게임을 즐긴다는 기사가 나올 때면, 여러분은 입가에 미소를 지어도 좋다.

모바일 게임 제작을 위한 파이프라인

지금까지 모바일 게임은 기존의 게임을 따라잡는 수준이었다. 컴퓨터 및 콘솔은 모바일 기기에 비해 하드웨어 사양이 훨씬 좋다. 하지만 이제는 이는 공평한 출발이 아니다. 모바일 기기의 사양은 1994년도에 출시됐던 고급 컴퓨터 수준이다. 그러나 스마트폰이 PC보다 훨씬 나중에 탄생했다는 사실을 생각하면, 벌써 장족의 발전을 했다고 볼 수 있다.

따라서 현재의 모바일 게임 그래픽과 모바일 게임의 미래를 전망할 때, 현재의 PC 게임 시장을 보면 미래를 예측할 수 있다(그림 4.1).

그림 4.1 현대의 모바일 게임

모바일 게임만의 특징

모바일 기기의 한계에 따라 성능을 최대한 끌어올리는 것은 게임업계에서 가장 중요한 기술이다. 구석구석에서 데이터 및 메모리 사용을 최대한 줄이는 것은, 보기 좋은 게임을 만드는 데 꼭 필요한 능력이다. 현재 기술의 선두에 있는 분야는 콘솔 게임이며, 그 다음은 소셜 게임이고, 모바일 게임은 그 다음이다. 모바일 게임 세계에서 성공하기 위해서는 콘솔에서의 경험을 스마트폰에서 되살릴 수 있어야할 것이다. 개발자들은 이를 위해 오늘도 노력하고 있다.

레벨

모바일 게임의 레벨은 일반 게임들과 약간 다르다. 낯선 행성에서 외계인들과 맞서 싸우는 로봇이 등장하는 평범한 게임을 상상해 보자. 콘솔 게임에서는 한 레벨 당 2시간 정도 플레이하는 분량을 제공한다. 2시간씩 레벨이 10개면 60달러 정도, 게임 플레이 시간은 평균 20시간 정도가 나온다.

모바일 게임은 좀 다르다. 레벨은 훨씬 짧고, 길어도 몇 분 안에 끝난다. 모바일 게임 플레이어는 버스를 기다리거나 은행에서 줄을 서 있을 때 주로 게임을 하기 때문이다. 마음먹고 시작해서 끝을 봐야 하는 긴 게임은 적합하지 않다. 또한 중간에 저장을 하는 기능은 메모리를 많이 잡아먹고, 모바일 하드웨어에서는 보통 구현이 불가능하다.

캐릭터

모바일 게임의 캐릭터도 같은 경향을 보인다. 콘솔 게임에서는 수백만 개의 폴리곤으로 이루어진 캐릭터를 만들 수 있다(폴리곤이란 3D 그래픽의 기본 단위, 즉 픽셀의 3D 버전을 말한다). 모바일 하드웨어에서는 하나 당 폴리곤 수천 개 정도의 캐릭터밖에 만들 수 없다. 때문에 캐릭터의 생김새가 달라지기 마련이다. 왜 그럴까? 스마트폰은 아직 그 정도의 사양을 갖추지 않았기 때문이다. 캐릭터를 움직이고, 폴리곤을 계산하고, 재질을 매핑하려면 어마어마한 메모리와 프로세서를 사용해야 한다.

은행

모바일 게임 제작에 핵심은 은행 거래와 비슷하다. 여러분은 은행에 목돈을 저축해두었다. 출금은 가능하지만, 은행은 처음 넣었던 돈 이상을 주지 않는다. 모바일 게임도 그렇다. 스마트폰은 동시에 대량의 데이터를 처리한다. 음향, 효과, 캐릭터 작동, NPC, 환경, HUD, 코딩, 플레이 내역 추적 등 게임 속 모든 요소를 한꺼번에 돌리다 보면 스마트폰의 인출 한도를 금새 넘어선다.

그렇다면 모바일 게임은 어떻게 만들어야 할까? 게임의 예산을 세우고, 그 순간에 필요로 하는 요소들만을 처리한다. 레벨 1에서는 레벨 3의 외계인을 로드할 필요가 없으므로, 레벨 3이 될 때까지는 저장해둔다(압축 파일 형식을 이용하는 것이 좋다). 레벨 3이 되면, 레벨 1의 외계인은 메모리에서 지운다. 그래야 모든 메모리와 컴퓨팅 능력을 레벨 3에 쏟아 부을 수 있다. 음향 및 특수효과, 레벨에 대해서도 비슷한 방식으로 자원을 배정하고, 애셋을 교체한다. 이렇게 하면 최대한의 게임 예산을 정확하게 사용해 원하는 요소를 적시에 보여줄 수 있다.

아트워크 작업으로도 하드웨어 자원 사용 최적화에 힘을 보탤 수 있다. 레벨 4에서 외계인을 더 투입해야 한다면, 배경은 나무를 계산할 필요 없이 간단한 눈밭으로 설정하는 식이다. 모바일 게임을 만들 때에는, 한 곳을 개선하기 위해 다른 곳의 자원을 빌려오는 경우가 한다. 나무가 필요하다면 외계인의 디테일을 줄일 수 있다. 기술 자원의 예산은 정해져 있지만, 여러분은 이를 다양하게 활용할 수 있다.

디지털 게임은 처음부터 이런 방식으로 제작되어 왔다. 보통 프로젝트를 시작할 때 현실적인 기술 '예산'을 집행하고, 일을 진행하면서 그때그때 이를 수정한다. 이 기술 은행의 문지기는 엔지니어다. 그들은 게임이 정해진 용량 안에서 작동하고, 합당한 수준의 프레임률을 유지하게 만들어야 한다.

노트 프레임률이란, 1초당 기기 화면 전체에 표시할 수 있는 이미지 수를 나타내는 수치다. 프레임률을 높이려면 컴퓨터 처리 능력이 높아야 한다. 프레임률이 낮으면, 화면에서의 움직임이 딱딱해진다. 안타깝게도(역시 예산 문제로) 정교한 그래픽을 위해서는 프레임률을 낮춰야 한다.

종횡비와 화면 해상도

모바일 기기는 화면 크기가 다양하며, 소셜 게임에서와 마찬가지로, 끊임없이 변화하는 종횡비와 해상도를 맞춰야 한다(그림 4.2). 모바일 기기의 창 크기가 계속 바뀌고, 해상도가 높아지면, 한 번에 사용할 수 있는 픽셀 양도 함께 늘어난다. 점점 더 많은 픽셀을 사용할 수 있다는 것은 좋은 소식이다.

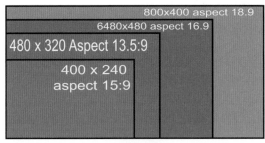

그림 4.2 모바일 기기의 해상도와 종횡비

보통 모바일 게임을 만들기 전에, 스크린 사양의 동향을 알아봐야 한다. 소셜 게임에서와 마찬가지로 하나의 크기를 설정하고, 다른 화면에 맞게 화면이 늘어나거나 줄어들 여지를 만들어주면, 여러 스마트폰에서 플레이할 수 있는 게임을 만들 수 있다.

실습 7: 모바일 로봇 슈팅 게임용 애셋 제작

지금까지 사용했던 그래픽 프로그램과 새 프로그램을 함께 사용해 3D 로봇 슈팅 게임의 애셋을 만들자. 캐릭터와 레벨 맵, 애셋 재질 등을 만들어볼 것이다. 스프라이트 시트를 사용해 2D 폭발 효과의 애니메이션도 만든다.

줄거리

이번에 다룰 게임은 '외계 해적 로봇'이다. 이 게임에서 여러분은 로봇에 갑옷을 입히고, 두 로봇 친구와 함께 외계 행성에 착륙해, 피에 굶주린 채 우주의 모든 에너지를 훔쳐가려는 외계인들과 맞서 싸운다. 여러분은 그림 4.3처럼 친구들과 함께 에너지를 수집하고, 슈퍼 로봇의 힘을 키워 외계 여왕을 무찌른다.

그림 4.3 외계 여왕과 싸운다

시작

이쯤이면 여러분도 게임 시작 단계의 아트 제작 과정에 익숙해졌을 것이다.

- 테마나 줄거리를 만든다.
- 무드보드에 이미지를 모은다.
- 컨셉 드로잉을 한다.
- 개발에 착수한다.
- 게임을 구현한다.
- 떼돈을 벌고 유명해진다.

이 게임에서 아트디렉터는 회사가 만든 무드 이미지들을 가지고 있었다. 컨셉 일러스트레이션을 위한 이미지들이었다(그림 4.4.). 이는 아트디렉터가 정해 놓은 방향이 있지만 그런 아트 작업을 할 수 있는 팀원이 없는 경우에, 업계에서 흔히 사용하는 방식이다. 이 이미지들은 무드보드 대신 영감을 받는 용도로 쓰인다. 이 이미지들을 바탕으로 캐릭터 변형형 스케치에 들어간다.

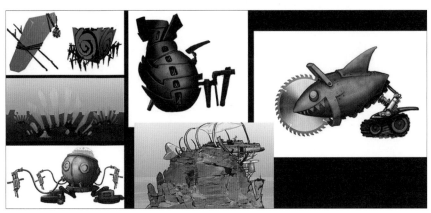

그림 4.4 로봇 게임을 위한 컨셉 일러스트레이션

캐릭터 응용형

어떤 캐릭터를 만들지는 정해졌지만 조금씩 다른 느낌을 내보고 싶거나, 하나의 캐릭터를 여러 방식으로 그려 동료들에게 보여줄 때 캐릭터 응용형을 그린다. 이번 실습에서는 로봇 3개를 그린다. 모두 크기와 소재는 같지만 모양은 다르게 생겼다.

용량 절약이 중요한 모바일 게임 제작의 경우, 게임에 어떤 애셋이 필요한지 결정하고 이를 효율적으로 구현하는 방법은 무엇인지 미리 알아보아야 한다. 모바일 게임에 들어가는 요소는 하나하나가 전부 용량을 차지하므로, 같은 애셋을 다용도로 활용하는 것이 좋다.

노트 이번 실습에서 유용하게 사용할 수 있는 포토샵 기능을 소개한다. 먼저 펜 툴에서 원하는 크기와 스타일을 선택한다. Shift 키를 누른 상태에서 아무 곳이나 클릭한다. 키를 누른 채로 마우스를 움직여 다른 곳을 아무데나 다시 클릭한다. 이렇게 하면 앞서 클릭한 두 지점을 연결하는 선이 나온다. 벡터 선은 아니지만 래스터 선을 손쉽게 만들 수 있다.

로봇의 하반신 제작

용량 절약을 위해 로봇 3개의 다리를 통일한다. 즉 3D 다리를 한 쌍만 만들어서, 애니메이션을 한 번만 넣고, 한 번만 코딩을 하면 된다. 그런 다음 다양한 테두리를 만들고, 테두리마다 어울리는 색을 입힌다. 색을 바꾸면 가장 쉽게(기술적으로도 가장 간단하게) 시각적 변화를 줄 수 있다.

1 가로 15인치, 세로 5인치, 해상도 300의 새 파일을 만든다.

2 실습자료 폴더에 있는 원근감 격자Diametric Perspective Grid를 연다(그림 4.5). 창에 맞게 그리드 크기를 조절한다. 이 격자를 활용하면 원근법을 정확하게 볼 수 있다.

노트 원근감 격자를 사용하면 가짜로 된 입체 배경에서 격자를 볼 수 있다. 우리는 로봇을 디자인해서 3D 모델링할 예정이므로 이 격자를 사용하는 것이 좋다.

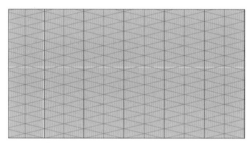

그림 4.5 원근감 격자

3 로봇의 허리부터 그리기 시작한다. 그리드의 사선을 따라 왼쪽 다리를 그린다. 빨간색으로 표시한 안내선들은 발을 그릴 때 사용한 부분이다(그림 4.6).

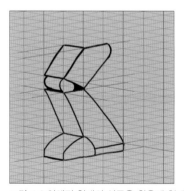

그림 4.6 입체적 형태의 선들을 활용해 형태를 그린다

4 레이어를 복사해서 오른쪽으로 한 칸 옮긴다. 이때 발가락이 닿아 있는 선을 그대로 따라간다(그림 4.7). 발가락 모서리를 기준점으로 삼는다. 뒷다리의 선 중, 앞다리에 가려져 보이지 않아야 하는 부분을 지운다(그림 4.8).

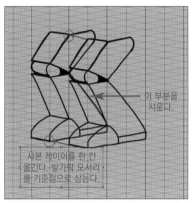

그림 4.7 입체 형태에서 보이면 안 되는 선들을 지운다

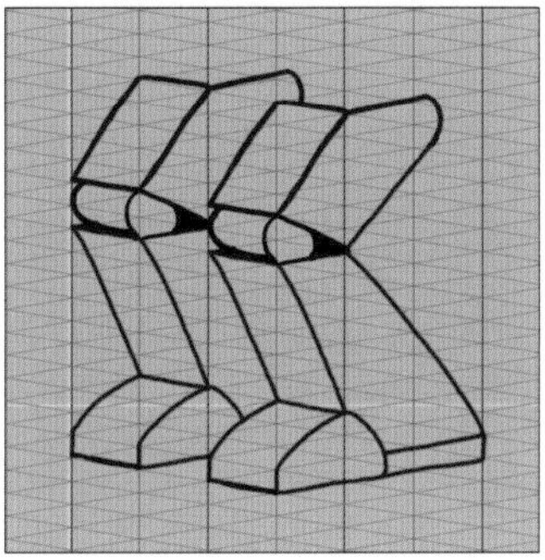

그림 4.8 로봇 발

5 두 번째 다리 배치가 끝났으면 허리 판을 그려야 한다. 허리는 로봇의 상반신과 하반신이 연결되는 부분이다. 허리 부분의 원반은 원근법에 맞춰 그리기 어려우므로, Line 툴로 네모진 상자 모양을 그려 양감을 먼저 잡는 것이 좋다(그림 4.9의 빨간 선). 그런 다음 전경색은 투명, 외곽선 1포인트로 타원을 그린다. Edit > Transform > Distort를 클릭해, 그림 4.9의 상자에 맞춰 타원의 모양을 조절한다.

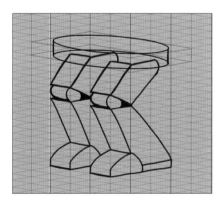

그림 4.9 타원 형태의 골반을 그려 상반신을 올릴 바닥을 만든다

6 타원 레이어를 복사해서 상자 윗면 자리에 놓는다. 이제 위아래로 타원이 생겼다. 선을 그려서 두 타원의 양끝을 이으면 입체적인 형태가 된다(그림 4.10). 원반의 높이를 원하는 대로 조정하고, 불필요하거나 지저분한 선을 지운다.

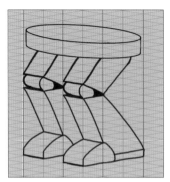

그림 4.10 상반신 바닥을 깔끔하게 정리한다

이제 왼쪽 발목과 무릎을 만들자.

7 Shape 또는 Brush 툴로 중앙 볼트를 그린다.

8 이 도형을 복사해서 오른쪽 발목과 좌우 무릎, 왼쪽 엉덩이에 붙여 넣는다. 불필요한 선을 지워서, 전체가 하나의 덩어리처럼 보이게 한다. 하반신 레이어를 전부 하나의 그룹으로 묶고, legs라고 이름 붙인다. 이 그룹의 크기를 30% 줄여서 캔버스 아래쪽에 놓는다. 배경의 격자와 선이 일치하게 위치를 잡는다.

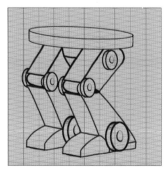

그림 4.11 로봇 하반신 완성

로봇 상반신 제작

이제 몸통을 만들 차례다(그림 4.12).

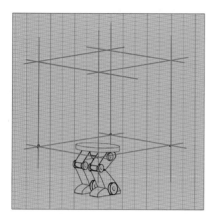

그림 4.12 상반신의 양감을 보여주는 상자를 그린다

1 원반을 그릴 때와 마찬가지로, 상반신의 양감부터 정한다. Line 툴을 사용해 알아보기 쉬운 빨간 선으로 양감 상자를 그린다. 상자를 정확하게 그리기 어려울 때에는 격자의 칸을 세어본다. 원반 아랫면을 출발해, 좌우로 뻗어 나가는 선을 긋는다. 뒤쪽으로 두 칸만큼 선을 긋는다. 뒤쪽에 들어갈 요소들이 있기 때문에 여유 공간이 있어야 한다.

2 양감 상자를 활용해 로봇의 형태를 그린다(그림 4.13). 첫 번째 선을 그리기가 가장 어렵고, 그 다음부터는 자연스럽게 선을 그릴 수 있다.

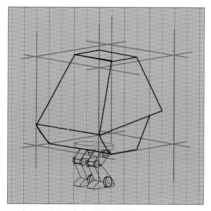

그림 4.13 상반신 스케치 시작하기

3 형태를 잡았으면 빨간색 양감 상자 레이어와 검은색 외곽선 레이어를 선택해, 하나의 그룹으로 묶고 Torso라고 이름 붙인다. 빨간 선을 감춰둔다.

4 해골 모양의 머리를 그린다(그림 4.14).

5 왼쪽 팔을 그리기 위한 볼륨 상자를 만든다. Line 툴에서 빨간색을 선택하고, 격자를 참고해 옆면에 팔 모양을 대강 그린다. 우선은 세밀한 표현에 신경 쓰지 말고 대략적인 형태만 잡아둔다. 양감을 제대로 파악하는 것이 중요하다.

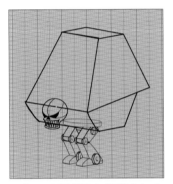 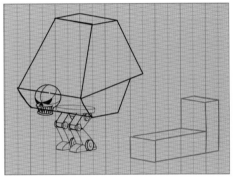

그림 4.14 몸통 안쪽에 해골을 놓는다 **그림 4.15** 팔을 그리기 위한 양감 상자를 만든다

6 양감 상자를 바탕으로 팔을 그릴 차례다(그림 4.16). 팔은 화면에서 작게 보이기 때문에 세밀한 부분은 눈에 잘 띄지 않는다. 큼직큼직하게 형태를 잡는 것이 좋으며, 3D 모델링도 적게 하는 것이 바람직하다. 선들이 여기저기 교차하면서 그림이 복잡해지기 시작한다. 레이어 하나를 새로 만들어 요소들에 색을 칠하자. 이렇게 하면 격자가 감춰지고 나중에 선을 정리하기 쉬워진다(그림 4.17).

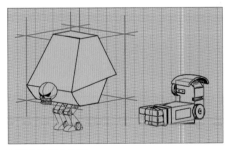 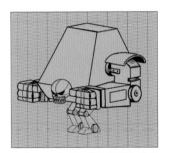

그림 4.16 팔 그리기 **그림 4.17** 각 면에 색을 칠하면 격자를 감출 수 있다

7 legs 그룹을 복사하고, 사본 레이어들을 하나로 병합한다. Magic Wand 툴로 로봇 형태를 선택한다. 연한 회색을 선택하고 Edit ▶ Fill을 클릭한다. 형태가 연한 회색으로 채워진다. 이 레이어의 이름을 backfill이라고 수정하고, 레이어 패널에서 legs 레이어 그룹 밑으로 가져간다. 그룹마다 같은 과정을 반복한다.

8 팔 레이어 그룹을 제자리로 가져간다. 오른쪽에 살짝 보이는 손도 그려야 한다. 이 레이어는 상반신 레이어 밑에 있어야 한다. 이제 장식을 해 보자. 디자이너의 요청사항이 있을 수도 있고 여러분이 개인적으로 집어넣고 싶은 요소가 있을 수도 있지만, 여기에서는 공격 장치를 장착해본다.

9 레이어 패널 맨 위에 새 레이어를 만들고, 공격 장치를 그린다(그림 4.18). 상반신이나 다른 부분의 선이 좀 지워져도 괜찮다. 부착할 요소들을 먼저 그리고, 나중에 필요 없는 선들을 지운다. 그림이 복잡해서 요소들을 알아보기 힘들면 음영을 넣어보자(그림 4.18).

그림 4.18 그림자를 넣어서 그림을 알아보기 쉽게 한다

10 모든 레이어와 레이어 그룹을 선택해서 복사한다. 사본 레이어 전체를 병합하고 Fill 툴을 사용해 연한 회색과 중간 회색 부분을 선택한다. 아직 색을 넣지는 않는다.

팁 Ellipse Marquee 툴로 타원 모양의 선택 영역을 만든 다음 Edit ▶ Stroke에서 4포인트, 검은색을 선택해 타원을 그리자. 이때 별도의 레이어를 사용한다(어떤 선택 영역에나 외곽선을 넣을 수 있다). 별도의 레이어를 사용하면 위치를 마음대로 옮기거나 도형을 지울 수 있다.

11 legs 그룹을 복사해, M2_legs라고 이름 붙인다. 상반신과 팔의 양감 상자를 제자리에 놓으면, 다음 로봇을 그릴 준비가 끝난다(그림 4.19).

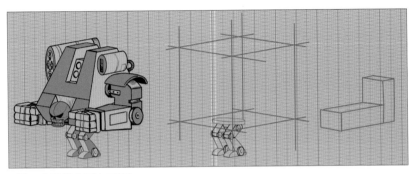

그림 4.19 두 번째 로봇 그리기

두 번째 로봇에는 앞에서 그렸던 하반신에 다른 시각요소가 담긴 상반신을 그려 넣는다.

1 앞 실습 중 다리 위에 몸통 양감 상자를 그렸던 단계에서 출발한다. 첫 번째 로봇과는 다른 실루엣을 연출해 차이점이 눈에 잘 들어오게 한다. '수중 로봇', '공중 로봇' 등으로 특징을 부여해도 좋다. 로봇의 용도가 명확하면 디자인 특징을 쉽게 구상할 수 있다.

2 몸통을 다 그린 다음에는 레이어를 새로 만들어 바탕색을 칠하고, 레이어를 그룹으로 묶은 다음, 머리를 만든다. 머리에도 첫 번째 로봇과 확실히 구분되는 시각 요소가 필요하다. 앞에서 머리를 둥글게 그렸다면 이번에는 네모지게 그려보자. 디자인이 마음에 들면 바탕색 레이어를 만들고, 레이어를 그룹으로 묶어서 m2_head라고 이름 붙인다.

3 몸통과 머리를 완성했으면 팔을 그린다. 팔의 양감 상자를 활용한다. 팔 역시 첫 번째 로봇과 차이점이 있어야 한다. 팔을 특이하게 구부리거나 손을 독특한 모양으로 표현해 보자. 팔을 몸에 어떻게 고정시킬지, 어느 정도 움직이게 할지도 생각해본다. 팔을 그린 다음에는 바탕색 레이어를 만들고, 레이어들을 그룹으로 묶어 m3_leftarm이라고 이름 붙인다. 오른쪽 팔도 그려서 같은 과정을 반복한다.

4 공격 장치나 다른 요소를 덧붙이고 싶다면 같은 방법으로 그려 넣는다. 이름 앞부분에 m2_가 붙은 레이어를 전부 모아 Robot_02 레이어 그룹으로 묶고, 레이어 패널에서 Robot_01 레이어 바로 위에 놓는다.

세 번째 로봇 그리기

세 번째 로봇은 설명 없이 혼자서 그려보자. 헷갈리는 부분이 있으면 앞의 실습을 참고한다.

로봇 3개가 모두 완성되면 색을 넣어본다. 세 로봇에 전부 같은 색을 넣어서 로봇의 형태의 보여줘도 좋고, 한 로봇에 세 가지 색을 넣어보는 것도 좋다.

3D 모델링 역시 로봇을 그린 과정과 동일하게 진행된다. 하반신을 상반신과 별도로 만들고, 팔도 세 가지를 만든다. 로봇마다 다른 애니메이션을 넣되, 움직이는 타이밍은 서로 같게 한다.

3D 모델링 과정은 꽤 복잡하지만 결코 헛된 일이 아니다. 엔진에서 팔과 상반신을 조합하고 리깅과 애니메이션만 정확하게 처리하면 훨씬 다양한 로봇을 만들 수 있기 때문이다. 하반신 1종, 상반신 3종, 팔 3종을 가지고 다양한 로봇을 만드는 것은 물론, 유료 아이템을 만들 수도 있다(그림 4.20).

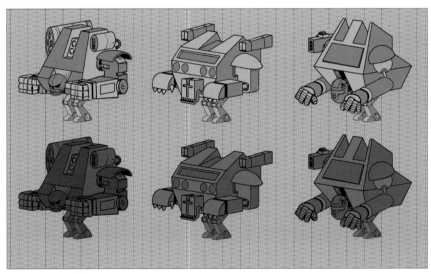

그림 4.20 로봇 응용형

팔은 하나만 만들고 엔진에서 반전시킬 수 있으므로, 왼쪽이나 오른쪽 중 한 쪽만 만들면 된다.

레벨 제작

디자이너는 로봇을 보고 말한다. "이 로봇들이 1~2분 동안 외계군단과 싸울 수 있는 장소로는 어디가 있을까요?"

레벨을 만들려면 마을 전체를 만들어야 한다. 레벨을 정확하게 만들기 위해서는 여러 요소가 조화를 이루어야 하고, 1~2분 정도밖에 보여주지 않을 레벨을 수백 개를 만들 계획이라면 팀 전체가 처음부터 작업 계획을 유념하고 있어야 한다. 안 그러면 나중에 어마어마한 재작업을 하게 된다.

레벨을 만든다는 것은 무엇일까? 보통 디자이너가 아이디어를 제시하거나, 대형 스튜디오의 경우 작가가 디자이너에게 아이디어를 제공한다. 디자이너와 아트디렉터가 컨셉 회사에 레벨 디자인에 참고할 이미지를 의뢰하기도 한다. 우리가 만들 레벨은 그림 4.21과 같다.

그림 4.21 우주공항 도시

디자이너는 이 이미지 제작을 위해 컨셉 회사에 이런 주문을 내렸다.

우주선이 오가고 화물선이 정박해 있는 우주공항을 만든다. 산업적이고, 먼지가 자욱한 현대적 느낌이 나야 한다. 이는 게임의 첫 번째 레벨이다.

이 주문에 따라 나온 이미지를 바탕으로, 우리는 레벨의 바탕이 될 준비 작업을 시작하자.

우선 레벨에 들어가야 하는 요소들을 전부 파악한다. 길, 특수 암석, 플레이어가 건너는 다리 등을 예로 들 수 있다. 레벨에는 게임플레이에 필요한 요소가 전부 들어가야 한다.

레벨을 구상한 디자이너에게 필요한 요소 목록을 요청하면 되지만, 디자이너와 함께 디자인 과정을 고민해보는 것도 좋다(그림 4.22). 화이트보드에 자유롭게 그림을 그리며 회의를 하는 것이다.

그림 4.22 화이트보드에 그림 그리기

디자이너가 꼭 필요하다고 지목한 요소들은 다음과 같다. 나중에 변경사항이 있을 수도 있지만 우선 이 목록을 가지고 시작한다.

- 네모진 건물

- 우주공항 착륙장

- 인도

- 사각형 착륙장

- 깃발

- 가로등

- 바닥이 깔려 있다.

- 로봇의 키를 가늠하게 하는 요소

이제 대략적인 배치도를 그려본다. 시작과 끝이 있고, 중간에는 다양한 요소가 들어가야 한다.

기본 레벨 레벨맵 제작

레벨맵은 여러 구역을 나눠 만들고, 색을 새로 입히거나 배치를 이리저리 바꿀 수 있다. 구역에는 평지, 길, 건물, 상자나 나무처럼 이동 가능한 물체 등이 있다. 배치를 마치고 나면 레벨을 위에서 아래로 바라봤을 때 어떤 느낌이 나는지 감이 잡힌다. 이런 식으로 레벨을 구상하면 3D 모델링을 시작하기 전에 수정을 할 수 있다.

디자이너와 회의를 하면서 그린 그림을 사진 찍어 포토샵으로 불러온다. 이 사진에서 필요 없는 부분은 자르고 크기를 잘 맞춰서 그 위에 그림을 그린다. 이 과정에서 지도가 달라질 수도 있다.

네브메쉬 제작

가장 먼저 캐릭터가 걸어다니기 위한 땅을 만든다.

1 지도 스케치 사진을 깔끔하게 정리한 다음, 포토샵에서 새 파일을 연다. 파일 이름은 LV1_Spaceport, 크기는 20×5인치, 해상도는 300으로 설정한다. 파일 이름에서 LV는 레벨(level)을 뜻하며, '1'은 첫 번째 레벨임을 나타내고, 그 뒤에는 레벨의 장소를 표기한다.

2 지도 스케치 사진을 열어서 LV1_Spaceport 파일 위로 가져오고 이를 저장한다.

3 새 레이어를 만들어서 Navmesh라고 이름 붙인다(그림 4.23). 네브메쉬 Navmesh는 내비게이션 메쉬의 줄임말이다. 캐릭터가 움직이는 공간을 한정 지어 두면, 엉뚱한 곳으로 벽을 뚫고 다니는 등의 문제가 생기지 않는다. 물리 코드도 한 번만 만들어두고 길에 적용하면 된다. 이렇게 하면 새로 추가한 캐릭터들 역시 해당 길을 걸을 때 코드 규칙을 따르게 된다. 또한 물리 코드를 실행하면 메모리가 많이 소모되므로, 레벨 전체, 특히 캐릭터가 가지 않는 곳에는 코드를 적용하지 않는 것이 좋다.

그림 4.23 네브메쉬 스케치

4 네브메쉬 레이어의 Opacity를 60%로 설정한다. 빨간색 Pen 툴을 선택한다 (그림 4.24). 바닥 테두리를 최대한 깔끔하게 따라 그린다. 세밀한 부분은 나중에 정리하면 되므로 크게 신경 쓰지 않는다. 점은 되도록 적게 찍는 것이 좋다.

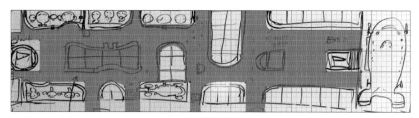

그림 4.24 캐릭터가 다닐 수 있는 영역을 빨갛게 표시했다

5 View ＞ Show ＞ Grid를 클릭해 격자를 꺼내면 선을 정리하기 편하다.

6 Direct Selection 툴을 선택한다(Pen 툴 밑으로 두 번째에 있는 화살표 아이콘을 길게 클릭해서 선택). 점을 찍을 때에는 근처에 있는 격자의 꼭지점에 위치를 맞추는 것이 좋다. 그래야 3D 모델링 과정에서 폴리곤을 최소화할 수 있다. 이

시점에서는 폴리곤 수를 줄이는 방향으로 작업을 해야 한다.

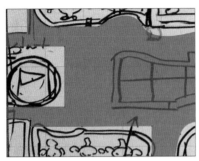

그림 4.25 벡터 이미지를 만들어 정확한 각도의 메쉬를 만든다

팁 숫자 키를 누르면 불투명도를 쉽게 조절할 수 있다(1이 10%다).

7 형태를 모두 잡았으면 네브메쉬 레이어의 불투명도를 100%로 돌려놓고, 바로 아래에 새 레이어를 만들어서 두 레이어를 병합한다. 이제 벡터였던 네브메쉬 레이어가 래스터로 바뀌었다. 형태를 그릴 때에는 벡터가 편리하지만, 작업을 할 때에는 래스터 이미지가 필요하기 때문이다. 처음부터 브러시 툴로 형태를 그릴 수도 있지만 그러려면 손을 더욱 정교하게 움직여야 한다.

8 이제 선을 깨끗하게 정리하고, 불필요한 부분을 잘라 없앤다. 이 네브메쉬는 폴리곤 메쉬를 만들 때 견본으로 쓰인다(그림 4.26). 우선은 아무 색도 입히지 않는다.

그림 4.26 벡터 상태의 네브메쉬

지반 제작

지반은 단순히 전체 파일의 치수를 나타내므로 매우 쉽게 만들 수 있다. 우리는 6000×1500픽셀, 해상도 300의 파일을 만든다. 지반은 레이어 중 맨 밑에 깔리므로 가려지는 부분이 가장 많다. 3D에서는 보통 2D 재질 이미지 하나를 타

198

일처럼 여러 장 깔아서, 전체가 한 장의 이미지처럼 보이게 만든다. 이때 사용하는 이미지의 크기는 512×512 정도로, 6000×1500보다 훨씬 작다. 이렇게 작은 이미지 하나를 반복적으로 깔아서 6000×1500 크기의 공간을 채운다. 그렇다면 왜 하필 512라는 낯선 숫자가 나왔을까? 이는 2의 거듭제곱 법칙에 따른 것이다.

2의 거듭제곱 법칙

2의 거듭제곱 법칙은 3D 모델링에서 재질을 만들 때 주로 적용된다. 컴퓨터 프로세스 데이터 집합은 특정 형식과 크기를 준수해야 한다. 그렇지 않으면 컴퓨터가 데이터를 처리하는 데 애를 먹어 게임의 성능이 저하된다. 재질의 크기가 2의 제곱(8, 16, 32, 64, 128, 256, 512, 1024, 2048)으로 되어 있으면 처리 속도가 한결 빨라진다. 아트를 만드는 입장에서는 제약이 될 수도 있지만, 이렇게 해서 게임에 재질을 더 많이 넣을 수 있다면 충분히 가치 있는 일이다. 이 법칙은 수년에 걸쳐 통용되고 있기 때문에, 모든 스튜디오가 이 방식을 따른다.

지반에 넣을 512×512 크기의 재질을 만들자. 이 이미지는 타일처럼 반복 배열을 하더라도 반복된 티가 나지 않아야 한다. 풀이나 흙을 표현할 땐 더더욱 그렇다(그림 4.27). 그래서 자연 소재의 재질은 만들기가 더 어렵다. 또한 타일식 재질은 반복시켰을 때 상하좌우가 모두 매끄럽게 이어져야 하고, 경계선이 보이면 안 된다.

그림 4.27 땅 재질

우리는 우주공항을 만들고 있으므로, 금속 격자 타일을 만들어보자.

1. 1024×1024 크기, 해상도 72의 파일을 만든다(엔진에 들어가는 최종 이미지는 대부분 해상도가 72dpi다). 나중에 크기를 512×512로 줄이겠지만, 나중에 고해상도 이미지가 필요할 수도 있다. 진회색을 칠한다(그림 4.28).

2. Image > Canvas Size에서 캔버스 크기를 1050×1050로 늘려서, 가장자리에 외곽선이 들어갈 공간을 만든다. 늘어난 빈 공간에 연회색을 칠한다. Image > Size에서 이미지 크기를 1024×1024로 줄인다.

3. Magic Wand 툴로 안쪽 공간을 선택해 잘라낸다. Edit > Paste Special > Paste in Place를 클릭한다. 아래쪽 레이어 이름은 trim, 위쪽 레이어 이름은 base라고 저장한다.

4. trim 레이어를 선택하고, 블렌딩 옵션에서 Bevel & Emboss와 Gradient Overlay를 선택한다(그림 4.29). Depth를 113, Size를 8로 설정한다.

그림 4.28 바깥 테두리에 들어갈 금속 타일을 만든다

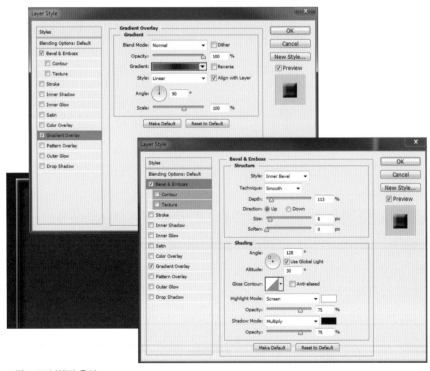

그림 4.29 블렌딩 옵션

5 Custom Shape 툴을 선택하고, 화면 상단의 Shape 옆 스와치를 클릭하면 작은 창이 뜬다. 여기에서 오른쪽 위의 톱니모양 아이콘을 클릭한 뒤 아래쪽 Tiles를 클릭하고, 사선무늬 패턴을 선택한다(그림 4.30). 이 패턴을 사각형 가운데에 놓으면 작은 경계선이 생긴다. 블렌딩 옵션에서 Bevel & Emboss와 Drop Shadow를 선택한다. Bevel & Emboss의 Style은 Pillow Emboss, Depth는 164로 설정한다(그림 4.31).

그림 4.30 패턴을 찾아 배치한다

그림 4.31 블렌딩 옵션 값 설정하기

6 새 레이어를 만들고 emblem이라고 이름 붙인다. Ellipse 툴로 캔버스 가운데에 동그라미를 그린다(그림 4.32). 바탕색을 칠하고, 블렌딩 옵션에서 Bevel & Emboss와 Drop Shadow를 선택한다.

7 5번과 같은 방법으로 Custom Shape 툴 라이브러리에서 엠블렘 모양을 찾아서 동그라미 안에 넣는다. 블렌딩 옵션에서 Bevel & Emboss와 Drop Shadow를 선택한다. 이때 Bevel & Emboss의 Style은 Emboss, Direction은 Down을 선택하고(그림 4.33) 파일을 저장한다.

그림 4.32 동그라미를 넣는다

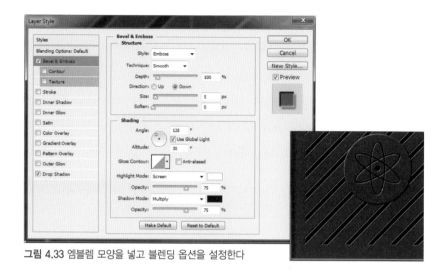

그림 4.33 엠블렘 모양을 넣고 블렌딩 옵션을 설정한다

8 바닥에 자연스럽게 얼룩이 앉은 느낌을 내자. 레이어를 하나 더 만들고 dirt 라고 이름 붙인다. 물감을 흩뿌리는 느낌의 브러시를 선택한다. 여기에서는 24번을 골랐다(그림 4.35). 색은 검정으로 한다. 브러시의 크기를 바꿔가면 서 이리저리 점 찍듯이 마우스를 움직여 레이어를 칠한다(그림 4.34).

9 새 레이어를 만들고 dirt2라고 이름 붙인다. 진한 노란색을 선택하고, 앞에 서와 비슷한 모양의 다른 브러시를 선택한다(그림 4.35). 같은 방법으로 색 을 칠하되, 더 작은 영역에만 칠한다.

10 새 레이어를 만들고 dirt3이라고 이름 붙인다. 파란색과 다른 모양의 브 러시를 선택하고, 작은 영역에만 칠하면서 얼룩덜룩한 모양을 낸다(그림 4.36).

그림 4.34 dirt 레이어 만들기 시작

그림 4.35 dirt 레이어에 색 추가하기

그림 4.36 dirt 레이어에 색 추가하고 모양내기

11 앞서 만든 세 레이어의 불투명도를 보기 좋게 조절한다. 세 레이어를 하나로 병합하고, 사선 레이어로 돌아와서 Magic Wand 툴을 사용해 홈 안쪽을 선택한다. 이제 dirt 레이어로 돌아와서 선택 영역을 지운다. 이때 엠블렘이 있는 부분은 지우지 않는다.

12 필요에 따라 얼룩을 더 넣어도 좋다. 예제에서는 엠블렘 레이어 밑에 레이어 하나를 더 넣어 그림자를 강조했다.

13 이제 파일을 시험해 보자. 파일을 TIFF나 PSD 형식으로 저장한다. 레이어를 전부 병합해서 PNG 형식으로 저장한다. Image ➤ Canvas Size에서 캔버스 크기를 2048×2048로 수정한다. 이 이미지를 왼쪽 위 구석에 놓는다. 이 레이어를 3개 복사해 네 모서리에 하나씩 배치한다(그림 4.37). 눈에 띄게 잘못된 부분이 없는지 확인하고, 타일을 반복 배치했을 때 자연스럽게 보이는지 확인한다.

그림 4.37 타일을 복사해서 모서리마다 배치한다

게임에서 이런 타일을 사용할 때에는 보통 음영을 넣는다. 그러므로 조명을 완벽하게 넣지 않아도 엔진에서 이를 함께 처리해준다. 그렇지만 게임 엔진은 기본적으로 타일을 작동시킬 뿐이므로 이미지의 완성도를 최대한 높이는 것이 좋다. 그림 4.38은 3D 맥스에서 간단한 조명을 넣어 렌더링을

하고 물체를 올렸을 때, 타일과 물체가 어떻게 보이는지를 보여준다. 지표면에 타일이 다섯줄 깔렸고, 간단한 그림자가 들어갔다.

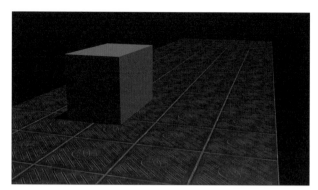

그림 4.38 지반에 타일이 깔린 모습

14 이제 완성된 지반을 레벨맵에 적용할 차례다. 타일 하나로 된 파일을 PNG 형식으로 저장한다. 크기는 1024×1024로 맞춘다.

15 레벨맵 파일을 열고 타일 이미지를 불러온다. 캔버스 전체에, 외곽선 없이 이미지를 타일처럼 깐다(그림 4.39). 타일 하나를 먼저 놓고, 복사해서 2개로 만든 뒤, 이를 복사해서 4개로 만들어서 또 복사하는 방식이 효율적이다.

16 공간을 전부 채웠으면 레이어를 하나로 병합하고 ground tile이라고 이름 붙인 뒤, 이미지가 캔버스에 꽉 차도록 크기를 살짝 조절한다. 작업을 어떤 식으로 하는지만 알면 된다. 실제 게임 애셋으로 사용할 타일은 가지고 있다.

그림 4.39 지반 위에 네브메쉬를 올렸다

건물 제작

건물 디자인은 건축과 비슷하다. 실제 건축을 하듯, 주변 환경과 잘 어울리는 건물을 설계해야 한다. 우주공항에 빅토리아식 저택을 지어놓을 수는 노릇이다. 장소에 어울리는 건물을 만들어야 한다. 우주공항에는 카페, 창고, 세관 등이 필요하다. 우주정거장과 항구가 만났다고 생각해 보자. 무엇이든 넣을 수 있지만, 컨셉트 일러스트에 카페가 있었으므로 카페부터 만들어 보자.

우리가 만드는 것은 레벨맵일 뿐이므로 완벽한 건물을 디자인할 필요는 없다. 플레이어는 윗면밖에 볼 수 없다. 하지만 우리는 지금 배우는 과정이므로 카페의 등각투시도도 만들어 보고, 그 디자인을 바탕으로 상면도를 만든다.

3D 환경에 들어갈 구조를 설계하는 방법은 두 가지다. 건물을 최대한 상세하게 디자인한 뒤 3D 모델링 프로그램이 폴리곤을 예산 안에서 스스로 만들게 할 수도 있고, 폴리곤 예산을 염두에 두고 건물을 디자인하되 캔버스 위의 모든 요소를 모델링 관점에서 고려해 배치하는 방법도 있다. 우리는 두 번째 방법을 따른다.

1 로봇을 만들 때 썼던 원근감 격자 파일을 연다. 격자를 세로만 50%로 축소해, 시점을 정면에 가깝게 만든다. 파일 크기는 6×10인치, 해상도 300dpi여야 한다(그림 4.40).

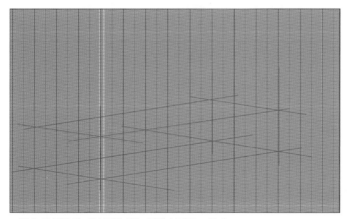

그림 4.40 건물의 기본 틀을 잡는 양감 상자를 그린다

2 4포인트 굵기의 빨간색 Line 툴로 우주 카페의 토대를 잡는다. 1층 바닥, 그 보다 좁은 2층 바닥, 천장이 있는 입체 형태를 만들 것이다. 폴리곤 수를 줄이기 위해 최대한 단순한 형태를 유지한다. 그 대신 재질을 잘 넣어야 한다.

3 1층 바닥의 자리를 잡았으면 새 레이어를 만들고 2ndstory라고 이름 붙인 다음, 첫 번째 레이어와 똑같이 그리되 경계선을 살짝 남겨둔다. 폴리곤이 적게 모델링을 할 때에는 빛을 반사할 수 있는 표면을 만드는 것이 좋다.

4 2층 레이어를 완성했으면 새 레이어를 만들고 roof sign이라고 이름 붙인다. Line 툴을 사용해 형태 잡기를 마무리한다(그림 4.41). 이쑤시개를 잔뜩 꽂아놓은 것처럼 보여도 걱정하지 말자.

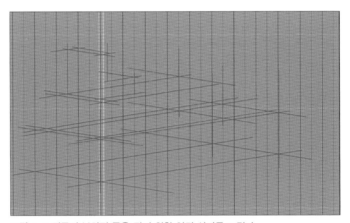

그림 4.41 건물의 부차적 틀을 잡기 위한 양감 상자를 그린다

5 Line 툴에서 검은색을 선택하고, 선 굵기는 4포인트를 유지한다. 새 레이어를 만들고 blackline이라고 이름 붙인 다음, 건물 형태의 외곽선을 그리기 시작한다(그림 4.42). 빨간 선 레이어의 불투명도를 낮추면 작업이 수월해진다.

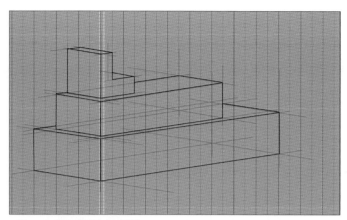

그림 4.42 건물 만들기 초기단계

큰 뼈대를 잡았으면 창, 문, 환기구, 간판, 배관 같은 장식을 그리기 시작한다. 3D에서는 대부분의 요소가 재질의 일부로 들어가지만, 이는 여러분이 다른 장소에 폴리곤을 얼마나 사용하는지에 달려있다. 실제로 모델링을 했을 경우, 건물의 장식요소는 3D로 표현하는 것이 훨씬 보기 좋다. 문을 먼저 그려보자(그림 4.43). 문을 그리면 구조물의 크기를 가늠할 수 있게 된다. 시중에서 볼 수 있는 문은 보통 높이 215cm, 폭 87cm 정도다. 우주의 카페 문은 그보다 좀 더 크다. 아직은 문을 완벽하게 표현할 필요가 없다. 격자 선을 활용해 문의 위치를 표시하는 정도면 된다. 문을 그리기가 어려우면 문설주만 표시해놔도 된다.

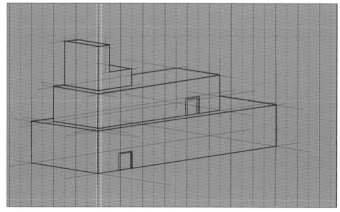

그림 4.43 문 그리기

6 문을 배치한 다음에는 창이 필요하다(그림 4.44). 우주 카페의 창문은 일반 식당의 창문과는 다르다. 커다랗고 활짝 열린 창문이 아니라, 배나 비행기에서 볼법한 작은 창문을 그린다. 창문을 작게 그리면 우주의 느낌을 내는 데 도움이 된다. 창문은 약간 안쪽으로 들어가게 그린다. 이제 정말 중요한 요소를 넣어야 한다. 하지만 사실은 빈 공간을 채우기만 하면 된다. 건물에는 같은 요소가 여러 개씩 들어가기 마련이다. 사람들은 그러한 건물의 특성에 익숙해져 있으므로, 여기에 부응해야 한다.

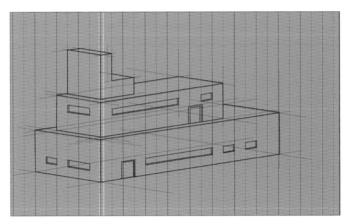

그림 4.44 창문 만들기

1층 문 바로 위에, Pen 툴로 문과 크기가 비슷한 사다리꼴을 그린다(그림 4.45). 이때 바닥 선은 격자의 수평선과 일치하고, 바깥쪽 가장자리는 격자의 수직선과 일치해야 한다. 이 표시는 다음 단계에서 필요하다. 이 사다리꼴은 바깥으로 돌출된 기하학 형태다.

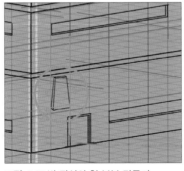

그림 4.45 벽 장식의 첫 부분 만들기

7 사다리꼴에 관련된 형태들 전체를 레이어 하나로 병합해 decoration이라고 이름 붙인다. 이 레이어를 복사해서 오른쪽으로 두 칸을 띄워 배치한다. 같은 방식으로 건물을 끝까지 채운다(그림 4.46). 레이어를 전부 하나의 그룹으로 묶고, decorations lower라고 이름 붙인다.

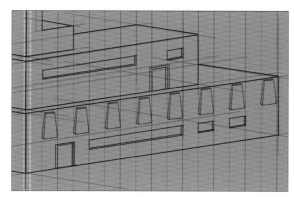

그림 4.46 장식요소 레이어 복사하기

8 남은 빈 공간에도 다른 시각 요소들을 넣는다. 그림 4.47에는 간판이 들어갈 공간, 커다란 연료통, 환기구가 보인다. 모두 우주 카페에 꼭 필요한 것들이다.

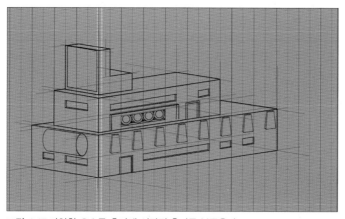

그림 4.47 다양한 요소를 추가해 시각적 흥미를 북돋운다

9 새 레이어를 만들고 sidewalk라고 이름 붙인다. Line 툴로 건물 바닥 가장 자리에 한 칸짜리 인도를 그린다(그림 4.48). 이는 건물의 크기를 가늠하게 해주고, 나중에 가로등이나 자판기를 놓을 공간을 마련해준다.

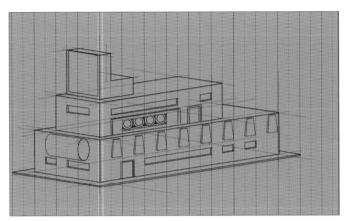

그림 4.48 한 칸짜리 인도 만들기

10 레이어를 전부 모아서 복사한다. 사본 레이어들을 하나로 병합하고 color 라고 이름 붙인다. 회색조로 건물 색을 칠한다. 음영을 넣는 것도 좋다. 창 문은 초록색으로 칠한다(그림 4.49). 3D 아티스트가 작업을 하기에 충분하 고, 레벨맵에 필요한 것보다도 훨씬 많은 요소를 넣어놓아야 한다. 컨셉트 일러스트레이션을 그리는 경우에는 색을 칠하고, 간판과 창문 같은 요소도 세밀하게 완성해야 한다. 경우에 따라 반대 각도를 그려야 할 수도 있다.

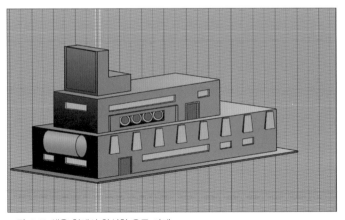

그림 4.49 색을 칠해서 완성한 우주 카페

실제 사용할 건물 제작

레벨맵에 들어갈 건물 표시를 만드는 것은 앞의 실습보다 쉽다. 우리가 실제로 만들 건물에는, 구역별로 차지하는 공간을 나타내고, 중요한 문이나 창문, 포탑을 표기한다. 격자나 음영을 넣은 필요가 없는 간단한 작업이다. 건물 이미지는 설계도와 비슷하다. 넓은 흰색 영역에 해시마크, 문이 열리는 방향 표시가 들어간다(그림 4.50). 건물에 진입할 수 있는 경우에는 실내 구조도 그려야 하지만, 보통 상세한 배치도를 따로 그린다.

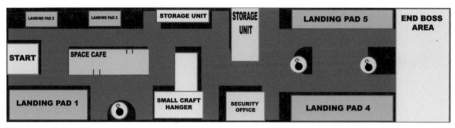

그림 4.50 레벨 배치도

1   앞서 사용했던 레벨맵 파일을 연다. Rectangle Shape 툴로 맵에 표시된 구역 한 군데에 맞는 사각형을 그린다. 아주 연한 회색으로 면을 칠하고, 파란색으로 윤곽선을 그린다. Text 툴로 SPACE CAFE라고 입력한다. 레이어들을 하나로 병합해 space cafe라고 이름 붙인다.

2   맵의 모든 구역에 같은 방법으로 사각형을 그려 넣고, 구역의 명칭도 써 넣는다. 공간 배치는 언제라도 바뀔 수 있으므로 레이어를 전부 따로 저장해야 한다. 같은 이름의 구역이 여러 개 있는 경우, 이를 반복해서 표기하지 않기 위해 기호를 쓰는 경우가 많다. 빨간 테두리의 노란색 동그라미에는 작은 폭탄이 그려져 있다. 여기서 폭탄 기호는 폭발 물체를 나타낸다. 총을 쏴서 맞출 수 있거나, 악당 혹은 다른 플레이어에게 피해를 입힐 가능성이 있는 물체란 뜻이다. 전구, 아이템 생성 지점, 득점 지점, 그밖에 게임에 흔히 등장하는 여러 물체를 표시하는 기호들이 있다.

3   폭발 물체 아이콘을 만들기 위해, Ellipse Shape 툴로 작은 동그라미를 그린다. 면에는 노란색을 칠하고, 윤곽선은 빨간색으로 한다. 이 레이어 위에 새

레이어를 만들고, Brush 툴로 작은 폭탄 그림을 그린다. 두 레이어를 병합해서 destructible object라고 이름 붙인다. 이제 디자이너에게 맵을 보낼 준비가 되었다. 디자이너는 새 레이어를 만들어서, 아이템 생성 지점, 건물별 용도 등을 표시할 것이다. 이 파일은 레벨에 살을 붙일 때 참고할 수 있게 팀원들에게 나눠준다. 애셋 목록이 나오고, 엔지니어들은 특정 시나리오에서 기능을 설명하기 위해 필요한 과제를 기록한다. 이런 맵에서 가장 중요한 것은, 팀 전원이 동일한 목표를 숙지해서 잘못된 작업에 시간과 노력을 허비하지 않게 하는 것이다.

텍스처 아틀라스 네브메쉬

우리는 앞서 지반에 들어가는 타일 이미지를 만들었다. 이번에는 이 실습을 한 단계 발전시켜 보자. 텍스처 아틀라스란, 재질들을 전부 시트 한 장에 담은 것이다. 게임엔진은 이를 하나 이상의 오브젝트에 반복적으로 적용해서, 정형화된 느낌을 덜고 다양한 시각 요소를 연출한다. 재질들을 시트 한 장에 담는 것은, 용량이 작은 파일 5개보다는 용량이 조금 더 큰 파일 하나로 되어 있을 때 로딩이 더 빠르기 때문이다. 우리는 타일들을 몇 가지 만들어, 아틀라스 하나를 만들고, 이를 네브메쉬에 적용해 본다.

먼저 네브메쉬 오브젝트에 적용할 타일의 유형을 파악해야 한다. 포토샵의 레이어를 보면서 오브젝트가 어떻게 돌아가거나 구부러지는지 확인하고, 하나의 타일을 여러 군데에 활용할 수 있는 요소가 있는지 살핀다.

1 레벨맵 파일을 연다. 빨간색 네브메쉬 레이어만 남겨두고 나머지 레이어는 모두 감춘다.

2 새 레이어를 만든다. 통로에서, 같은 타일을 한 번이나 여러 번 반복 배열할 수 있는 부분을 찾는다. 검은색 Brush 툴로 이 부분을 대강 표시한다. 이런 부분을 최대한 많이 찾아둔다.

3 형태가 비슷한 부분들마다 숫자를 매겨둔다. 그림 4.51에서는 4가지 맵 유형을 표시해두었다. 타일 각각이 같은 소재로 만들어진 것처럼 보여야 하

지만, 앞의 실습에서처럼 사방의 무늬가 모두 맞아떨어질 필요는 없다. 이제 숫자를 매긴 구역들에 대해 따로따로 맵들을 만들 것이다. 맵 각각의 크기는 2의 거듭제곱의 법칙에 따라 512×512로 맞춰야 한다.

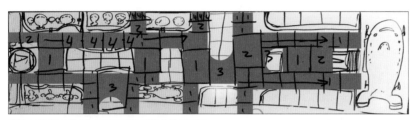

그림 4.51 비슷한 형태의 구역들에 번호를 매긴다

4 크기 1024×1024에 해상도 72dpi의 파일을 만들고, navmesh_t1이라고 이름 붙인다. 이는 큰 구역의 타일이며, 세부장식은 이보다 작게 들어가야 한다. 무슨 말이냐고? 지금부터 우리가 만들 타일들은 텍스처 아틀라스에 모두 같은 크기로 올라가지만, 3D 프로그램에서 오브젝트에 적용될 때에는 각기 다른 크기로 보이게 된다(그림 4.52). 만약 타일 이미지에 검은색 경계선과 33이라는 숫자가 있다고 하면, 512 크기 맵에서부터 안에 들어가는 요소를 각기 다른 비율로 만들어야, 크기를 줄였을 때 요소들이 서로 같은 크기가 된다. 처음 타일을 만들 때 검은색 테두리와 숫자 33을 어느 정도 굵기와 크기로 만들어야, 모델링을 했을 때 같은 크기가 나오는지 살펴보자. 이 상황을 미리 염두에 둬야 나중에 재작업에 들어가는 사태를 막을 수 있다.

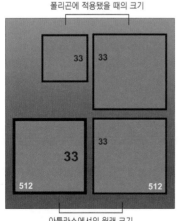

폴리곤에 적용됐을 때의 크기

아틀라스에서의 원래 크기

그림 4.52 타일들은 나중에 처음과 다른 크기로 화면에 표시될 수 있다

5 가로 4540인치, 세로 1024인치, 해상도 72dpi의 새 파일을 만든다. 타일 형태 각각의 견본을 선택해서 새 파일로 불러와 나란히 놓는다. 여기에는 숫자를 매기지 않아도 된다. 이제 조각들 각각에 우주정거장 느낌을 불어 넣어야 한다. 먼저 테두리를 둘러서 금속 재질 타일의 가장자리를 표현해 보자(그림 4.53). 금속 면에 얼룩을 넣는 경우, 경계선을 감추기가 훨씬 어렵다.

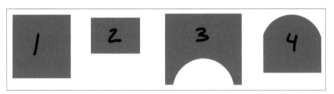

그림 4.53 형태 조각들을 나란히 배치한다

6 회색이 섞인 녹색으로 타일 면을 칠한다(그림 4.54). 이 색은 우주정거장 바닥에 많이 쓰인다. 블렌딩 옵션에서 **Bevel & Emboss**의 **Depth** 값을 360으로 설정한다. 새 레이어를 만들어서 background라고 이름 붙인다. 이 레이어를 레이어 패널 맨 밑에 놓고, 회색을 칠한다.

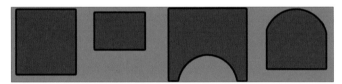

그림 4.54 타일에 회색이 섞인 녹색을 칠한다

7 초록색 부분을 전부 선택한 뒤, 복사하고 붙여넣는다. 이렇게 해서 생긴 새 레이어에 lid라고 이름을 붙인다. 원래 레이어에는 base라고 이름을 붙인다. lid 레이어의 블렌딩 옵션에서 **Drow Shadow**와 **Bevel & Emboss**를 선택한다. lid 레이어에서 **Marquee** 툴로 첫 번째 타일을 선택한 뒤, 이 선택 영역을 base 레이어의 해당 부분 중앙에 놓는다(그림 4.55). 모든 타일에서 같은 과정을 반복한다. 세 번째 아치 형태의 경우 크기를 살짝 조절해야 한다.

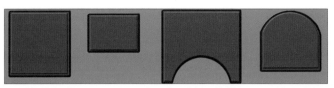

그림 4.55 lid 레이어의 블렌딩 옵션에서 Drop Sahdow와 Bevel & Emboss를 선택한다

8 이제 타일 각각의 중앙에 장식을 넣는다(그림 4.56). 우주공항에는 비가 많이 내려서 배수시설이 중요하기 때문에 쇠창살을 넣어주면 좋다. 그리고 단조로움을 피하기 위해 한 군데에는 타일 무늬를 넣었다.

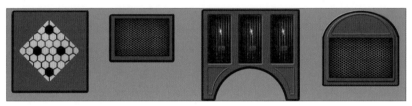

그림 4.56 타일마다 장식을 넣는다

9 장식들을 제자리에 넣었으면, 레이어 패널 맨 위에 새 레이어를 만들고 dirt map1이라고 이름 붙인다. 지반과 마찬가지로 타일에 낡은 듯한 느낌을 더하자(그림 4.57).

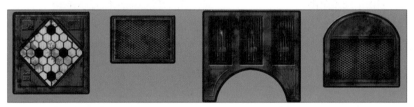

그림 4.57 타일에 얼룩을 넣는다

10 앞의 실습에서처럼 흩뿌리는 형태의 브러시로 검은색을 칠하자. 색을 너무 많이 칠했다면 불투명도를 낮추거나, Eraser 툴에서 다른 형태의 브러시를 선택해 지워 나간다. 얼룩이 보기 좋게 나왔으면, 다른 색(파란색 등)으로도 얼룩을 넣는다.

11 레이어를 전부 복사한 뒤, 회색 배경 레이어만 남겨두고 하나로 병합한다. 원본 레이어들은 감춰둔다.

12 크기 1024×1024, 해상도 72dpi의 새 파일을 만들고 texture atlas라고 이름 붙인다. 이 파일에 텍스처 아틀라스를 만들 것이다. 파일을 정사각형으로 만들어야 게임엔진이 읽어 들이기 쉽다.

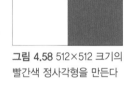

그림 4.58 512×512 크기의 빨간색 정사각형을 만든다

13 512×512 크기의 빨간색 정사각형을 그려서 왼쪽 위 구석에 놓은 다음, 복사해서 오른쪽 아래 구석에도 놓는다(그림 4.58). 두 레이어를 병합한다. 이 사각형 두 개는 텍스처 맵의 크기를 512×512에 맞추기 위해 필요하다.

14 Marquee 툴로 1번 타일을 선택해서, 왼쪽 위의 빨간 사각형 위에 올린다. 빨간 사각형이 최대한 덮이도록 타일 크기를 조절한다. 그림 4.59에 보이는 것처럼 텍스처 크기가 512×512가 되었다.

15 나머지 타일도 같은 방법으로 가져와서, 공간이 꽉 차도록 크기를 늘린다(그림 4.60). 늘어난 타일들은 나중에 원래 크기로 줄일 것이다.

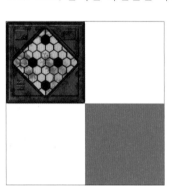

그림 4.59 Marquee 툴로 1번 타일을 선택한다

그림 4.60 나머지 타일도 같은 방법으로 선택해서 붙여넣는다

16 빨간색 사각형 레이어 위에 새 레이어 하나를 만들고, 검은색을 칠한다. 이 파일을 TIFF나 PNG 형식으로 저장한다. 이 아틀라스에는 아직 빈 공간이 남아있다. 이 공간에는 다른 텍스처를 올리게 될 것이다. 우선 이 부분은 빈 채로 두지만, 작은 텍스처를 올릴 공간이 있음을 기억해두자. 이제 오토데스크 마야나 3D 맥스 같은 3D 소프트웨어에서 메쉬 오브젝트에 텍스처 아틀라스를 어떻게 적용하는지 구현해 보자.

네브메쉬에 텍스처 아틀라스 적용

3D 소프트웨어가 없으면 메쉬에 재질을 적용하기가 쉽지 않지만, 포토샵에서 레이어와 붙여넣기를 잘 활용하면 이를 재현할 수 있다.

3D 프로그램에서는 3D 오브젝트 표면에 2D 이미지를 투사한다. 이 투사는 3D 토폴로지를 바탕으로 투사를 잘게 나눌 수 있다. 폴리곤 각각은 2D 맵을 가지고 있지만, 대부분은 하나의 오브젝트를 구성하는 폴리곤들에 2D 이미지 하나를 세심하게 배치해서, 색을 입히거나, 바지를 입히거나, 비늘을 다는 등의 효과를 낸다(그림 4.61). 이 작업에 필요한 것이 바로 네브메쉬다.

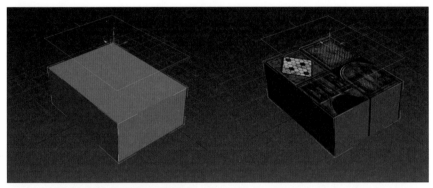

그림 4.61 폴리곤 각각에 2D 이미지 적용하기

1 Level map master.tiff 파일에 사용했던 네브메쉬 파일을 열고, 빨간 네브메쉬 레이어를 제외한 레이어는 전부 감춘다.

2 texture atlas.png 파일도 열어서 파일 전체를 복사한다.

3 네브메쉬 레이어로 돌아와 Marquee 툴로 빨간 영역을 선택한다.

4 Edit > Paste Special > Paste Into를 선택한다. 빨간 영역 안에 텍스처 아틀라스가 올라갈 것이다. 앞서 1번이라고 지정했던 영역 위로 텍스처 아틀라스 레이어를 옮긴다. 1번 영역의 크기에 맞게 아틀라스의 크기를 조절한다(그림 4.62). 아틀라스가 다른 영역으로 삐져 나와도, 나중에 덮을 것이므로 괜찮다.

그림 4.62 1번 영역에 맞게 아틀라스의 크기를 조절한다

여기에서 우리는 아틀라스에 있는 이미지 4개를 빨간 영역 일부에 씌울 것이다. 곡선이 늘어나면 텍스처를 씌운 티가 많이 나므로, 곡선은 크기를 조절하지 않는 경우가 많다.

5 같은 방법으로 빨간 영역을 전부 채운다(그림 4.63). 앞서 맵에 매긴 번호를 참고한다. 숫자는 참조사항일 뿐이므로 너무 엄격하게 지킬 필요는 없다. 가능하면 무늬를 다양하게 넣어보자.

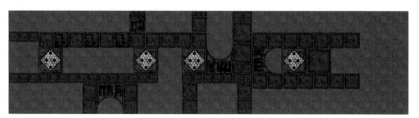
그림 4.63 빨간 영역 채우기

상면도는 투시도에 비해 보기에 좋지 않다. 3D 소프트웨어를 사용하고 있다면, 메쉬에 타일을 적용하고 가상 카메라로 작업 상태를 점검할 수 있다. 포토샵에서는 이런 작업이 쉽지 않지만, 불가능한 것은 아니다. 포토샵에 약간의 마법을 부리면 게임에서 바닥 맵이 어떻게 보이는지 확인할 수 있다.

6 수많은 레이어를 하나로 병합한다.

7 새 레이어를 만들어서 검은색으로 꽉 채운다. 레이어 패널에서 이 레이어를 바닥 맵 밑으로 내린다.

8 Edit > Transform > Distort를 선택한다. 오른쪽 아래의 컨트롤러를 왼쪽 아래로 움직인다. 왼쪽의 위아래 컨트롤러를 왼쪽 아래로 움직인다. 왼쪽의 위아래 컨트롤러를 화면 위쪽 가운데로 움직인다. 이렇게 하면 그림 4.64처럼 투시도의 형태가 나온다. 이미지를 거꾸로 뒤집은 것이다.

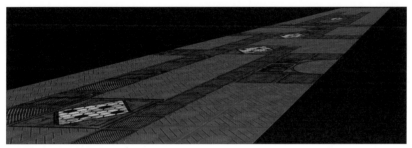

그림 4.64 게임 화면에서 보이는 바닥 맵

　건물 스케치 역시 같은 방법으로 투시도를 확인할 수 있다. Distort 툴로 지반 이미지의 형태를 조절해서 원근감 격자에 맞추면 된다(그림 4.65).

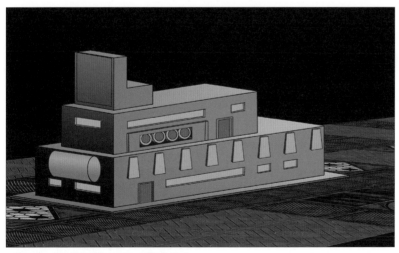

그림 4.65 게임 화면에서 보이는 건물과 격자

주변의 소품, 픽업 등 제작

게임 회사들은 소품 제작 작업을 가벼이 생각하는 경우가 많다. 중요한 캐릭터 세트나 레벨 레이아웃이 아니기 때문에, 소품 제작은 우선순위에서 밀려나는 것이다. 하지만 소품은 메인 캐릭터나 레벨과 마찬가지로 게임에서 중요한 역할을 한다.

게임에서 소품은 여러 물체를 가리킨다. 창고에 놓인 궤짝, 상자 바로 뒤에서 불타는 기차, 바닥에 있는 쇠지레, 좀비의 먹잇감이 된 시체 등이 모두 소품이다. 소품은 레벨 레이아웃 또는 캐릭터에 속하지 않지만, 게임의 장면을 뒷받침하는 모든 요소라고 정의할 수 있다. 캐릭터가 소품을 사용할 수 없는 것은 아니지만, 소품이 실제 캐릭터 메쉬의 일부로 들어가는 경우는 잘 없다.

소품을 일반, 역동적, 보조, 상호적 소품의 4가지로 분류해서 자세히 알아보자.

- 일반 소품은 레벨에 놓여 있는 모든 사물을 뜻한다. 보통 움직이지 않으며, 들어 올릴 수도 없다. 배관, 환기구, 책상, 선반, 무너진 기둥, 게임을 하면서 지나치는 해골 등이 여기에 속한다. 고정 소품이라고 부르기도 하며, 고유의 분류법을 사용하는 엔진들도 있다.

- 역동적 소품은 플레이어가 사용할 수 있는 소품이다. 폭발물이 든 드럼통, 지렛대, 스위치, 바구니, 볼링공 등이 있다. 캐릭터가 역동적 소품을 움직이거나 여기에 반응을 해야 하는 경우가 많다. 물리코드가 들어간 소품을 역동적 소품이라고 부르기도 한다. 이는 플레이어가 해당 소품을 건드리거나 공격했을 때, 소품이 중력과 함께 반응을 한다는 뜻이다. 폭발물이 들어있는 드럼통의 경우, 폭발이 일어나면 정해진 반경에 피해를 입힌다. 전구를 끄고 켜거나 스위치를 올리고 내리는 간단한 방법으로 폭발물의 상태를 변경할 수 있다. 간단하게 말해서 역동적 소품은, 움직이거나 무언가를 하는 소품을 말한다.

- 보조 소품은 픽업이라고도 한다. 게임을 하는 동안 감상하는 용도의 소품들이며, 캐릭터의 수행능력을 바꿀 수 있나. 체력을 앗아가고, 탄약을 주고, 무기를 바꿔주는 등 여러 방법이 있다. 픽업은 다양한 형태를 지닌다. 여행

용 가방이나 마법 물약으로 표현하는 경우가 많다. 픽업은 앞 장의 슬롯머신 게임에서 보았던 수집품과 비슷하다. 완벽하게 렌더링한 사물보다는 간단한 아이콘의 형태로 표현할 때가 많다. 예를 들어 총알 픽업이 있다고 하자. 게임에서는 총알을 하나하나 줍기보다, 총알상자, 체력 아이콘을 줍게 한다. 체력을 어떻게 주우며, 체력은 어떻게 생겨야 할까? 보통은 구급상자, 비커, 빛나는 액체 등으로 표현한다. 픽업을 만들 때에는 플레이어가 생각하는 아이템이나 개념을 상징하는 형태를 구현해야 한다.

■ 상호작용 소품은 게임 안에서 캐릭터가 사용하는 총, 자동차, 자전거, 엘리베이터, 활강줄 등을 말한다. 이런 소품은 플레이어가 레벨 내 과제를 완수할 때 필요하다. 보통 복잡하고 애니메이션이 들어가며, 메인 캐릭터와 비슷한 양의 폴리곤이 들어간다. 그래서 상호작용 소품은 자주 등장하지 않고, 계속 나와야 하는 경우에는 같은 3D 모델을 재질만 바꿔가며 사용한다.

그리고 거기에 궤짝이 있었다

앞서 소개한 모든 소품 중에서도 으뜸가는 소품이 있다. 게임의 세계에 가능 많이 등장하는 소품은 궤짝이다. 궤짝은 형태의 특성상 폴리곤이 아주 조금밖에 필요하지 않다. 겉면에 작은 기호 정도만 붙여주면, 쉽게 알아볼 수 있고 몹시 그럴싸하며, 간단하게 만들어낼 수 있는데다 폴리곤도 거의 소모하지 않는 오브젝트를 만들 수 있다. "그래서 궤짝이 안 나오는 게임이 없는 거구나!"라는 생각이 들 것이다. 맞는 말이지만 궤짝의 장점은 여기에서 그치지 않는다.

궤짝은 게임 세계의 회반죽 같은 존재다. 레벨 레이아웃에서 경계선을 가릴 수 있다. 특정 방향으로 플레이어의 시선을 유도할 수 있다. 악당이 공격 준비를 마칠 때까지 궤짝에 숨어 있을 수도 있다. 궤짝은 참으로 활용도가 높다.

궤짝은 레벨의 분위기를 연출할 때도 필요하다. 귀여운 토끼그림의 분홍색 궤짝이 가득한 방, 그리고 독극물 기호가 그려진 검은 궤짝이 가득한 방은 전혀 다른 분위기를 자아낸다. 한쪽 면에 그려진 그림이나 색을 바꾸기만 하면 '궤짝의 분위기'를 바꿀 수 있다. 하지만 무엇보다도 최고의 장점은, 모델을 하나만 만들어두면 마음껏 수정을 할 수 있다는 것이다.

실습 8: 소품 디자인과 재질 제작

이제부터 궤짝 4개를 만든다. 하나하나 다른 느낌이 궤짝들이지만, 모두 같은 형태로 되어있다. 궤짝 오브젝트 하나와 재질 4개를 만들 것이다.

궤짝의 형태 잡기

게임디자이너가 궤짝 4개를 요청했다. MUNITIONS(탄약)라고 쓰인 나무궤짝 하나, 구멍이 뚫려 있어 안에 든 반짝이는 물질이 보이는 우주 느낌의 낡은 궤짝, 못이 박힌 녹슨 금속 궤짝, 귀여운 토끼가 그려진 분홍색 궤짝이 필요하다. 디자이너는 최종 제작 전 시안을 보고 싶어 한다.

1   원근감 격자 파일을 연다. 궤짝 몇 개 만드는 데 너무 정성을 쏟는 것처럼 느껴질 수도 있지만, 이렇게 하면 원근감을 정확하게 파악할 수 있으므로 주저 없이 활용해야 한다.

2   격자 레이어 위에 새 레이어를 만들고, Line 툴에서 Fill은 빨간색/Stroke은 무색으로 설정하고 선을 그려 크기를 잡는다(그림 4.66).

3   빨간 선 레이어 위에 새 레이어를 만들고, crate라고 이름 붙인다. 선의 색을 검은색으로 바꾸고, 빨간 선을 바탕으로 직육면체를 그린다. Merge Shape 툴을 사용해 형태들을 하나의 레이어로 병합한다(그림 4.67).

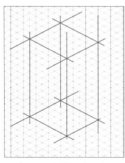

그림 4.66 궤짝을 만들기 위한 형태를 잡는다

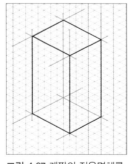

그림 4.67 궤짝의 직육면체를 그린다

4 궤짝 가장자리를 두껍게 표현해 깊이감을 주자(그림 4.68). 궤짝 좌우와 윗면에, 격자 한 칸만큼 안 쪽으로 들어간 사각형을 하나씩 그린다.

5 안쪽으로 테두리를 그려서 두께감을 표현한다(그림 4.69).

6 마지막으로 레이어를 전부 하나로 병합한다. 레이어를 새로 만들어서 함께 병합한다. 이 레이어의 이름을 crate라고 수정한다. Fill 툴을 사용해 가장 넓은 면은 중간색, 위쪽에는 밝은 색, 옆쪽에는 어두운 색을 칠한다(그림 4.70).

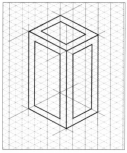  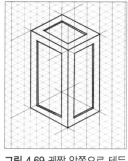 

그림 4.68 양쪽에 사각형을 그린다

그림 4.69 궤짝 안쪽으로 테두리를 그려서 두께를 표현한다

그림 4.70 음영을 넣는다

7 궤짝 레이어를 4개 복사해서 나란히 놓는다. 여기에 색을 넣고 세부묘사를 하면 4개의 각기 다른 궤짝이 된다.

8 Marquee Selection 툴을 사용해 첫 번째 궤짝 안쪽을 선택한다. 먼저 궤짝 바깥쪽 배경을 아무데나 클릭하고, Select > Inverse를 선택하면 된다.

9 새 레이어를 만들고, 선택 영역을 갈색 느낌으로 칠한다. 레이어 스타일을 Normal에서 Multiply로 바꾼다. 나머지 궤짝에도 같은 방법으로 각기 다른 색을 칠한다(그림 4.71).

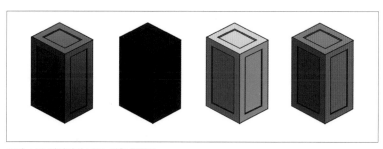

그림 4.71 궤짝마다 다른 색을 칠한다

10 기본 색을 칠했으면, 첫 번째 궤짝으로 돌아와 새 레이어를 만들고, crate_wood라고 이름 붙인다.

나무궤짝 제작

망치와 못은 넣어두자. 우리는 포토샵만으로 궤짝을 만들 수 있다.

그림 4.72 Bevel & Emboss
와 Drop Shadow를 켠다

1 검은색 Brush 툴로 궤짝 면을 이루는 널빤지를 그린다. 널빤지 각각의 폭을 달리해서 불규칙적인 느낌을 살린다. 네 귀퉁이에 대각선을 그려서 나뭇조각을 짜맞춘 부분을 표현한다(그림 4.72).

2 새 레이어를 만들고 nails라고 이름 붙인다. **Bevel & Emboss**와 **Drop Shadow**를 선택하고, Brush 툴을 선택하다. 경계선이 또렷한 브러시와 회색을 선택한다. 궤짝 네 귀퉁이마다 대각선 양쪽으로 동그라미를 하나씩 그린다(그림 4.72).

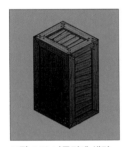

그림 4.73 나뭇결에 생긴
자연스러운 선을 그린다

3 레이어 패널에서 crate_wood 레이어 밑에 새 레이어를 만들고 rings라고 이름 붙인다. 앞서 사용했던 갈색보다 좀 더 진한 갈색의 브러시를 선택한다. 작은 브러시로 자연스러운 선을 그려 나뭇결을 표현한다(그림 4.73). 이 선들은 나무를 자르는 방향과 나란한 방향이어야 한다.

4 Text 툴로 MUNITIONS라고 입력하고, 회전과 크기 조절을 한다. 글자 레이어 밑에 새 레이어를 만들고 두 레이어를 병합한다. 흩뿌리는 형태의 브러시, **Opacity** 30%의 Erase 툴을 사용해 글자를 살짝 벗겨진 것처럼 지워 나간다.

5 맨 위에 새 레이어를 만들고 shadow라고 이름 붙인다. 부드러운 브러시를 선택한다. 색은 검은색, **Opacity**는 20%으로 맞춘다. 궤짝 안쪽에 그림자를 넣으면 입체감이 더욱 살아난다(그림 4.74).

그림 4.74 그림자와 색을
더해 나무 궤짝 작업을 마
무리한다

224

우주 느낌의 궤짝 제작

우주에서는 궤짝 만드는 소리가 들리지 않는다.

1 파란색을 칠한 두 번째 궤짝에, Rounded Rectagle 툴로 모서리가 둥근 직사각형을 그린다(그림 4.75).

2 Distort 툴로 직사각형을 변형해서 궤짝 왼쪽 면과 각도를 맞춘다. 이 레이어를 복사한 다음, Edit ➤ Transform ➤ Flip Horizontal을 클릭해 좌우를 뒤집는다. 이 레이어를 궤짝 오른쪽 면에 놓는다.

3 모서리가 둥근 직사각형을 하나 더 그려서, 같은 방법으로 궤짝 윗면에 놓는다.

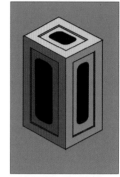

그림 4.75 모서리가 둥근 직사각형을 그려 넣는다

4 새 레이어를 만든 다음, 좌우와 윗면에 새로 그린 직사각형 레이어 3개와 함께 총 4개의 레이어를 병합한다. 이제 직사각형을 편집할 수 있게 되었다. Magic Wand로 세 직사각형의 안쪽을 선택한다. 이때 Shift 키를 누른 상태에서 도형들을 차례차례 클릭하면 3개를 한꺼번에 선택할 수 있다.

5 새 레이어에 space matter라고 이름을 붙인다. 브러시 툴에서 경계선이 부드러운 브러시를 선택하고, Opacity는 60%로 설정한다. 연두색으로 안쪽을 칠한다.

노트 여기에서는 형태를 잘 보기 위해 파란색 레이어는 감춰 두었다.

6 짙은 녹색의 흩뿌리기 브러시로 직사각형 테두리를 점 찍듯이 칠해서 빛나는 느낌을 낸다. 블렌딩 옵션에서 Bevel & Emboss와 Outer Glow를 선택한다 (그림 4.76). Bevel & Emboss의 Direction 항목에서 Up 대신 Down에 체크하고, Outer Glow에서는 연두색에 어울리게 발광체의 색을 바꾼다.

7 Line 툴(면은 연두색/선은 무색/5포인트)을 선택한다. 궤짝 가장자리에 회로도 모양의 기하학적 문양을 그린다. 새 레이어를 만들고, 회로도 문양을 그린 레이어 전체와 함께 병합해서 lines라고 이름 붙인다. 레이어 모드를 Normal에서 Color Dodge로 바꾼다. 우주의 궤짝에는 작동 버튼도 있어야 하지 않을까?

그림 4.76 블렌딩 옵션에서 Bevel & Emboss를 선택한다

그림 4.77 작동 버튼을 그려 넣어 완성한 궤짝의 모습

그림 4.78 흩뿌리기 브러시로 적갈색을 칠해서 최대한 얼룩덜룩한 느낌을 낸다

8 Rectangular Shape 툴로 정사각형 네다섯 개를 그리고, 각기 다른 색을 칠한다. 이 사각형들을 가로로 길게 배치하고, 하나의 레이어로 병합한다. Distort 툴로 궤짝 윗면에 맞게 각도를 변형한다(그림 4.77). 투시도법을 잘 따르도록 한다. 블렌딩 옵션에서 Bevel & Emboss와 Drop Shadow를 선택한다.

녹슨 금속 궤짝 복구

녹슨 궤짝은 작업이 좀 더 까다롭다. 녹슨 재질을 만들려면 투명한 레이어를 여러 장 겹쳐서 서로 어우러지게 만들어야 한다(그림 4.78). 몇 년 동안 방치된 금속의 느낌을 살려보자.

1 Magic Wand 툴로 궤짝 바깥쪽을 선택한 다음, Select > Invert로 선택 영역을 반전해서 궤짝 안쪽을 선택한다.

2 새 레이어를 만든다(레이어를 많이 만들 것이다). 흩뿌리기 브러시를 선택해서 적갈색을 칠한다. 같은 레이어에 검은색과 회색도 같은 방식으로 칠한다. 브러시의 모양과 크기를 다양하게 바꿔가면서 칠하자. 최대한 얼룩덜룩한 느낌이 나야 한다. 다 됐으면 불투명도Opacity를 50%로 낮춘다.

3 새 레이어를 만들어서 같은 과정을 반복한다. 이번에는 어두운 주황색과 빨간색을 칠하자. Filter > Noise에서 노이즈를 조절해 녹가루 느낌이 나게 한다.

4 새 레이어를 만들고, 블렌딩 옵션에서 Bevel & Emboss와 Drop Shadow를 선택한다. 흩뿌리기 브러시로 군데군데 회색을 칠해서 페인트가 벗겨진 느낌을 낸다.

5 새 레이어를 만들고, 흩뿌리기 브러시로 윗면에 얼룩을 더한다. 레이어를 몇 장 겹쳐가면서 색을 칠해야 자연스러운 느낌이 날 것이다. 레이어는 공짜이니 얼마든지 추가해도 좋다.

6 새 레이어를 만들고, 블렌딩 옵션에서 Bevel & Emboss와 Drop Shadow를 선택한다. 나무 궤짝에 못을 그렸던 것처럼 점을 찍고, 레이어에 rivets이라고 이름을 붙인다. 테두리를 따라 대갈못을 박는 것이다(그림 4.79).

7 Custom Shape 툴의 Shape에서 적당한 기호를 골라 넣는다. 그림 4.80에서는 방사능 기호를 사용했다. 새 레이어를 만들어서 기호 레이어와 병합하고, Eraser 툴로 군데군데를 지워서 자연스러운 느낌을 낸다.

그림 4.79 테두리에 못을 그려 넣는다　　**그림 4.80** 궤짝에 부식된 느낌을 넣는다

8 새 레이어를 만들고 블렌딩 옵션의 Bevel & Emboss의 Direction을 Down으로 지정한다. 흩뿌리기 브러시를 가지로 궤짝 군데군데 구멍이 난 것처럼 검은색을 칠한다. 핵무기가 담긴 채 방치된 상자의 느낌을 살리는 것이다.

털복숭이 분홍 토끼 궤짝 제작

분홍색 궤짝은 분홍색만 잘 칠하면 되므로 작업이 간단하다(그림 4.81).

1 새 레이어를 만들고 dirt라고 이름 붙인다. 흩뿌리기 브러시로, 궤짝 면보다 약간 진한 분홍색을 군데군데 칠하자.

2 새 레이어를 만들고 bunny logo라고 이름 붙인다. 귀여운 토끼 로고를 직접 그려서, 이 레이어를 복사한다. 나중에 수정을 해야 할 수도 있으므로 원본 레이어는 그대로 가지고 있어야 한다.

3 Distort나 Perspective 툴을 사용해 궤짝 왼쪽 면에 토끼 로고를 올린다.

그림 4.81 귀여운 토끼 로고를 그린다

4 로고 원본을 복사해서, 같은 방법으로 윗면에도 올린다(그림 4.82).

5 새 레이어를 만들고, 앞 실습에서와 마찬가지로 경계선이 부드러운 브러시를 선택한다. Opacity 30%의 검은색 브러시로 테두리 안쪽을 칠해서 그림자를 더 어둡게 표현한다(그림 4.83).

그림 4.82 로고 원본을 복사한다

그림 4.83 부드러운 브러시를 칠해서 그림자를 더 어둡게 한다

6 파일을 저장한다.

그림 4.84에 보이는 것처럼 궤짝 4개가 모두 디자이너의 요구사항에 부합한다. 나무 궤짝에는 널빤지가, 우주 느낌 궤짝에는 우주의 물질이, 금속 궤짝에는 녹이, 분홍색 궤짝에는 토끼가 들어가 있다.

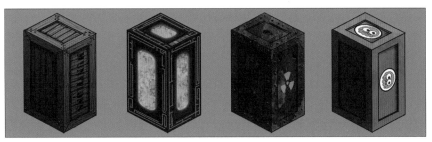

그림 4.84 최종 완성된 4개의 궤짝

이 궤짝들은 만화스럽기도 하지만 중요한 요소를 잘 담고 있다. 3D 모델링 팀에 이 파일을 넘겨주면, 간단하게 3D 오브젝트를 만들 수 있다. 현실감이 나도록 렌더링을 해야 하기는 하지만, 메쉬와 재질에 무엇을 넣어야 하는지 파악하기 쉽기 때문이다.

궤짝 텍스처맵 제작

이번에는 궤짝 하나에 적용할 텍스처맵을 만들어 보자. 4장에서 배운 기법을 전부 활용하는 것은 물론, 5장에서 배울 기법도 미리 맛볼 수 있다.

옆면 제작

이 책에서 이야기하는 '재질' 또는 '텍스처'란, 3D 오브젝트에 색이나 색감을 내기 위해 입히는 이미지를 말한다. 하나의 재질에 여러 이미지를 올려서, 오브젝트 전체의 용량을 줄일 수도 있다. 이번에 만들 재질은 텍스처 아틀라스를 만들 때처럼 정사각형 하나에 여러 이미지를 올리는 형식이다. 우리는 세 가지 이미지를 만들 것이다. 이미지는 두 가지만 만들어도 되지만, 게임 엔진은 어차피 모든 공간을 처리해야 하므로 공간을 남기지 않고 모두 활용하는 것이 좋다.

그림 4.85 512X512 크기의 정사각형 2개를 그린다

1   1024×1024 크기의 새 파일을 만들어서 crate_wood1이라고 저장한다.

2   512×512 크기의 정사각형 2개를 그려서 오른쪽에 세로로 나란히 놓는다 (그림 4.85). 재질에서는 모든 픽셀이 계산되므로, 처음부터 픽셀을 정확하게 맞추자.

    왼쪽의 긴 직사각형에는 궤짝의 큰 면에 들어갈 재질을 넣고, 오른쪽의 두 정사각형에는 윗면에 들어갈 재질을 넣을 것이다. 앞의 실습에서 만든 이미지에 실제적인 느낌을 더하기 위해 사진을 활용하자(그림 4.86). 3D 프로그램에는 보통 실감나는 목재 재질이 들어 있지만, 우리는 실력을 키우기 위해 직접 이미지를 만들어보자.

3   낡은 궤짝 느낌이 나는 널빤지 사진을 찾는다. 길이가 90cm 정도 되는 널빤지 이미지를 찾자.

4   찾은 이미지를 포토샵으로 불러와서, 목수가 된 기분으로 틀을 만들자. 널빤지 사진의 가로 폭을 줄이고, 오른쪽 끝에 붙인다. 레이어를 복사해서 왼쪽 끝에도 붙인다. 이 레이어를 복사해서 90도 회전한 다음, 아래쪽에 붙인

그림 4.86 널빤지 사진을 구한다

다. 다시 레이어를 복사해서 맨 위에 붙인다. 이제 가운데가 파란색으로 된 나무틀이 생겼다(그림 4.87).

그림 4.87 가운데가 파란 색으로 뚫린 나무틀이 완성됐다

5 이제 나무틀 위아래를 사선으로 잘라보자(그림 4.88). 아래쪽 널빤지 레이어를 선택하고, **Polygonal Lasso** 툴로 아래쪽 모서리와 안쪽 연결부위를 지나가게 선을 그린 뒤, 그림 4.88처럼 아래쪽 널빤지의 나머지 부분이 전부 선택되도록 선택 영역을 만든다. 처음 마우스를 클릭했던 곳으로 돌아와 선택 영역이 완전히 닫히게 한다. 이 영역을 잘라낸다. 나무틀의 모서리 네 군데를 모두 같은 방법으로 정리한다.

그림 4.88 나무틀에 사선으로 절단선을 넣는다

6 지금도 보기 좋지만 아직 어딘지 부자연스럽다. 레이어 3개를 병합하고, 블렌딩 옵션에서 Bevel & Emboss와 Drop Shadow를 선택한다.

7 새 레이어를 만들고 nails라고 이름 붙인다. 블렌딩 옵션에서 Bevel & Emboss와 Drop Shadow를 신댁한다. 중간 징도 밝기의 회색을 신댁해시,

나무틀 모서리에 못을 박자(그림 4.89). Brush 툴에서 경계선이 선명한 브러시를 선택하고, **Opacity**와 **Flow** 값을 모두 100%로 선택한 다음, 경계선 양쪽으로 두 개씩 점을 찍으면 된다.

그림 4.89 나무틀 모서리에 못을 박는다

8 새 레이어를 만들어서 wood edges라고 이름 붙인다. 7번과 같은 브러시에서 **Opacity** 값은 85, **Flow** 값은 60으로 조절한다. 널빤지가 교차하는 지점에 경계선을 검은색으로 경계선을 그려 넣는다. 살짝 하이라이트를 넣는 것도 좋다. 앞서 그린 못에 검은색 브러시와 밝은 색 브러시를 칠해 자연스럽게 때를 묻혀주자(그림 4.90). 게임엔진에서도 조명을 넣으므로 너무 정확하게 음영을 넣기 위해 신경 쓸 필요는 없다.

그림 4.90 색을 덧칠해서 못에 때를 묻힌다

9 나무 이미지를 불러와서 90도 회전한다. 이 레이어를 나무틀 레이어 밑으로 내린 다음, 네다섯 장 복사한다. 필요에 따라 크기를 조절해도 된다. 널빤지들 사이의 간격을 일정하게 유지하는 것이 중요하다. 널빤지들 사이

사이로 파란 배경이 보여야 한다. 블렌딩 옵션에서 Bevel & Emboss와 Drop Shadow를 선택한다.

10 Drop Shadow에서 그림자가 좀 더 진하게 보이도록 Distance를 28, Spread 를 3, Size를 8로 설정한다(그림 4.91).

11 세부적인 묘사를 할 차례다. Text 툴로 MUNITONS라고 글자를 입력한다. 글자를 시계방향으로 90도 돌려서 나무틀 중앙에 놓는다. 글자 레이어가 맨 위에 있어야 한다.

12 새 레이어를 만들어서 글자 레이어와 병합한다. Erase 툴에서 경계가 선명한 브러시를 선택하고, 널빤지들 사이의 빈 공간에 들어간 글자 부분을 지운다. 이제 흩뿌리는 모양의 브러시를 선택해서, Opacity를 33으로 설정하고 글자를 살짝 살짝 지운다. 널빤지와 어우러지게 살짝 지워진 느낌을 낸다(그림 4.92).

그림 4.91 널빤지들 사이의 간격을 유지한다

그림 4.92 글자가 살짝 지워진 느낌을 연출한다

13 파일을 저장한다.

뚜껑에 질감 넣기

궤짝의 옆면을 완성했으므로 뚜껑은 더 쉽게 작업할 수 있다. 필요한 애셋을 모두 갖췄으므로 잘 자르고 붙이기만 하면 된다.

1 나무틀과 못, 경계선 레이어를 선택해서 복사한다. 레이어들을 병합해서 레이어 오른쪽으로 옮긴다(그림 4.93).

2 새 나무틀 레이어의 아래쪽 절반을 선택해서 복사한 다음 제자리에 붙여 넣는다. 이 레이어를 위로 올려서 노란색 부분을 덮는다.

3 Eraser 툴에서 경계선이 부드러운 브러시를 선택하고, Opacity는 33%로 설정한다. 레이어가 겹쳐있는 위쪽을 지워서 자연스럽게 이어진 느낌을 낸다(그림 4.94).

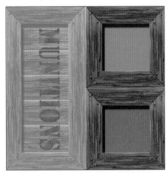

그림 4.93 병합한 레이어를 오른쪽으로 옮긴다

그림 4.94 두 레이어가 하나처럼 보이게 만든다

4 두 레이어를 병합하고, Marquee Selection 툴로 정사각형 나무틀 전체를 선택한 다음, 복사해서 붙여 넣는다. 빨간색 영역이 덮이게 아래쪽으로 옮긴다(그림 4.95).

그림 4.95 정사각형 나무틀을 아래쪽으로 옮겨서 빨간 영역을 덮는다

5 나무 이미지를 다시 불러와서 90도 회전한다. 나무틀 안쪽으로 가져와서 필요 없는 부분은 잘라낸다. 레이어를 복사해서, 앞에서와 마찬가지로 나무 틀 안을 채운다. 총알을 전사한 그림과 나무 조각이 부서진 구멍을 넣어보 자. 구멍은 널빤지 레이어를 살짝 지워서 만들고, 총알은 해당 이미지를 나 무 레이어 밑에 추가해서 만들었다(그림 4.96).

그림 4.96 궤짝에 총알 전사 그림을 넣는다

실제 사진을 재질로 사용했기 때문에, 게임에서도 실제 궤짝 같은 느낌을 더 많이 줄 수 있다(그림 4.97). 좀 더 현실감을 내는 방법은 5장에서 배운다.

그림 4.97 실제 이미지 사진을 활용해 한결 진짜 같은 궤짝을 만들었다

모바일 공간을 위한 효과 제작

모바일 게임에 사용할 효과 제작은 소셜 게임 또는 콘솔 게임에서와 다르게 접근해야 한다. 지금까지 배운 것과 마찬가지로, 모바일 게임 엔진 안에서 무리 없이 작동하고 메모리를 지나치게 잡아먹어 게임이 버벅거리는 일이 없어야 한다. 게임은 기술과 아트가 만나서 이루어진다. 아티스트는 2D와 3D를 조합해야 하고, 엔지니어는 이를 구현해야 한다.

3D 효과 사용

3D 효과는 3D 프로그램 또는 엔진에 들어있는 툴을 사용해 이벤트를 복제한다. 몇 개의 3D 기능들이 함께 작동하는 경우도 있다. 예를 들어 폭발 효과에는 잔해를 튀기는 파티클 시스템, 불꽃이 튀는 파티클 시스템, 연기 효과가 결합되어 있다. 세 파티클 시스템이 합쳐져 무언가 폭발하는 장면을 연출하는 것이다.

파티클 시스템은 입자들을 정해진 방향으로 뿌리는 분사구 역할을 하는 방사체이다. 대부분의 3D 프로그램에서는 파티클 시스템을 정사각형 가운데 뾰족한 조각이 꽂혀있는 모양으로 나타낸다.

또한 파티클 시스템은 작은 도형 입자를 복제해서 무게와 같은 물리적 속성을 부여하는 기능이다. 입자에 재질이나 조명을 넣을 수도 있다. 3D 프로그램에는 보통 폴리곤 수가 적은 도형들이 입자로 사용하도록 미리 제작되어 있지만, 직접 입자를 만들어 사용할 수도 있다.

마지막으로 파티클 시스템의 입자에는 속도와 강도, 난류 같은 변수가 적용된다.

3D 프로그램과 게임 엔진에는 보통 연기나 불, 폭발, 물을 표현하는 효과가 미리 제작되어 있다. 이런 효과들은 설정을 변경할 수 있게 열려 있으므로, 각종 변수를 조절해 불꽃의 색을 바꾸거나, 폭발 규모를 키울 수도 있다.

미리 제작된 파티클 효과를 사용하는 것은 처음부터 새로 효과를 만드는 것보다 쉽다. 저렴한 효과 라이브러리를 구매한 뒤, 설정을 변경해서 적용하는 것도 좋다. 직접 효과를 만들 때 드는 시간을 생각하면, 미리 제작된 효과를 구입하는 것이 훨씬 경제적이다.

노트 3D 프로그램에 있는 파티클 시스템은 복수의(보통은 크기가 작은) 아이템을 자기복제한다.

2D 효과 사용

흔히 스프라이트라고 불리는 2D 효과는, 효과 이벤트가 발생할 때 재생되는 일련의 이미지를 말한다. 그림을 그리거나 사진을 넣거나 3D로 모델을 만들어서, 무비 시퀀스처럼 렌더링하면 된다.

2D 이미지를 투사한 이미지 시퀀스는 3D 공간에서 어떻게 구현될까? 썩 나쁘지 않다. 효과를 카메라 각도와 항시 정렬할 수 있기 때문에, 게임 내에서 오브젝트를 어떻게 회전하더라도 해당 효과가 의도한 시점에 맞게 화면에 표시되도록 구현할 수 있다. 2D 효과가 3D로 렌더링한 파티클 시스템만큼 보기에 좋을까? 그렇지는 않다. 하지만 메모리를 넉넉하게 사용할 수 없는 모바일 환경등 다른 선택의 여지가 없는 경우에는 2D 효과를 사용해야 한다.

3D 효과는 여기저기 사용하기에는 메모리를 너무 많이 잡아먹기 때문에, 마지막에 두목을 처치하는 장면 등 중요한 순간을 위해 아껴두는 경우가 많다. 레벨을 통과하면서 수없이 죽여야 하는 자잘한 악당들에게는 2D 효과 정도만을 적용한다.

실습 9: 2D 스프라이트 기반 효과 제작

로봇이 악당에게 총을 쏴 맞췄을 때 생기는 2D 폭발 효과를 만들어 보자. 16 프레임의 시퀀스를 어도비 애프터이펙트나 플래시, 게임엔진에서 바로 불러들일 수 있는 형식으로 만든다.

스프라이트 시트란, 게임에서 효과를 화면에 표시하기 위해 사용하는 애니메이션 시퀀스의 여러 프레임을 담은 하나의 이미지를 말한다. 스프라이트 시트는 메모리를 많이 소모하지 않으며, 약간 구식이기는 하지만 여전히 널리 사용된다.

페이지 설정

애니메이션에 사용할 프레임 수를 미리 아는 경우, 스프라이트 시트를 위한 하나의 페이지를 만드는 것이 가장 수월한 방법이다. 엔진이 이미지를 읽어야 하기 때문에, 반드시 규정을 따라야 한다. 효과를 만들면서 몇 픽셀이라도 벗어나면 효과가 제대로 구현되지 않는다. 그러므로 16 프레임의 애니메이션을 만든다면, 가로세로 길이가 16배수의 숫자로 된 파일을 만들어야 한다. 꼭 이렇게 해야 하는 것은 아니지만, 이렇게 하면 전체 작업이 훨씬 수월해진다.

1   가로세로 8인치, 해상도 72의 파일을 만든다.

2   캔버스에 자를 표시한다. Line 툴을 선택하고, 가로세로 2인치 간격으로 검은색 선을 긋는다. 이렇게 해서 2인치 간격의 격자가 생겼다.

3   가로세로 1인치 간격으로 파란 안내선을 놓는다(그림 4.98). 이렇게 해서 2인치 크기 상자들의 정확한 중심점이 표시되었다.

4   Magic Wand 툴로 첫 번째 상자에 선택 영역을 만든다. 레이어 하나를 만들고, Fill 툴을 사용해 방사형 그라데이션을 넣는다. 가운데가 흰색이고 바깥쪽이 검은색이어야 한다(그림 4.99). 흰색 영역이 사각형 바깥으로 삐져 나오면 안 된다.

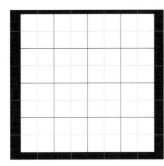

그림 4.98 가로세로 2인치 간격으로 선을 긋는다.

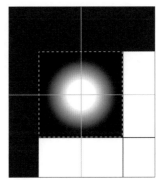

그림 4.99 안쪽은 흰색, 바깥쪽은 검은색으로 된 방사형 그라데이션을 그린다

5 격자 레이어에서 Magic Wand 툴로 방금 작업한 상자 바로 밑의 상자를 선택한다. 새 레이어를 만들고, 같은 방법으로 방사형 그라데이션을 그리되 크기는 살짝 줄인다.

6 그 아래 상자 2개도 같은 방법으로 채운다(그림 4.100). 맨 밑 상자에는 작은 방사형 그라데이션(뿌연 동그라미)이 있어야 하고, 위로 올라갈수록 그라데이션이 커져야 한다.

7 이제 레이어 4개를 모두 복사해서 한 칸 옆에 붙여 넣는다. 두 번 더 복사해서 격자 전체를 채운다(그림 4.101).

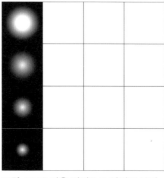

그림 4.100 같은 방법으로 아래쪽 공간을 마저 채운다

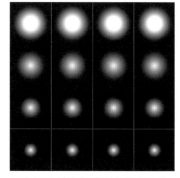

그림 4.101 레이어들을 복사해서 한 칸 옆으로 옮긴다

이 이미지는 애니메이션 시퀀스가 될 것이다. 4프레임마다 폭발이 작아진다. 나중에 초도 계산해야 하지만, 우선 작은 구름 재질과 색을 넣어보자(그림 4.102).

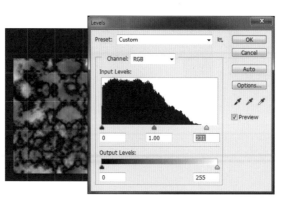

그림 4.102 작은 구름 재질을 넣는다

8 Filter ➤ Render ➤ Cloud를 선택해 상자 안에 연기 재질을 넣자. 보기에는 좋지만 회색이고 정사각형이라서 게임엔진이 제대로 읽어드릴 수 없다. Image ➤ Adjust ➤ Levels를 선택해 대비를 살짝 높인다.

9 이 레이어에 cloud라고 이름을 붙이고, 레이어 스타일을 Normal에서 Multiply로 바꾼다.

10 레이어 창 하단의 Create new fill or adjustment layer 버튼을 클릭한다. 반쪽은 흰색, 반쪽은 검은색으로 된 작은 동그라미 아이콘이다. 팝업 메뉴에서 Gradient Map을 선택한다. 레이어를 레이어 패널 맨 위에 올려 놓는다. 레이어 스타일을 Normal에서 Color로 바꾼다.

11 그라데이션 막대를 클릭한다. 맨 왼쪽 컬러스톱을 검은색으로, 맨 오른쪽 컬러스톱은 옅은 노란색으로 바꾼다. 옅은 노란색 컬러스톱을 중간 지점으로 가져간다. 막대 아래쪽을 클릭해서, 검은색과 옅은 노란색 사이에 새 스톱을 추가한다. 새 스톱에 선명한 빨간색을 지정하고, 검은색 스톱 쪽에 놓는다(그림 4.103). 마음에 드는 효과가 나오도록 색을 이리저리 조절해 보자.

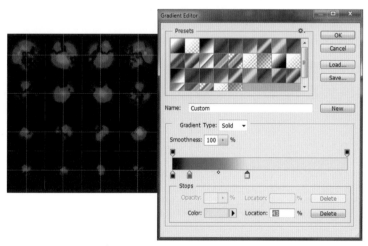

그림 4.103 구름 재질에 색을 더한다

12 레이어 패널 맨 위에 새 레이어를 만든다. 흩뿌리는 모양의 브러시를 선택한다. 프레임 각각의 왼쪽 영역을 검은색으로 칠한다(그림 4.104). 이렇게 하는 이유는, 엔진이 프레임을 왼쪽에서 오른쪽으로 읽는 과정에서 불꽃이 소멸되어야 하기 때문이다. 이 레이어에 색이나 빛 등을 추가해도 좋다.

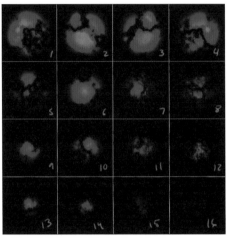

그림 4.104 최종 스프라이트 시트

13 파일을 저장한다. 애니메이션이 재생될 순서를 파악하기 위해 프레임마다 번호를 매겨놓았다. 스프라이트 시트는 보통 왼쪽에서 오른쪽, 위에서 아래쪽으로 읽힌다. 이렇게 만든 시트는 엔지니어에게 전달되고, 엔지니어는 여기에 코드를 적용해 정해진 속도나 재생 방식에 맞춰 프레임에 재생되게 한다.

14 2D 효과는 3D 효과만큼 정교하지 않지만, 16프레임이나 0.5초 정도의 짧은 길이로 화면에 표시되는 정도라면 보기에 나쁘지 않고 메모리도 절약할 수 있다.

정리

4장에서 우리는 모바일 3D 로봇 슈팅 게임 제작에 필요한 과정을 체험했다. 특정 애셋을 만드는 방식과 그 이유, 메모리를 절약하면서 아트워크를 만드는 방법을 배웠다.

모바일 기술이 발전하면서, 아티스트는 예전보다 뛰어난 품질의 아트워크를 만들 수 있게 되었다. 모바일 시장이 더욱 빠르고 우수한 그래픽을 구현할 수 있게 발전하면서, 우리는 더 많은 픽셀을 활용할 수 있게 되었다.

콘솔 게임 애셋 제작

콘솔 게임은 모바일 및 소셜 게임의 맏형이다. 콘솔 게임은 플레이하는 기기가 한정적이고, (아직까지는) 디스크에 저장된 형태로 출시되기 때문에, 개발 과정에서 다운로드 속도, iOS 또는 안드로이드에서의 작동 여부를 고민할 필요 없이 원하는 만큼 정교하게 게임을 구현할 수 있다. 하지만 방대한 규모의 게임을 만들려면 그만큼 많은 사람이 필요하다.

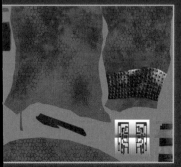
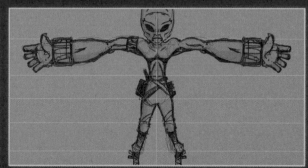
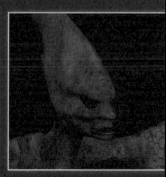

콘솔 게임 팀

노트 peachpit.com에 접속해 이 책의 ISBN을 입력하면 자료 파일을 받고 영상을 볼 수 있다. 책을 등록하면 Registered Products 아래 Account 페이지에 파일 링크가 보인다.

모바일 게임 제작 팀의 인원은 많아야 25명 정도에 그친다. 하지만 콘솔 게임을 만들기 위해서는, 게임 하나에 투입되는 검사자만 25명 정도가 필요하다. 콘솔 게임 개발 팀은 보통 수백 명 규모로 이루어진다.

콘솔 게임 시장에는 마이크로소프트와 소니, 닌텐도라는 3개의 하드웨어 제조업체가 있다. 1990년대부터 이 거인들은 게임 시장에서 지분을 차지하기 위해 고군분투해왔다. 콘솔 게임 시장이 기술을 개발하고, 회사를 세우고, 투자비용을 회수하지 못했다면 지금의 모바일과 소셜 게임은 존재하지 않았을 것이다. 콘솔 게임 제작에 참여해본 직원이 한 명도 없는 게임회사는 찾기 어려울 것이다.

콘솔 게임 팀에는 어떤 사람들이 있나?

콘솔 게임 개발 팀의 규모는 점차 확장되고 있다. 세계 곳곳에 위치한 여러 스튜디오의 직원 250여명 이상이 한 프로젝트에 투입된다.

소셜 및 모바일 게임 개발에 참여하는 사람들을 팀 단위로 설명했다면, 콘솔 게임에서는 부서 단위로 설명을 해야 한다. 대부분의 부서는 다음과 같은 팀들로 나뉜다. 전체 팀을 이끄는 책임 디렉터가 있다. 아트 쪽에서 보면 스튜디오의 아트디렉터가 있다. 디렉터 밑으로는 자신이 맡은 프로젝트만을 책임지는 프로젝트 아트디렉터가 있다. 그 밑으로는 책임 아티스트들이 있다. 이들은 자신의 팀에 배정된 게임 아트 작업을 이끈다. 그 다음으로 선임, 일반, 신입 아티스트들이 있다.

아트 팀의 팀원은 20명 정도다. 유명 게임을 만드는 대형 스튜디오에는 이런 팀이 대여섯 개씩 있어, 각기 다른 프로젝트를 담당한다. 개발 팀과 디자인 팀, 마케팅 팀에도 모두 그 정도씩의 인원이 있으며, 여기에 경영 팀이 추가된다.

경영 팀의 구조는 다른 팀들과 비슷하다. 스튜디오에는 다양한 부서들을 관리하고, 작업 흐름과 예산을 추적하는 디렉터들이 있다. 이 디렉터들 밑에는 프로듀서들이 있어, 게임 제작과정 추적, 계획, 기록, 개발 진척사항 보고 등을 담당한다. 프로듀서는 보통 부서가 분명하게 정해져 있다. 또한 이들은 전체적인 게임 제작 요소들을 한데 묶는 접착제 같은 존재다. 프로듀서가 있다는 것은 마치 아기를 돌봐주는 도우미가 있는 것과 같다.

대형 스튜디오에는 인사 팀, 채용 팀, 운영 팀, 외주 팀, 직원들에게 제공할 식사를 담당하는 영양 팀까지 있다.

여기에서 중요한 점은, 콘솔 게임 팀은 규모가 매우 크다는 것이다. 다양한 요소들이 결과적으로 하나가 되어 게임이라는 형태로 완성된다.

잠깐! 역사 교실

콘솔 게임 시장의 공룡 3인방은 사실 게임 세계의 첫 번째 타자가 아니다. 1980년대에는 아타리와 세가를 비롯해 여러 회사가 있었지만, 대부분은 더 이상 게임을 개발하지 않는다.

콘솔 게임의 발전 순서는 대략적으로 이렇다. 1980년대에는 아타리와 세가, 닌텐도가 있었다. 하지만 80년대 말이 되면서 가정용 컴퓨터가 성장해 게임 세계를 장악하기 시작했고, 콘솔 게임은 침체기를 맞이했다. 가정용 컴퓨터는 속도가 빠르고 그래픽카드 성능이 뛰어나며, 소비자가 직접 게임을 만들 수 있게 되었다. 하지만 누구나 게임을 만들 수 있다는 특성으로 인해, 가정용 컴퓨터 게임 시장은 종말을 맞이하게 된다. 1990년대 초반에는 게임을 만드는 기술이 너무 복잡해서 쉽사리 PC 게임을 만들 수 없었다. 개발자들이 게임 제작 시장을 독점했고, 덕분에 마이크로소프트는 게임 세계에 발을 들일 수 있었다. 마이크로소프트는 이렇게 생각했다. "우리가 게임만을 위한 PC를 만들면 어떨까? PC에서 플레이할 게임을 만들고 싶다면, 이 시스템에서만 게임이 작동을 하게 만들면 되는 거야." 이는 개발자들에게 큰 호응을 얻었다. 소니도 같은 생각을 하고 있었고, 역시 큰 성공을 거뒀다. 닌텐도도 마찬가지다. 이렇게 해서 현재의 콘솔 게임 시대가 도래한 것이다. 개발자가 기술에 대해 크게 고민하지 않고 특정 사양에 맞춰 게임을 개발하면 되는 한정적인 시스템이다.

콘솔 게임 제작의 파이프라인

콘솔 게임의 아트 제작은 사람들을 고생시키는 무시무시한 짐승이다. 좀 격하게 들릴 수도 있지만 정확한 표현이다. 해야 할 일이 어마어마하게 많기 때문에, 제작에 참여하는 모든 사람이 프로젝트 기간 동안 전속력을 다해서 작업에 매진해야 한다. 디자인 변경, 무시무시한 피처크리프, 잘 해결되지 않는 골칫거리들이 모여 일이 산더미처럼 쌓이는 것이다.

시작 단계에서는 디자인 문서를 작성해 게임에 들어갈 아트 애셋을 최대한 많이 예측한다. 이 문서를 작성하기 위해 아트디렉터는 예산을 만들고 애셋 작업을 할 팀을 꾸린다. 게임 제작이 진행되면서 이 애셋들이 게임에서 구현되면 수정사항이 생긴다. 수정사항은 언제든 생길 수 있으며, 뛰어난 아트디렉터는 예산과 일정을 편성할 때 이런 변수도 고려한다.

아트애셋을 만드는 방법은 다양하다. 보통 스튜디오에 소속된 아티스트들이 애셋 대부분을 만들지만, 시간이나 예산이 부족한 경우 외주 업체에 의뢰하기도 한다.

외주업체는 3D 모델링이나 리깅, 컷신, 컨셉 드로잉 등을 전문으로 하는 스튜디오다. 이들은 하나의 부서 같은 기능을 하지만, 회사 입장에서는 간접비를 지출할 필요가 없어 선호도가 높다. 그러나 스튜디오가 외주 스튜디오와 오랫동안 호흡을 맞추지 않으면 사내 아티스트들이 외주 업체의 작업을 다시 손봐야 하고, 이 과정에서 시간과 비용 절약 효과가 떨어진다. 이런 일은 종종 생기기 마련이므로, 사내 아티스트 한 명이 외주 관련 사안을 전담하는 경우가 많다.

콘솔 게임 애셋 제작의 여정

아트애셋을 처음 기획하는 사람은 디자이너다. 디자이너는 애셋의 개요와 연관 관계를 설명하는 간단한 문서를 작성한다. 우리가 실습할 예제에는 인간을 멸종시키려는 외계인 악당 무리가 등장한다.

디자이너는 이 계획을 컨셉 아티스트에게 전달해, 캐릭터의 생김새를 그리도록 한다. 컨셉 드로잉이 승인되면, 애셋 디자인을 비롯한 많은 요소의 모델링을 외주 업체에 의뢰한다. 몇 주 뒤, 외주 업체에서 외계인 무리 캐릭터 모델링이 끝내면, 스튜디오에서는 약간의 수정을 거쳐 재질을 만드는 부서에 보낸다. 이 부서에서는 색상맵과 노멀맵, 조명맵을 만든다(이 부분은 나중에 설명한다).

테크니컬 아티스트는 캐릭터에 뼈대와 살을 덧붙이는 리깅과 스키닝 작업을 하고, 애니메이션을 넣을 준비를 한다. 리깅과 시험을 마친 캐릭터는 애니메이션 부서로 넘어간다. 여기에서는 일련의 모션캡처 파일들을 받아서 캐릭터에 움직임을 넣는다.

이제 캐릭터와 애니메이션을 게임 엔진에서 불러온다. 엔지니어는 게임 안에서 캐릭터가 어떻게 활동할지 프로그래밍한다. 이들은 애니메이션 블렌드 트리, 인공지능, 물리 정보, 그 밖에 캐릭터에 필요할 수 있는 방어력, 파괴력, 무기 등의 계측 정보를 다룬다(디자인 팀의 요청에 따라).

이렇게 만든 게임은 시험부서 또는 품질보증 부서로 보낸다. 여기에서는 게임을 시험 가동해 캐릭터에 결함은 없는지, 다른 요소들과 상호작용을 잘 하는지 확인한다. 이 단계에서는 게임의 일부만을 시험하며, 보통 번호를 매긴다. 결함이나 버그를 기록해 해당 부서에 보고하며 수정을 요청한다. 또한 프로듀서는 버그 보고서를 확인해 게임 제작 진행 과정을 추적한다. 게임 개발의 후반 작업은 대부분 버그 수정이다. 수정을 모두 마치면 게임이 출시되고, 인간을 멸종시키려는 외계인 악당 무리의 멋진 모습을 홍보한다.

실습 10: 3D 턴어라운드 모델링 템플릿 스케치 제작

템플릿 스케치는 일련의 스케치를 3D 환경에 모아 놓은 것이다. 2D에서는 이를 턴어라운드 스케치라고 부른다. 만화영화를 만들 때 애니메이터가 캐릭터의 양감과 비율을 파악할 수 있도록, 지난 90년 동안 사용해온 방법이다.

3D 소프트웨어 공간에서는 편평한 오브젝트에 이미지들을 적용한다. 캐릭터가 정면부터 옆면까지가 그려진 카드들을 쌓는 것과 비슷하다. 모델러는 이 스케치들을 바탕으로 3D 모델을 만든다. 모델을 완성하면 스케치는 삭제하지만, 컨셉 아티스트의 디자인이 제대로 반영되었는지 확인한다.

우리는 컨셉 드로잉을 바탕으로 캐릭터의 정면과 옆면, 뒷면을 만들어본다.
이를 3D 엔진으로 불러와서, 모델 제작의 참고자료로 활용할 것이다(그림 5.1).

그림 5.1 외계인 무리의 컨셉 아트

1 실습 파일 중 CH5_Alien Drone 파일을 연다. Image ➤ Canvas Size에서 캔
   버스의 가로 길이를 3배 늘린다. 원래의 이미지가 캔버스의 맨 왼쪽에 오
   도록 설정한다. 이 이미지는 원래 가로 12인치였으므로 36인치로 늘린다.
   새 프레임이 맨 앞에 있고, 24인치 지점에 있던 안내선이 새 캐릭터의 중심
   이 된다(그림 5.2).

그림 5.2 원본 이미지와 확장된 캔버스

2 캐릭터의 머리 꼭대기를 지나는 안내선을 놓는다. 이 안내선은 다양한 각도에서 캐릭터의 구조를 파악하는 데 사용된다. 하관, 허리, 무릎 높이에도 안내선을 놓는다. 캔버스를 축소해서 전체적인 화면을 보고 있어야 세밀한 부분에서 작업이 정체되지 않는다. 우리는 캐릭터가 팔을 옆으로 뻗은 t자 자세의 정면을 그릴 것이다. 3D 작업에서 t자 자세를 사용하면 모델링과 리깅이 수월해진다. 앞에서 배치한 안내선들을 활용해 캐릭터의 비율을 원본과 동일하게 유지한다. 신체 일부를 상상해서 그려야 할 수도 있지만 참고용 그림일 뿐이므로 문제없다.

3 머리부터 시작하자. 물방울 모양의 타원을 그린다. 눈이나 입은 아직 신경 쓰지 않는다. 물방울 모양을 턱과 머리 꼭대기의 안내선에 정렬한다(그림 5.3).

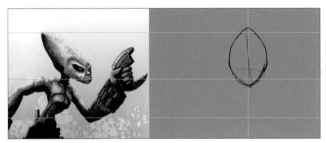

그림 5.3 머리 모양을 간단하게 그린다

4 흉부와 다리도 그려서 같은 방법으로 안내선에 정렬한다(그림 5.4).

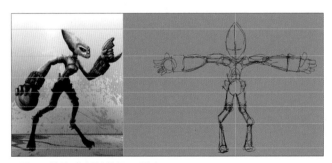

그림 5.4 몸의 나머지 부분도 그린다

5 기본적인 형태가 완성되면 Image ➤ Adjustments ➤ Hue/Saturation에서 스케치 선을 빨간색으로 바꾼 다음, 새 레이어를 만든다. 새 레이어에서 검은색 브러시로 스케치 선을 정리한다. 허리끈이나 주머니, 팔에 두른 스트랩은 아직 그리지 말자(그림 5.5).

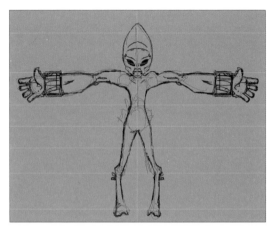

그림 5.5 진한 선으로 형태를 깔끔하게 정리한다

6 기본적인 형태를 그리고 선을 정리했으면, 왼쪽과 오른쪽 중 더 잘 그려진 쪽을 선택한다. 완성도가 떨어지는 쪽을 Marquee Selection 툴로 선택해 삭제하고, 나머지 반쪽을 복사해서 좌우를 반전한다. 두 레이어를 정렬해서 하나로 병합한다. 이제 캐릭터의 좌우가 똑같아졌다. 모델링을 할 때에도 3D 아티스트는 몸을 반쪽만 만든 뒤, 데칼코마니처럼 복사하고 반전시켜 붙여 넣는다. 그러므로 처음부터 좌우가 똑같게 이미지를 만드는 것이 좋다.

7 이제 옆면에 허리끈과 골반에 걸친 주머니 등을 그려보자. 스케치 선 밑에 레이어를 새로 만들어서 몸체에 음영을 넣으면, 캐릭터 몸의 양감을 파악하는 데 도움이 된다(그림 5.6).

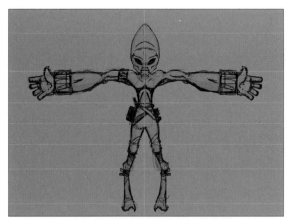

그림 5.6 좌우가 똑같은 외계인 그림에 세부 묘사를 했다

8 파일을 저장하고 캐릭터 정면을 그린 레이어들을 감춘다. 이제 컨셉 드로 잉 옆 공간에 옆면을 그리자. 이번에는 팔이 없고 다리가 한쪽이라 그리기 가 더 쉽다.

9 머리를 먼저 그린다. 눈과 입의 위치를 바탕으로 턱을 그린다. 각도도 맞아 야 한다. 정면에서는 목이 거의 안 보였지만 옆면에서는 잘 보인다(그림 5.7).

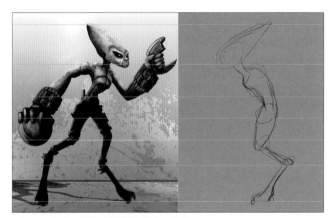

그림 5.7 캐릭터 옆면의 형태를 대강 그렸다

10 옆면의 양감을 그리면서 캐릭터의 모양을 잡아간다. 정면에 없었던 요소라 도 옆면에 잘 어울리면 그려 넣고, 정면을 나중에 수정한다. 작업에 제한을 두지 말자.

11 이번에도 정면을 그릴 때처럼 스케치 선을 빨간색으로 바꾼 뒤 레이어를 새로 만든다. 새 레이어에서 선을 깔끔하게 정리한다(그림 5.8).

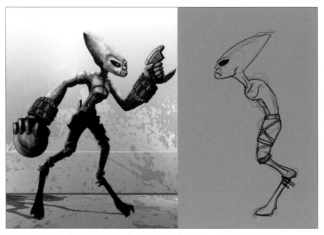

그림 5.8 진한 색으로 선을 깔끔하게 정리한 에일리언의 옆모습이다

12 세부 묘사를 추가한다. 정면과도 잘 어울리는 형태여야 한다. 음영을 넣어도 좋다(그림 5.9).

13 파일을 저장하고 옆면을 그린 레이어를 전부 감춘다. 이제 뒷면을 그리자.

14 정면 레이어를 복사해서, 사본을 레이어 패널 맨 위로 올린다. 이름을 back 이라고 수정한다(그림 5.10).

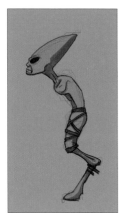

그림 5.9 옆면 완성 모습

그림 5.10 레이어 이름을 수정한다

15 뒷면 레이어의 좌우를 뒤집어서 정면, 측면과 방향을 맞춘다. 뒷면은 캐릭터를 반대쪽에서 본 상태여야 한다.

16 Brush와 Eraser 툴을 사용해, 정면 그림을 뒷면처럼 보이게 수정한다. 얼굴과 등, 손에서 불필요한 선들을 지운다. 다리는 발목 주변을 지우고, 무릎 아래쪽에 그림자를 넣는다.

17 캐릭터 뒷모습을 정확하게 그리고 세부묘사를 마쳤으면, 허리띠와 주머니, 스트랩도 수정한다(그림 5.11, 5.12).

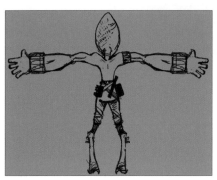

그림 5.11 외계인의 뒷모습

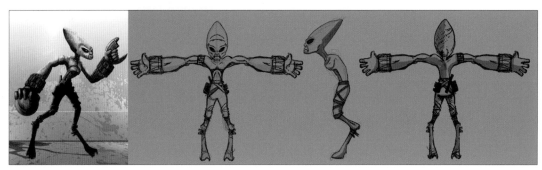

그림 5.12 외계인의 턴어라운드 전체

완성된 턴어라운드를 3D 공간으로 가져가는 데에는 몇 가지 방법이 있다. 앞면, 옆면, 뒷면 파일을 따로 저장해서 3D 평면에 적용해도 되고, 이미지 전체를 하나의 평면에 적용해서 복사해도 된다. 옆면 대신 뒷면이 필요하면 이미지를 옆으로 밀어내면 된다. 그림 5.13은 평면을 약간 투명하게 처리해, 캐릭터가 어떻게 보이는지를 표현한 모습이다. 격자선도 희미하게 남아 있다.

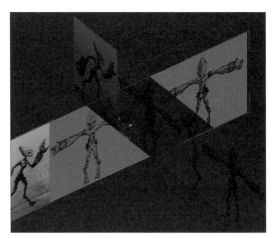

그림 5.13 외계인 모델링 스케치를 평면에 적용한 모습

콘솔 게임 캐릭터를 위한 맵 제작

콘솔 게임 캐릭터 모델링이 끝나면 재질을 입히는 과정이 기다리고 있다.

콘솔 게임에 사용되는 모델에는 수많은 재질을 입혀 심미성을 높인다. 콘솔 게임용 캐릭터의 일반적인 매핑 과정은 다음과 같다.

먼저 모델 자체를 매핑한다. 이런 작업에 사용되는 맵들은 적용되는 위치에 딱 맞게 제작하는 경우가 많아서, 모델의 지오메트리를 먼저 만들어야 한다. 외투에 달린 고리 하나, 신발끈, 총알 하나하나까지 전부 그려야 한다는 뜻이다. 이 작업이 별 거 아니라고 생각할 수도 있다. 4장에서 모바일 게임용 애셋을 다루면서 설명했던 폴리곤 수 계산을 기억하는가? 여기에도 같은 규칙이 적용된다. 콘솔 게임에는 폴리곤을 더 많이 넣을 수 있지만, 원하는 대로 펑펑 쓸 수 있는 것은 아니다.

콘솔 게임 캐릭터 모델은 매우 정교하기 때문에 폴리곤이 많이 소모하면서 엔진의 처리능력 대부분을 소진한다. 수천 개가 아닌 수백만 개의 폴리곤을 사용하는 콘솔 게임 캐릭터의 매핑 과정은 다음과 같다.

1단계: 모델 제작

엔진에서 구현할 수 있는 최고 사양으로 3D 모델을 만든다(그림 5.14).

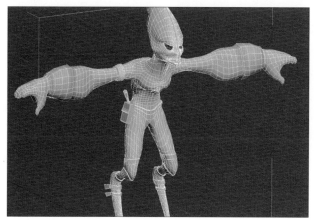

그림 5.14 3D 공간에서 UV 컷을 넣은 외계인 모델

2단계: UV 벗겨내기

UV 맵은 3D 작업에서 피부를 입히거나 색을 칠하는 데 쓰인다. 3D 모델 표면에 2D 이미지를 적용하면, 입체적인 3D 표면이 평면으로 분리된다. 그러면 포토샵 같은 프로그램을 이용해 이 평면에 색을 칠할 수 있다.

UV를 벗겨내는 것은 쉽지 않은 일이다. 작업에 사용할 수 있는 프로그램은 많지만, 작업의 성패는 이를 다루는 사람에게 달려있다. UV 맵 또는 모델에 적용한 맵들을 잘라내서 편평하게 만든 다음, 텍스처 아틀라스 같은 형태로 배치한다. 이때 4장에서 배웠던 최적의 파일 크기 비율을 적용해야 한다(그림 5.15).

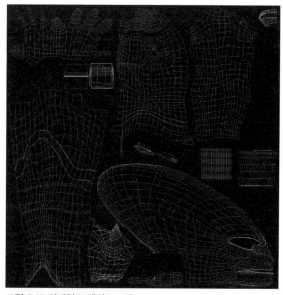

그림 5.15 외계인 모델의 UV 맵

3단계: 노멀맵 제작

노멀맵은 텍스처 맵과 매우 비슷하지만, 색 대신 모델에 반사된 빛을 표현한다. 그러므로 모델 2개를 만들어야 한다. 폴리곤 수천 개 정도의 모델 하나, 폴리곤 수백만 개 정도의 모델 하나. 폴리곤은 3D 상에서의 픽셀이라고 생각하면 된다. 수가 많을수록 해상도가 높아지고 모델은 아름다워 진다. 이 작업에서는 두 모델을 거의 똑같게 만들어야 한다. 물론 똑같게 만드는 데에는 한계가 있지만, 앞서 이야기한 외투의 고리, 신발끈, 총알들을 만들기에 좋은 방법이다.

노멀맵을 만드는 목적은, 컴퓨터가 폴리곤이 많은 모델을 처리할 때 사용하는 렌더링 정보를 폴리곤이 적은 모델에 맵 형식으로 적용하기 위해서다. 이렇게 하면 수백만 개의 폴리곤이 들어가지 않은 모델이라도 폴리곤이 많이 들어간 모델처럼 정교해 보인다.

먼저 머드박스Mudbox나 지브러시ZBrush 같은 3D 스컬프팅 프로그램으로 폴리곤이 적은 모델의 UV를 벗겨낸다. 보통은 해상도가 낮은 모델과 높은 모델의 레이어들을 분리해 둔다. 이제 해상도가 높은 모델의 노멀맵을 해상도가 낮은 모델에 적용해서 추출한다. 이 파일을 따로 저장해서 3D 프로그램이나 게임 엔진에서 불러올 수도 있다.

노트 해상도가 낮은 모델과 높은 모델의 사본을 꼭 저장해두자. 해상도가 낮은 버전을 덮어쓰면 안 된다.

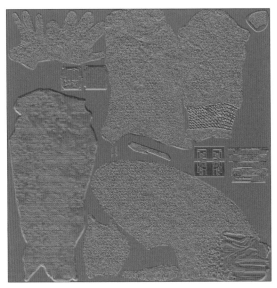

그림 5.16 외계인 노멀맵

4단계: 텍스처맵 제작

캐릭터의 텍스처맵을 만드는 방법은 4장에서 궤짝을 만들 때 배운 방법과 같지만 약간 더 복잡하다. 캐릭터의 UV를 벗겨낸 상태이기 때문에 평면에 작업을 할 수 있다. 3D 프로그램에서 생성된 이 평면들은 TIFF나 PNG 형식이나 다른 종류의 파일로 추출된다. 포토샵에서 이 파일을 불러와 세부묘사를 하면 된다. 이 때 해상도가 높은 모델의 UV 맵을 사용해야 세세한 부분을 제대로 볼 수 있다.

5단계: 스페큘러맵 제작

스페큘러맵은 흑백으로 되어 있지만, 표면의 광택이나 색을 돋보이게 한다. 맵이 흴수록 표면이 반짝이고, 어두울수록 덜 반짝인다. 주로 모델 표면마다 각기 다른 반사 속성을 주기 위해 사용하는 맵이다. 면직물과 금속을 대비시킨다고 생각해 보자.

6단계: 모든 맵을 모아서 조정

맵을 모두 만들었으면 3D 프로그램에서 조립을 하고, 추출해서 엔진으로 보낸다. 안타깝게도 엔진과 3D 프로그램이 항상 호환되는 것은 아니다. 3D 프로그램에서 렌더링한 결과물이 게임 엔진에서는 다르게 보이기도 한다. 이럴 때에는 설정 값들을 조절해서 원하는 결과물을 만들어야 한다. 맵들은 모두 분리되어 있으므로, 포토샵에서 맵들을 따로따로 수정해 원하는 결과를 얻을 수 있다.

실습 11: 노멀맵 수정

노멀맵은 보통 3D 프로그램으로 만드는 데 포토샵이 왜 필요할까? 3D 프로그램에서 항상 원하는 결과를 얻을 수 있는 것은 아니며, 포토샵 작업을 약간 곁들이면 노멀맵을 더욱 보기 좋게 만들 수 있다. 우리가 다뤄볼 노멀맵에는 여러분이 수정할 수 있도록 일부러 잘못된 부분을 만들어 놓았다.

포토샵에서 노멀맵을 수정하는 것은 최소한에 그쳐야 한다. 노멀맵을 만들 때에는 3D 공간에서 방향 벡터 값을 나타내는 아주 구체적인 색상 세트가 생성된다. 2D 공간에서 이를 수정하면 값이 바뀌어버린다. 보기 안 좋은 부분들에 색을 칠하다가 원하던 결과물에서 멀어질 수도 있다(그림 5.17).

이 점을 유념한 상태에서 먼저 전체 이미지를 바라보자. 보통 한 부분에서 일어나는 말썽이 다른 부분에서도 문제가 된다. 값을 수정하고 맵을 다시 생성해서 그 문제를 해결할 수 있다면 그렇게 하자.

이제 간단한 수정을 하자. 주요 영역 테두리의 진한 경계선들을 지워야 한다. 이런 부분이 있으면 선이 패이거나 특정 부분이 불룩 튀어나와 보이기 때문이다(그림 5.18).

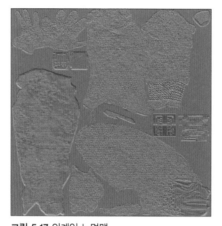
그림 5.17 외계인 노멀맵

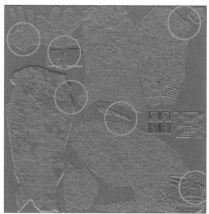
그림 5.18 외계인 노멀맵에서 문제가 되는 부분들

1 CH5_Alien Normal Map 파일을 열어서 fix라는 이름으로 새 레이어를 만든다. Clone 툴을 선택하고, 둥근 모양에 경계선이 부드러운 브러시를 고른다. 앞에서 설명한 것처럼, 새로운 색을 만들지 말고 이미지 안에 있는 색만을 사용해야 한다.

2 가장 면적이 큰, 외계인이 입은 옷의 아래쪽부터 시작하자. Clone 툴을 선택한 상태에서, 원본 레이어의 해당 영역에서 수정하려는 선 옆쪽을 클릭한다. 이렇게 하면 값이 동일하게 유지된다. fix 레이어를 선택하고 칠을 시작한다. Clone 툴을 사용할 때 복사해오려는 소스는 원본 레이어에서 클릭하고, 새로 칠을 할 때에는 fix 레이어를 선택해야 한다(그림 5.19)

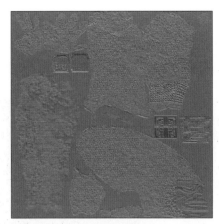

그림 5.19 첫 번째 맵 형태 수정하기

3 레이어들을 여러 번 오가며 작업을 해야 한다. 이는 과정의 일부다. 하지만 원본 레이어에 덧칠을 하지는 않도록 주의한다. 그림 5.20은 완성된 모습이다.

4 가운데 있는 작은 정사각형만 제외하고 맵에 있는 모든 형태에 같은 작업을 반복한다. 작업이 끝났으면 이제 정사각형을 손볼 차례다. 이 사각형은 골반에 차고 있는 주머니다. 우리는 글자와 일그러진 부분이 올라오게 할 것이다. 하지만 글자 부분이 확실하게 보이지 않으므로, Clone 툴을 사용해 이를 세심하게 정리한다.

5 Clone 툴에서 경계선이 선명한 브러시를 선택하고, 글자의 가장자리를 세심하게 다듬는다. 화면을 확대해서 보는 것이 좋다. 반드시 심혈을 기울여야 한다(그림 5.21).

그림 5.20 완성된 형태

그림 5.21 골반에 찬 주머니 수정하기

이제 맵 정리가 끝났다. 캐릭터에 맵을 적용해 잘못된 부분이 있는지 확인하자. 캐릭터에 이미 맵이 적용되어 있는 경우가 많으므로, 맵 파일을 업데이트해서 캐릭터를 업데이트하면 된다(그림 5.22, 5.23).

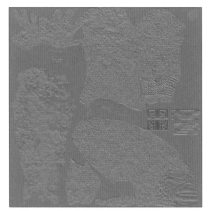

그림 5.22 깔끔하게 정리한 노멀맵

그림 5.23 3D에서 캐릭터에 재질을 입히지 않은 상태로 노멀맵을 적용한 상태

실습 12: 추출한 UV 템플릿에서 텍스처맵 제작

이 실습에서는 기존의 UV 맵을 가지고 텍스처맵을 만든다.

구획 파악

텍스처맵을 만드는 첫 단계는 몸을 구획짓는 것이다. 손과 머리(피부가 덮인)는 보통 그룹으로 묶여 있고, 소매와 셔츠의 앞판, 뒷판처럼 비슷한 소재들도 묶여 있다. 마지막에는 모든 요소를 하나의 레이어로 병합할 것이기 때문에 규칙을 만들어서 지킬 필요는 없다. 하지만 작업 과정이 복잡하기 때문에 체계를 만들어두면 일이 수월해진다. 3D 프로그램에서 추출한 UV 템플릿 파일을 포토샵에서 처음 열면 누군가가 여러분의 모델을 짓이겨 버린 것처럼 보일 것이다. 그리고 표면은 철조망 같은 모양으로 되어 있다. 원래 그렇게 보이는 것이므로 걱정할 필요 없다. 지금 화면에 보이는 파일은 모델을 구역별로 재단해서 평평하게 만들어놓은 것이다. 사각형 하나하나는 폴리곤을 나타낸다. 평평한 이미지를 모델에 투사했을 때 이음새가 최대한 눈에 띄지 않는 위치를 계산해서 조각이 재단되어 있다.

1   실습 파일 폴더에서 CH5_Alien UVs 파일을 연다. 먼저 흰색 바탕에 검은색 선으로 색을 변환한다. 채도를 완전히 낮춰도 된다(그림 5.24).

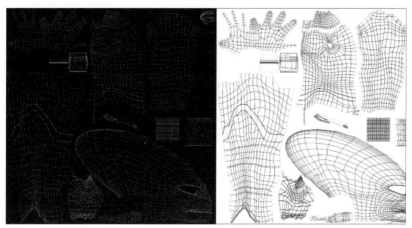

그림 5.24 원본과 색을 반전한 UV 템플릿

2   몸을 구역별로 나눠서 별도의 레이어들로 분리한다. 그림 5.25와 같은 방식으로 하면 된다. 빨간 부분은 피부, 파란 부분은 옷, 초록색 부분은 소품이다.

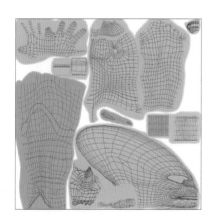

그림 5.25 UV 템플릿 그룹

3   소품과 옷 레이어들을 감춘다. 피부 레이어 위에 새 레이어를 만들어서 skin color라고 이름 붙인다.

피부 재질 제작

피부 재질을 만드는 방법은 여러 가지다. 우리는 컨셉트 드로잉에서 봤던 것처럼 빨간색 외계인을 만들고 있으므로, 빨간색부터 칠해보기로 하자.

그림 5.26 피부 부분에 UV 빨간색을 칠한다

1 Magic Wand(마술봉) 툴로 피부 레이어에서 피부 부분을 선택한 뒤, 짙은 빨간색을 칠한다. 격자 선이 살짝 보이도록 불투명도를 낮춘다(그림 5.26). 맵 전체에서 해당 조각이 어느 정도 크기인지를 기억해 두자. 머리는 다리나 가슴에 비해 확대되어 있다. 맵 전체에 브러시 하나만 일괄로 사용한다면, 머리에는 큰 점들이 찍히고 몸에는 작은 점들이 찍힐 것이다. 머리와 손에는 더 큰 브러시를 사용하고, 몸통과 팔에는 더 작은 브러시를 사용해야 균일한 크기로 점이 찍힌다.

2 새 레이어를 만들고, 흩뿌리는 모양의 브러시로 검은색 얼룩을 찍어 넣는다. 피부에는 얼룩을 무작위로 찍어줘야 한다. 엔진에서 피부에 조명을 비추기 때문에, 피부 색과 재질만 다듬고 음영은 넣지 않는다(그림 52.7).

3 새 레이어를 만들고, 흰색으로 얼룩을 넣는다.

4 새 레이어를 만들고, 밝은 빨간색으로 얼룩을 넣는다.

5 위에서 작업한 3개 레이어의 불투명도를 낮춘다. 그림 5.28에서는 검은색은 56%, 흰색과 빨간색은 32%로 설정했다.

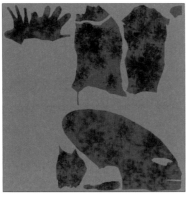

그림 5.27 검은색으로 얼룩을 찍고, 음영은 넣지 않는다

그림 5.28 흰색과 밝은 빨간색으로 얼룩을 찍고, 불투명도를 낮춘다

6　새 레이어를 만들고, 흩뿌리는 모양의 브러시를 선택한다. 브러시의 Opacity와 Flow 값을 100%로 설정한 상태에서 검은색 점을 여기저기 찍는다. 이 레이어를 선택한 상태에서 Filters > Filter Gallery > Stained Glass를 선택한다. Cell Size를 10, Border Thinkness를 5, Light Intensity를 10으로 설정하고 OK를 클릭하면 비늘 무늬가 나타난다. 레이어의 블렌딩 모드를 Multiply로 바꾸고, Opacity 값을 75%로 낮춘다(그림 5.29).

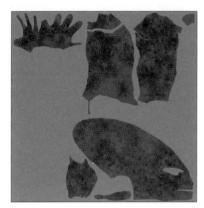

그림 5.29 비늘 무늬

7　새 레이어를 만들어서 texture라고 이름 붙인다. 레이어 전체에 중간 정도의 회색을 칠한다. 레이어 패널에서 이 레이어를 오른쪽 마우스로 클릭하고, Convert to Smart Object를 선택한다. 이렇게 해두면 나중에 필터 값을 수정하기 편하다.

8　Filter > Noise > Add Noise를 선택해서 Amount 값을 120, Distribution은 Gaussian을 선택. 그리고 맨 아래 있는 Monochromatic을 선택한다. 노이즈가 밋밋하다면 레이어를 새로 만들어서 노이즈를 추가하고, 값을 다르게 설정한 다음 블렌딩 모드를 Multiply로 바꾸고 불투명도를 낮춘다(그림 5.30).

9　앞의 레이어를 선택한 상태에서 Filters > Stylize > Emboss를 선택한다. Height는 3, Amount는 86으로 설정한다(그림 5.31).

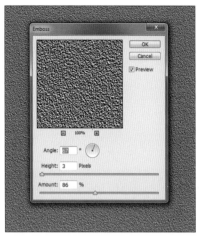

그림 5.30 회색 레이어에 노이즈를 넣는다   **그림 5.31** 레이어에 Emboss 필터를 적용한다

10 Magic Wand 툴로 회색을 일부 선택해서 지운다. 레이어의 블렌딩 모드를 Soft Light로 바꾼다. 레이어들을 전부 모아 그룹으로 묶고 skin이라고 이름 붙인다. 파일을 저장한다(그림 5.32).

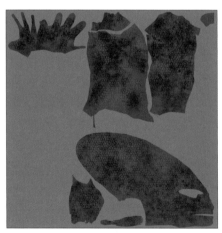

그림 5.32 피부 재질을 만드는 첫 단계

옷 재질 제작

옷은 피부보다 재질을 만들기가 쉽다. 컨셉트 드로잉에서 외계인은 간단한 검은색 바지를 입고 있었으며, 그 이상은 각자의 재량으로 표현한다. 우리는 살짝 헤진 검은색 가죽바지를 만들어보자. 가죽바지는 외계인이 침략 도중 클럽에 놀러갈 때에도 입을 수 있다.

1 피부 레이어를 감추거나 잠근다. Magic Wand 툴로 옷 부분을 선택하고, 새 레이어를 만들어서 clothing color라고 이름 붙인다. 이 레이어에서 선택된 영역을 새까맣게 칠한다.

2 새 레이어를 만들고 clothing splotch라고 이름 붙인다. 흩뿌리는 모양의 브러시를 선택해서 흰색 얼룩을 여기저기 찍는다.

3 Eraser 툴에서 동일한 브러시를 사용해, 브러시 크기를 바꿔가며 얼룩 일부를 지운다. 이 과정을 반복하면서 무작위로 얼룩덜룩한 무늬를 완성한다(그림 5.33).

그림 5.33 얼룩덜룩한 흰색 무늬를 만든다

4 이 레이어를 복사해서, 사본 레이어에 clothing texture라고 이름을 붙인다. 원본 레이어의 Opacity를 7%로 낮춘다.

5 Filter ➤ Filter Gallery에서 Texture ➤ Texturizer를 선택한다. 텍스처 유형은 Burlap, Relief 값은 35로 설정한다(그림 5.34).

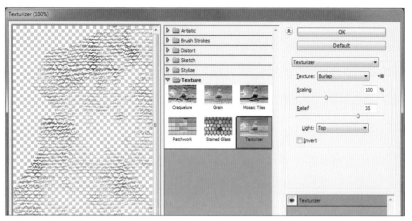

그림 5.34 텍스처라이저 설정

6 Image ➤ Adjust ➤ Brightness Contrast에서 이미지를 살짝 어둡게 하고, Opacity를 35로 낮춘다.

7 새 레이어를 만들어서 color bits라고 이름 붙인다. 흩뿌리는 모양의 브러시로 국방색을 칠한다. 그리고 앞에서와 마찬가지로 희끗희끗하게 얼룩을 넣어준다(그림 5.35).

8 레이어의 블렌드 모드를 Normal에서 Color로 바꾼다. Opacity는 35로 낮춘다(그림 5.36).

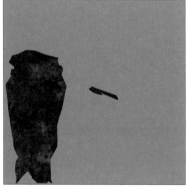

그림 5.35 새 레이어를 만들고 color bits라고 이름 붙인 뒤 국방색을 칠한다

그림 5.36 레이어의 블렌딩 모드를 Color로 바꾸고 불투명도를 낮춘다

9 옷 작업을 한 레이어들을 하나의 그룹으로 묶어 clothing이라고 이름 붙인다.

소품 재질 제작

소품의 재질을 만드는 방법은 4장에서 궤짝의 재질을 만들었던 것과 비슷하다. 맵에서 어느 부분이 소품인지를 파악해, 팔에 속해 있었던 아대를 추가했다. 이제 여기에 색만 칠하면 된다.

1 Magic Wand(마술봉) 툴로 소품 부분을 선택한다. 새 레이어를 만들어서 prop color라고 이름 붙이고, 진한 회색(검은색에 가까운)으로 선택 영역을 칠한다. 그림 5.37이 소품의 맵이다.

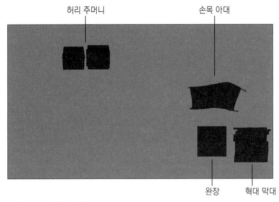

그림 5.37 소품 지정

컨셉트 드로잉을 보면 이 소품들은 모두 검은색 위주로 되어 있으며, 완장에만 은색이 들어가 있다. 소재를 하나만 만들어서 검은색 소품에 모두 적용하자.

2 새 레이어를 만들어서 prop texture라고 이름 붙이고, 중간 정도의 회색을 칠한다. Filters > Noise > Add Noise를 선택한다. Gaussian 값을 12%로 설정하고 Gaussian Blur를 선택한다.

3 Filter > Render > Lighting Effects를 선택한 다음, 그림 5.38처럼 회색 영역을 비추도록 빛을 넣는다. 그림에서는 캔버스 왼쪽의 소품에도 빛을 넣었다.

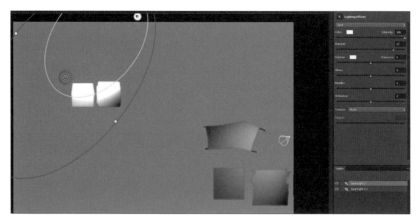

그림 5.38 소품 재질에 필터로 조명 효과를 넣는다

4 새 레이어를 만들고 cover paint라고 이름 붙인다. 검은색을 가득 칠한다. Filters ➤ Noise ➤ Add Noise를 열어서, Gaussian 값을 12%로 하고 Gaussian Blur를 선택한다.

5 Filter ➤ Render ➤ Lighting Effects에서 검은색 영역에 빛을 넣는다. 두 번째 빛도 잊지 말고 추가하자.

6 UV 템플릿을 복사해서, 사본 레이어를 레이어 패널 맨 위에 올린다. 블렌드 모드를 Multiply로 바꾼다. 이렇게 하면 작업해야 할 형태가 화면에 보인다.

7 cover paint 레이어로 돌아와서 블렌딩 옵션 창을 연다. Bevel & Emboss 탭의 Technique 드롭다운 메뉴에서 Chisel Soft를 선택하고, Depth는 62로 설정한다.

8 흩뿌리는 모양의 작은 브러시를 칠해서, 허리 주머니에 살짝 긁힌 자국을 낸다(그림 5.39).

허리 주머니 옆면과 뒷면은 거의 보이지 않으므로, 앞면처럼 섬세하게 묘사하지 않아도 된다.

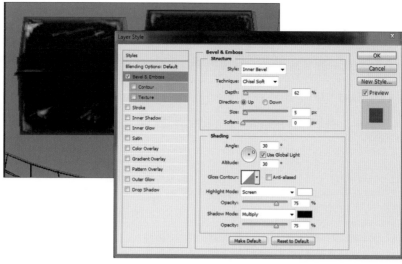

그림 5.39 허리 주머니에 긁힌 자국 내기

9 새 레이어를 만들어서 decals라고 이름 붙인 다음, 주머니에 외계문자를 쓰고 파일을 저장한다. 손목 아대로 넘어간다. 컨셉트 드로잉에서 아대는 팔찌에 도미노가 늘어서 있는 모양이었다. 이는 와이어프레임의 격자를 활용해 원하는 효과를 낼 수 있는 특수한 상황이다.

10 UV 템플릿 레이어를 선택하고, Shift 키를 누른 상태에서 Magic Wand로 아대 위의 작은 사각형들을 하나하나 클릭해가며 전부 선택한다.

11 UV 템플릿 레이어 밑에 새 레이어를 만들고, Edit > Fill의 Use에서 Foreground color를 선택하고 OK 버튼을 클릭해서 현재 선택되어 있는 전경색으로 캔버스를 칠한다. 이때 전경색은 구분선이 잘 보이는 색이 좋다.

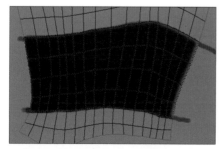

그림 5.40 작은 네모들을 전부 선택한다

12 레이어의 블렌딩 옵션에서 Bevel & Emboss와 Gradient Overlay를 선택한다. 검은색에서 중간 회색으로 이어지는 그라데이션을 선택한다.

13 새 레이어를 만들고, 흩뿌리는 모양의 브러시로 검은색 얼룩을 찍는다.

14 새 레이어를 만들고 buttons라고 이름 붙인다. Bevel & Emboss, Outer Bevel, Inner Shadow를 선택한다. 작고 동그란 브러시로 네모 칸마다 점을 두 개씩 찍는다.

15 아대에 해당하는 레이어를 전부 모아서 wrist guard라는 그룹으로 묶는다 (그림 5.41).

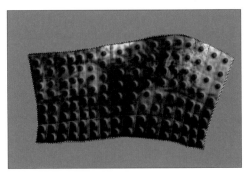

그림 5.41 완성된 손목 아대

16 prop color 레이어로 돌아와서 Magic Wand으로 완장을 선택한다.

소품 채색

이제 완장의 금속 질감을 만들자. 프로그램에서 제공하는 금속 재질을 입혀서 주변의 사물을 반사시킬 수도 있지만, 이렇게 하면 용량을 많이 잡아먹으므로 우리는 빛이 반사되는 재질의 느낌만 흉내낸다. 절반에는 색을 넣고, 나머지 절반에는 반사 맵을 넣는다.

1 새 레이어를 만들고 armband color라고 이름 붙인다. 파란색을 가득 칠하되, 실수로 다른 영역을 칠하지 않게 주의한다.

2 블렌딩 옵션에서 Gradient Overlay를 선택한다. 색깔 막대를 너블클릭해서

그라데이션 라이브러리를 연다. 파란색과 황갈색으로 된 금속 느낌의 그라데이션을 선택한다. 새 색깔 막대에서 황갈색 스톱을 맨 왼쪽에 끌어다 붙이고, 색을 파란색으로 바꾼다(그림 5.42).

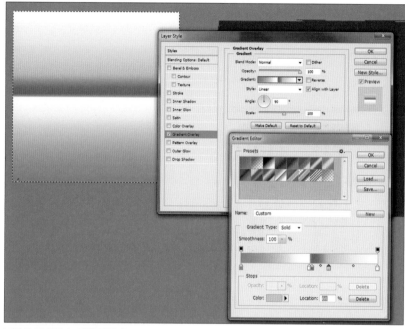

그림 5.42 금속 느낌을 만든다

이제 외계인의 소속 행성과 부족을 나타내는 기호를 만들어보자.

3 새 레이어를 만들고 etchings라고 이름 붙인 다음, Bevel & Emboss와 Inner Shadow를 선택한다. Polygon Lasso 툴을 사용해 음각 효과를 표현해 보자. 먼저 사각형 오른쪽 영역에 라쏘 툴로 네모진 선택 영역을 만든다. Shift 키를 누른 상태에서 네모를 그리면 네 변을 모두 직각으로 유지할 수 있다.

4 완성된 사각형 선택 영역 안에 아무 색이나 칠한다. 선택 영역을 유지한 상태로, 배경에서 색 2개를 선택한다. 예제에서는 파란색과 금색을 선택했다. Gradients Tool에 방금 선택한 두 색을 적용해 직접 그라데이션을 채워 넣는다.

5 Image > Adjust > Brightness and Contrast를 선택해, 네모 영역이 살짝 어두워지게 한다. 형태를 복사해서 좌우를 반전한다. 원본과 사본 레이어를 거울에 비친 것처럼 배치한 다음 두 레이어를 병합한다. 완성물은 그림 5.43처럼 보일 것이다. 이제 외계인의 생명 유지 장치인 혁대의 막대를 작업할 차례다. 이 막대는 외계인을 지구의 해로운 바이러스들로부터 지켜주는 보호막을 쳐준다. 소재는 짙은 색의 금속이며, 반짝이는 부분이 세 군데 있다. 컨셉트 드로잉에서는 불이 들어와 있지 않았다.

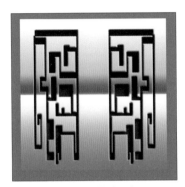

그림 5.43 완장 기호 완성 모습

6 필요에 따라 UV 템플릿 레이어 사본을 만들고, 새 레이어를 만들어서 glowing bits라고 이름 붙인다. 파란색으로 칠한 세 부분을 Marquee 툴로 선택한다. 선택 영역에 직접 파란색을 골라서 칠한다. 이 부분이 빛을 내는 영역이 될 것이다(그림 5.44).

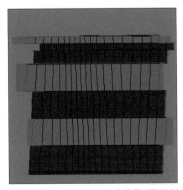

그림 5.44 외계인의 혁대 막대에 파란색의 반짝이는 무문을 더한나

7 흩뿌리는 모양의 브러시로, 초록색이 살짝 섞인 밝은 파란색의 얼룩을 찍는다.

8 Filter ➤ Filter Gallery ➤ Glass를 선택하고 OK를 클릭한다(그림 5.45).

9 반짝이는 부분의 레이어 밑에 새 레이어를 만들고 metal이라고 이름 붙인다.

10 빛 반사 부분의 그라데이션을 검은색과 회색으로 직접 만들어 넣는다. 그라데이션은 가로 방향이어야 한다.

11 Filter ➤ Noise ➤ Add Noise를 선택한다.

12 Filter ➤ Blur ➤ Motion Blur를 선택한다. 선 방향을 세로로 바꾼다.

13 Marquee 툴로 금속 재질 안에서 작은 네모 모양의 선택 영역을 만든다. 선택한 부분을 잘라내서 제자리에 붙여 넣는다. 이제 블렌딩 옵션에서 Bevel & Emboss와 Drop Shadow를 선택한다. Bevel & Emboss의 Size를 1로 설정하면 해당 부분에 양각 효과가 난다.

14 도톰하게 올라온 양각 부분의 위치를 살짝 옮기면 음영도 살짝 바뀐다. 이번에는 다른 위치에 붙여넣기를 한다. 양각의 일부분을 잘라내면 더 재미있는 형태가 나온다(그림 5.46).

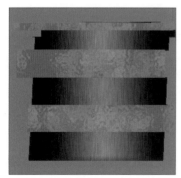

그림 5.45 파란색의 반짝이는 부분에 유리 효과 필터를 적용한다

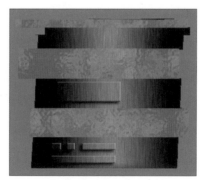

그림 5.46 혁대 막대 완성 모습

15 감춰놨던 레이어를 전부 보이게 하고 파일을 TIFF로 한 번, PNG로 한 번, 총 두 번 저장한다(그림 5.47).

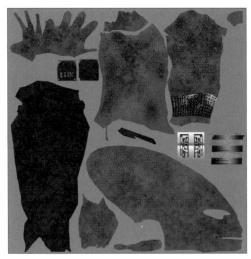

그림 5.47 모든 요소가 모여 있는 텍스처맵

텍스처 세부묘사

이제 본격적인 작업을 시작할 준비가 됐다. 레이어가 많으면 작업이 어려워지므로 앞에서 PNG로 저장한 파일을 사용하자. 3D 프로그램의 캐릭터에 이 PNG 파일을 적용하면 고쳐야 할 문제점들이 눈에 들어온다.

우선 Marquee 툴로 선택 영역을 만들고 색을 칠하다 보니, 1픽셀씩 색을 칠하지 않은 부분이 군데군데 생겼다. 흔히 발생하는 일이다(그림 5.48).

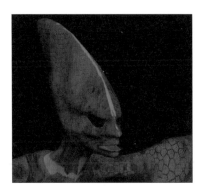

그림 5.48 재질을 잘못 정렬해 색을 칠하지 못한 부분이 생겼다

수정 방법은 두 가지다. 3D 프로그램에서 색을 칠한 영역 안에서 UV의 가장자리 위치를 조정하거나, 포토샵에서 **Clone Stamp**(도장) 툴을 사용해 바깥쪽을 마저 칠하는 것이다. 우리는 포토샵을 배우고 있으므로 두 번째 방법을 사용한다.

1   외계인 TIFF 파일을 열어서, UV 템플릿 사본을 제외한 모든 레이어를 병합한다. 이 레이어를 참고 이미지로 사용할 것이다.

2   가장자리가 잘 보이게 이마 부분을 확대한다(그림 5.49).

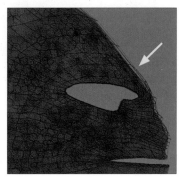

그림 5.49 색을 덜 칠한 UV 템플릿 사본을 참고 이미지로 사용한다

그림에 보이는 것처럼 UV 맵에는 색을 칠하지 않은 부분이 꽤 크게 있다. 멀리 떨어진 가장자리에서부터 도장 툴을 찍어, 빈 부분에 칠할 색을 선택한다. 검은 선 안쪽에서만 색이 선택되므로 이마 부분이 경사져 있어도 상관없다.

3   도장 툴의 **Opacity**와 **Flow** 값을 100%로 설정하고, 이마 가운데 가장자리부터 왼쪽으로 색을 칠해 나간다. 색이 꼼꼼히 채워지게 칠한다. 전체적으로 이 작업을 모두 해두면 좋지만, 렌더링 과정에서 문제가 되는 부분을 발견할 수도 있으므로 시간이 없다면 그냥 넘어간다(그림 5.50).

작업은 이 정도로 끝난다. 시간을 좀 더 써야 할 뿐이다. 그림 5.51은 수정한 파일을 렌더링한 모습으로, 이제 다음으로 수정해야 할 부분을 파악할 수 있다. 외계인의 얼굴을 좀 더 다듬어보자. 얼굴은 다른 몸 부분에 비해 너무 색이 고르다. 좀 더 악랄하고 극적인 느낌을 내보자.

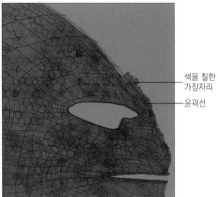

색을 칠한 가장자리

윤곽선

그림 5.50 UV의 가장자리 바깥으로 삐져 나오게 색을 칠한다

그림 5.51 수정한 외계인 렌더링

4 외계인 TIFF 파일을 다시 열어서, 얼굴 부분 맵을 확대한다. 새 레이어를 만들고 face라고 이름 붙인다. 색을 하나 골라서(그림 5.52에서는 파란색을 골랐다) 색이 균일한 부분에 칠한다.

5 더 밝은 색을 덧칠하고, UV 템플릿의 윤곽선을 따라간다(그림 5.53).

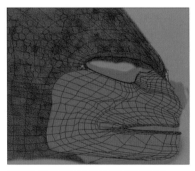

그림 5.52 단색으로 얼굴 부분을 칠한다

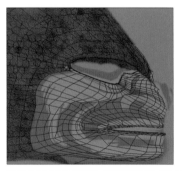

그림 5.53 밝은 색으로 하이라이트를 넣는다

6 새 레이어를 만든다. 블렌딩 옵션에서 Bevel & Emboss를 선택하고, Depth 값을 34로 설정한다. 이제 Clone Stamp 툴로 머리 가운데에 다시 색을 칠한다. 피부 중 빨간 부분의 비늘이 파란 부분과 자연스럽게 섞여 들어가게 한다(그림 5.54).

그림 5.54 Clone Stamp 툴로 비늘을 표현한다

그림 5.55는 얼굴 부분을 다듬은 텍스처맵을 확대한 모습이고, 그림 5.56은 몸 전체를 렌더링한 모습이다. 노멀맵과 스페큘러맵은 아직 적용하지 않았다.

그림 5.55 렌더링한 외계인 얼굴

그림 5.56 렌더링한 외계인 전신

실습 13: 스페큘러맵 제작

스페큘러맵은 렌더링에서 오브젝트가 반사할 빛의 양을 결정한다. 앞서 작업해둔 부분이 많기 때문에 텍스처맵 작업만큼 어렵지 않다.

1 앞의 실습에서 완성한 외계인 텍스처의 PNG 파일을 열어서, alien spec이라는 이름으로 저장한다. Image > Adjustment > Desaturate을 선택해서 색을 모두 없앤다. 스페큘러맵은 흑백으로 이루어지기 때문이다.

2 Image > Adjustment > Brightness/Contrast를 선택해서 Brightness 값을 −45, Contrast 값을 76으로 설정한다(그림 5.57).이제 요소들을 따로따로 수정할 차례다.

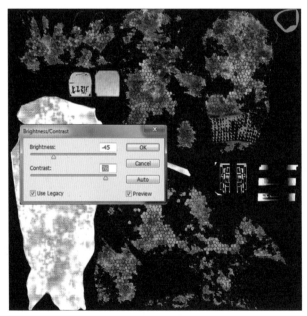

그림 5.57 밝기와 대비를 수정한다

3 Marquee Selection 툴로 완장 부분을 선택한다. 형태가 잘 안 보이더라도 잘 추측해가면서 그리자. Paste in Place로 잘라내서 붙여 넣는다. 위치를 조금만 움직여도 나중에 어긋날 수 있으므로 절대 움직이지 않게 주의한다(그림 5.58과 5.59)

그림 5.58 완장 부분을 선택한다

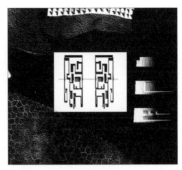

그림 5.59 완장을 반전한다

4 혁대 막대에도 같은 작업을 한다.

5 골반 주머니는 선택만 하고 잘라내지 않는다. Brightness/Contrast에서 밝기와 대비를 수정해 아주 밝게 만든다.

6 검은색 둥근 브러시를 사용해, 오른쪽 위 모서리의 작은 조각을 칠한다. 이 조각은 입 안쪽 부분으로, 이 맵에 들어갈 필요가 없다. 스페큘러맵에서 검은색은 광택이 없고 흰색은 광택이 아주 강하다. 맵이 그림 5.60처럼 보여야 한다.

그림 5.60 스페큘러맵 작업 진행 상태

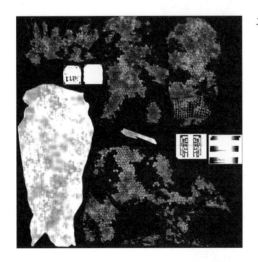

화면 왼쪽 아래의 커다란 흰색 조각(옷)은 너무 밝다. 이 정도로 반짝이는 것은 좋지 않다.

7 Lasso 툴로 이 조각과 머리 위에 있는 작은 흰색 부분을 선택한다. 앞에서와 마찬가지로 잘라냈다가 Paste in Place 방식으로 붙여넣기 한다.

8 이제 새로 만든 레이어를 선택하고, Image ➤ Adjustment ➤ Invert를 선택한다. 그런 다음 가장자리 부분은 Fill 툴로 검은색을 채운다. 이제 흰색 부분이 거의 다 지워져 있어야 한다. 흰색이 남아 있다면 검은색 브러시를 칠해서 덮는다(그림 5.61).

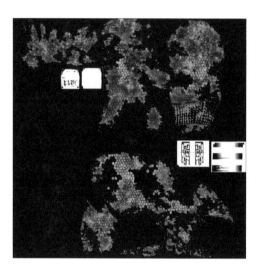

그림 5.61 옷 부분을 반전한다

9 원본 레이어로 돌아와서, Lasso 툴로 아대를 선택한다. 앞에서와 같은 방법으로 잘라내서 붙여넣기 한다. Image ➤ Adjustment ➤ Brightness/Contrast에서 Legacy를 선택한다. 이제 밝기와 대비를 조금씩 높이되, 원래의 형태가 남아 있게 한다(그림 5.62).

그림 5.62 아대 수정하기

이렇게 스페큘러맵은 여러 방법으로 활용할 수 있다. 여기에서는 외계인의 피부에서 허물이 벗겨진 부분, 비늘이 반짝이는 부분과 그렇지 않은 부분을 표현했다. 소품에도 광택을 줘서 금속 재질의 느낌을 냈고, 바지에도 살짝 빛을 더해 천의 느낌을 냈다(그림 5.63).

그림 5.63 외계인에 텍스처맵과 스페큘러맵을 더한 모습

실습 14: 애니메이션 텍스처맵 제작

이번 실습에서는 애니메이션 텍스처맵을 만든다. 게임에서 이 맵은 지직거리는 모니터, 홀로그램, 원통 안의 전기장 등을 표현할 때 쓰인다. 기본적으로 애니메이션이 필요하지만 반복되는 시퀀스는 없는 요소에 활용한다. 전체 애니메이션이 필요한 경우에는 엔진에 들어있는 이펙트를 사용하거나 미리 렌더링된 시퀀스를 재생한다. 애니메이션을 넣은 텍스처는 비용이 많이 들기 때문에 많이 사용하지 않는다.

　지지직거리는 화면 시퀀스와 현상수배 포스터의 홀로그램 투사 시퀀스를 만들어보자.

지지직거리는 화면

지지직거리는 화면은 아주 간단하면서도 강력한 효과다. 이 예에서는 여러분이 악랄한 과학자의 연구실을 탐색하던 중 통신이 두절되고 시스템이 끊긴 상황을 나타내기 위해 이 효과를 사용한다. 몇 프레임만으로도 지지직거리는 효과를 낼 수 있지만 우리는 제대로 깜박거리는 애니메이션을 만들어 본다.

그림 5.64 노이즈 화면을 만든다

1 포토샵에서 해상도 72dpi, 크기 512×512픽셀 크기의 파일을 만든다. 레이어를 만들어서 중간 정도의 회색을 가득 칠한다. Filter ➤ Noise ➤ Add Noise ➤ Gaussian Blur 값을 150%로 설정한다(그림 5.64).

2 이 레이어를 복사해서 수평으로 뒤집는다.

3 다시 레이어를 복사해서 수직으로 뒤집는다.

4 새 레이어를 만들고, 더 진한 회색으로 칠한 다음 노이즈를 만든다.

5 이 레이어를 복사해서 수평 뒤집는다.

6 다시 레이어를 복사해서 수집으로 뒤집는다. 이렇게 하면 각기 다른 프레임 6개가 생겨서, 무늬가 반복되지 않고 지지직거리는 효과를 낼 수 있다. 무늬가 반복되어 두드러지는 부분이 있으면 보기 좋지 않으므로 눈에 띄지 않게 수정한다.

그림 5.65 애니메이션에 사용할 주사선을 만든다

7 새 레이어를 만들고 blip이라고 이름 붙인다. Rectangular Marquee 툴로 화면을 가로지르는 30포인트 두께의 긴 선택 영역을 만든다. Line 툴을 사용해도 된다.

8 블렌딩 옵션에서 Outer Glow를 선택한다. Spread는 20, Size는 24로 설정한다. Opacity는 90으로 한다(그림 5.65).

9 새 레이어를 만들어서 blue라고 이름 붙이고, 텔레비전 화면과 비슷한 파란색을 가득 칠한다. 행성에 따라 초록색이나 주황색을 칠해도 된다. 레이어 불투명도를 35로 설정한다(그림 5.66).

그림 5.66 새 레이어를 만들고 파란색을 칠해 텔레비전 화면 같은 효과를 낸다

10 Windows ➤ Timeline을 선택한다.

11 타임라인 아래쪽 중간에 있는 Create Video Timeline을 클릭하면, 타임라인에 있는 레이어 8개가 전부 나타난다.

12 노이즈 이미지들을 전부 레이어 1로 옮긴 다음, static이라고 이름을 수정한다. 모든 파일을 2~3프레임씩이 되도록 줄인다.

13 레이어 목록에 노이즈 레이어 6개를 선택하고 Duplicate를 클릭한다. 이 과정을 반복해 5초 정도의 애니메이션을 만든다. 새로 만든 사본은 자동으로 타임라인 맨 끝에 추가된다(그림 5.67)

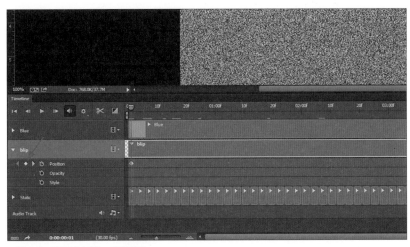

그림 5.67 레이어가 있는 타임라인

14 애니메이션을 재생해본다.

15 만족스러운 결과가 나왔다면 blip 레이어로 돌아온다. 타임라인 에디터를 보면 'blip'이라는 글자 옆에 작은 화살표가 보일 것이다. 이를 클릭해 애니메이션 속성 창을 열고, Position 옆에 있는 작은 동그라미 안을 클릭해서 포지션 키프레임을 추가한다. 이때 타임라인의 첫 번째 프레임이 키로 설정되어 있어야 한다.

16 마지막 프레임으로 가서 똑같은 작업을 한다. 마지막 프레임을 키로 설정한 상태에서 Move 툴을 선택하고, 메인 창의 주사선 오브젝트를 선택한다. 오브젝트를 프레임에서 벗어나도록 밀어 내린다. 첫 번째 프레임에서는 프레임을 벗어나도록 올려서 내린다.

17 애니메이션을 재생해보고, 만족스러우면 File ＞ Export ＞ Render Video로 렌더링을 한다. 파일을 열 때 필요한 값을 모두 설정했으므로 그대로 저장하면 된다. 파일 용량을 줄이고 싶다면 품질이나 크기를 줄이면 된다. MP4 영상 파일로 렌더링될 것이다(그림 5.68).

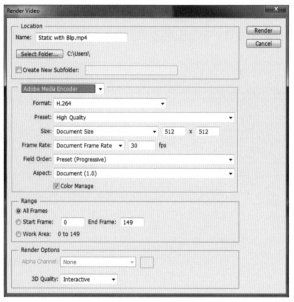

그림 5.68 Render Video 설정 창

현상수배 홀로그램 포스터

실제 홀로그램은 입체로 이루어져 있으므로, 게임에서 이를 재현하려면 3D를 활용해야 한다. 여기에서는 2D 홀로그램처럼 생긴 투사 영상을 만들고, 엔진에서 이 영상을 투명한 판에 올릴 것이다. 이렇게 하면 컴퓨터 화면이 투사된 것과 비슷한 효과가 나지만 3D 작업을 할 필요가 없다.

1 외계인의 컨셉트 드로잉 파일을 불러와서, Eraser 툴로 배경을 지운다. 외계인 형태를 말끔하게 따내 새 레이어에 붙여 넣고 alien이라고 이름 붙인다(그림 5.69).

그림 5.69 외계인 그림을 배경으로부터 분리시킨다

2 이미지 크기를 512×512픽셀로 수정한다.

3 Rectangle Shape 툴에서 Fill은 투명, Stroke는 검은색 10포인트를 선택해 캔버스 테두리를 그린다(그림 5.70).

4 Type 툴에서 우주 느낌의 글꼴을 선택해, 이미지 위쪽에 WANTED라고 쓴다. 다른 말을 더 써도 되지만 이 이미지는 줄거리에 영향을 미치는 게 아니라 게임에 분위기의 살리는 용도이므로 너무 많은 글자를 넣지는 말자(그림 5.71).

그림 5.70 10포인트 두께의 검은색 테두리를 넣는다

그림 5.71 현상수배 포스터에 글자를 넣는다

5 캐릭터 밑에 레이어를 만들고 background라고 이름 붙인다. 중간 정도의 회색을 채운다.

6 파일을 저장한다. 글자 레이어와 테두리 레이어를 전부 선택해서 병합한다. Image > Adjust > Invert를 클릭한다. 앞서 검은색을 사용한 이유는 작업할 때 형태를 잘 보기 위해서였다.

7 외계인 레이어를 선택하고 Image > Adjust > Hue Saturation을 클릭한다. 대화 창 오른쪽 아래 있는 Colorize 상자를 체크한다. Lightness는 80, Saturation은 70으로 설정하고 OK를 클릭한다(그림 5.72).

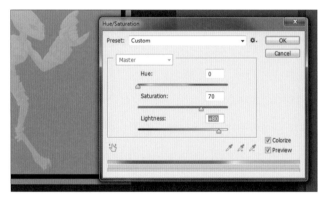

그림 5.72 명도와 채도를 조정한다

그림 5.73 포스터에 형광 초록색 레이어를 입힌다

8 새 레이어를 만들고 green이라고 이름 붙인다. 형광 초록색을 칠하고 레이어에 Multiply 모드를 적용한다(그림 5.73).

9 맨 밑의 빈 레이어만 남겨두고 모든 레이어를 병합한다. 앞 실습에서 노이즈 레이어를 복사했던 방법으로 레이어를 7번 복사한다. 앞에 있는 두 레이어에 main과 main1이라고 이름을 붙인다.

10 main1 레이어를 선택한다. Move 툴을 선택하고, 키보드의 화살표 키를 눌러 이미지를 1픽셀 왼쪽으로 옮긴다. main과 main1 레이어가 메인 프레임에 번갈아 나올 것이다. 두 레이어를 1픽셀 어긋나게 배치해, 투사된 이미지의 생생한 느낌을 살린다.

11 메인 레이어 2개를 감추고 세 번째 레이어로 넘어간다. Polygonal Lasso 툴로 이미지 위쪽을 잘라낸다(그림 5.74).

그림 5.74 Polygonal Lasso 툴을 사용해 이미지 일부를 잘라낸다

12 다음 레이어 3개에도 점점 아래로 내려가면서 이미지를 잘라낸다.

13 잘라낸 레이어들을 감춘다. 7번째 레이어에는 pop이라고 이름을 붙인다. Eraser 툴에서 흩뿌리는 모양의 브러시를 선택하고, Opacity와 Flow는 100%로 설정해 이미지 일부분을 지운다. 하지만 홀로그램을 알아볼 수 있을 정도로 형상을 남겨두어야 한다. 이 레이어는 이미지가 없는 상태에서 온전히 드러나기 전까지 화면에 띄우는 버퍼링 프레임으로 사용할 것이다(그림 5.75).

그림 5.75 Eraser 툴에서 흩뿌리는 모양의 브러시로 포스터 이미지를 살짝 지운다

14 블렌딩 옵션에서 Outer Glow를 선택한다. 이미지에 사용했던 초록색보다 밝은 초록색을 선택한다. 나머지 프레임에는 기본 설정을 유지해도 좋다(그림 5.76).

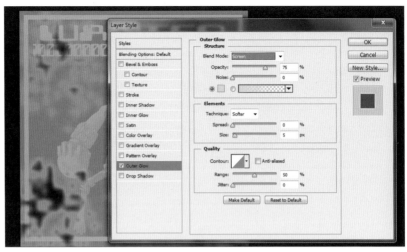

그림 5.76 블렌딩 옵션에서 Outer Glow를 추가한다

15 11~12번의 조각난 레이어들에도 이 블렌딩 옵션을 적용하자. pop 레이어를 오른쪽 클릭해서 Copy Layer Style을 선택한 다음, 이 옵션을 적용할 레이어를 오른쪽 클릭해 Paste Layer Style을 클릭하면 된다.

현상수배 홀로그램 포스터 애니메이션 제작

이제 애니메이션을 만들 준비가 되었다.

1 Window > Timeline > Create Video Timeline을 선택한다(그림 5.77).

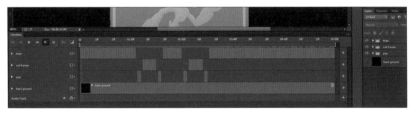

그림 5.77 현상수배 포스터를 위한 애니메이션 타임라인

2 타임라인의 main1 트랙에서, 첫 번째 보라색 상자 끝을 잡고 밀어 1 프레임으로 줄인다.

3 main 트랙의 보라색 상자도 같은 방법으로 줄인 다음, 보라색 상자를

main1 트랙 위로 올리고 첫 번째 보라색 상자 옆에 놓는다. 프레임 인디케이터에 있는 선들 위를 보면 섹션 하나에 프레임이 몇 개 있는지 알 수 있다. 확대를 해서 보고 싶다면 타임라인 창 아래쪽의 산 모양 아이콘 옆 슬라이더를 움직인다.

4 두 보라색 상자를 모두 복사하고 정렬해서 타임라인을 5초 길이로 채운다.

5 모든 트랙에서, 레이어 3 이미지들을 포함한 보라색 상자들의 길이를 2 프레임으로 줄이고, main1 트랙 밑에 한 줄로 끌어와 순서대로 정렬한다.

6 pop 트랙을 2프레임으로 줄인다.

7 타임라인의 1초 부분에서, 프레임의 뒤쪽 절반을 선택하고 18프레임 뒤로 밀어낸다. 10프레임을 건너뛰고 빈 공간 18프레임을 삽입한다. 5초 부분에서 선을 자른다.

8 자른 레이어들을 첫 빈 공간 18프레임 중앙에 둔다. 이 레이어들을 복사해서 두 번째 빈 공간으로 배치한다.

9 pop 트랙에서 메인 레이어들과 자른 레이어들 사이로 바를 가져간다. 레이어를 복사하고 새 바를 다른 빈 지점으로 옮긴다(그림 5.78).

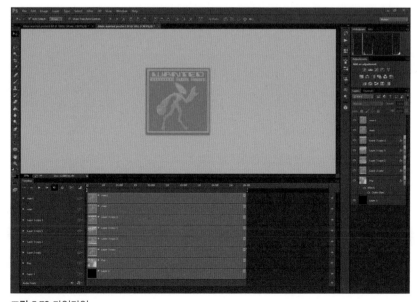

그림 5.78 타임라인

10 File ➤ Export ➤ Render Video를 클릭해 파일을 렌더링한다. 기본 설정을 유지하고 Alien Wanted Poster라고 저장한다.

이 애니메이션을 3D 소프트웨어의 평면에 적용해 게임으로 추출할 것이다. 플레이어는 방 안이나 경찰서에서 이 홀로그램을 만난다. 전광판처럼 크게 나타나기도 하고, 노트북 화면처럼 작게 나타나기도 한다는 것이 텍스처의 장점이다. 단, 해상도는 초과하지 않도록 주의하자.

홍보 자료 제작

어떤 게임을 만들든, 작업이 막바지에 치달아 정신 없이 바빠질 때면 마케팅 부서에서 여러분을 찾아와, 일주일은 걸릴 일을 이틀 만에 완성해 달라고 부탁할 것이다. 제일 먼저 처리해야 하는 급한 일이다.

홍보할 게임이 없으면 게임을 홍보하기가 힘들다. 그래서 개발 단계가 끝나도록 마케팅을 시작하지 못하는 것이다. 사정이 아무리 그래도 쫓기듯 일하는 걸 좋아하는 사람은 없다. 아티스트에게 요청이 들어오는 홍보물 작업은 게임을 사고 싶게 만들 주인공 샷, 포즈를 취한 캐릭터 이미지가 대부분이다. 어렵지 않은 일 아닌가? 아티스트는 모든 캐릭터의 애니메이션을 어마어마하게 많이 가지고 있다. 하나를 골라서 렌더링하자.

문제가 하나 있다면 게임에서는 텍스처가 1024×1024픽셀인 반면, 마케팅 부서는 8192×8192픽셀의 이미지를 사용해야 하는 3미터짜리 배너를 만들어 게임박람회에 걸어야 한다. 수 만 명이 볼 수 있게 이미지를 늘려야 하는 것이다. 그럼 어떻게 해야 할까?

텍스처를 필요한 크기의 두 배 크기로 만든 다음 줄여서 사용하라고 설명했던 이유가 여기에 있다. 하지만 그래봤자 필요한 크기의 1/4밖에 되지 않으므로, 이미지의 해상도를 높이는 작업이 필요하다. 2048×2048 크기의 텍스처를 8192×8192로 늘린 다음, 크기를 키운 파일에서 선들을 깔끔하게 정리한다.

크기가 늘어났으므로 흐릿해진 부분을 쉽게 찾을 수 있다. 숙련된 솜씨를 요하는 작업이라 초보자에게는 쉽지 않으며, 더 큰 텍스처를 사용해 이미지를 새로 만드는 게 더 쉬운 경우가 많다(그림 5.79).

그림 5.79 크기를 늘리면서 가장자리가 흐릿해진 모습

그림 5.79는 상태가 안 좋은 예다. 마케팅 부서는 웹 배너나 팝업 광고, 스크린샷에 사용할 아트 작업을 원한다. 특히 스크린샷을 좋아한다.

스크린샷을 만드는 건 간단해 보인다. 게임을 플레이하면서 멋진 장면을 찾아서 버튼을 누르고 이미지를 저장하면 끝이다. 하지만 이건 시작일 뿐이다. 스크린샷은 완벽하지 않은 경우가 많기 때문이다. 캡처한 장면에 산만한 요소들이 있을 수도 있고, 마케팅 부서에서 스크린샷을 마음에 들어 하면서도 "이걸 오른쪽으로 조금만 옮길 순 없을까요? 아니면 창문에 빛을 없앨 순 없을까요?" 같은 요청을 해오기 때문이다. 홍보용 스크린샷은 대부분 후보정을 거친다.

실습 15: 완벽한 스크린샷 제작

이번 실습에서는 언론 홍보에 사용할 스크린샷을 수정해 보자.

1 우선 스크린샷이 필요하다. 쉬운 작업이다. 게임의 데모 버전을 실행하고 원하는 장면이 나올 때까지 플레이한다. 완벽한 장면을 연출한 다음 키보드의 화면 캡처 키를 누른 다음 포토샵에서 캡처 파일을 열거나, 실습자료 폴더에서 Screenshot 파일을 연다(그림 5.80).

그림 5.80 게임에서 스크린샷을 찍는다

마케팅 부서에서는 이 스크린샷을 좋아했지만 아이콘은 빠지고 캐릭터가 들어가기를 원했다. 그럼 아이콘과 조명, 폭파장치를 수정해 보자.

2 Clone Stamp 툴에서 경계가 부드러운 브러시를 선택한다.

3 새 레이어를 만들고 fix라고 이름 붙인 뒤, Alt 키를 누른 상태로 바닥 모서리 부분을 찍은 다음, 선을 최대한 맞춰가면서 폭파장치를 덮어 나간다. 한번에 안 되면 다시 Alt 키를 누르고 복제할 부분을 선택한다(그림 5.81).

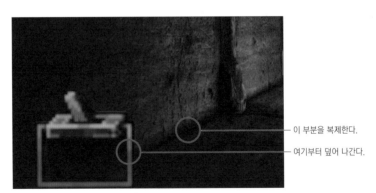

이 부분을 복제한다.
여기부터 덮어 나간다.

그림 5.81 바닥 선을 먼저 복제한다

4 바닥 선이 생겼으면, 벽 부분을 복제해 마무리한다(그림 5.82).

그림 5.82 폭파장치 아이콘을 지운다

5 뒤에 있는 폭파장치도 같은 방법으로 지운다. 이번에는 벽에 있는 세로 선
   에서 출발한다. 거의 바닥까지 이미지를 덮은 다음, 바닥 모서리를 복제해
   서 마무리한다. 벽에 있는 문 연결부위에 어두운 그림자가 있기 때문에, 왼
   쪽 문의 맨 오른쪽을 복제해서 모서리를 덮었다. 이렇게 해서 조명과 작은
   폭파장치 아이콘이 지워졌다(그림 5.83).

그림 5.83 조명과 폭파 작은 폭파장치 아이콘을 지웠다

이제 캐릭터를 집어넣자. 게임 애셋을 가지고 있다면, 적당한 애니메이션을
찾아서 빛의 방향이 잘 맞는 프레임 하나를 렌더링하면 된다. 이 책에서는
이 작업을 대신한 파일을 제공하므로, 여러분은 이 파일을 열어서 제자리
에 놓으면 된다. 외계인의 눈에는 엔진 내 프러시저럴procedural 애니메이션
이 적용되므로, 눈 안에도 색을 칠해야 한다. 눈동자는 노란색으로 반짝이
게 표현하자.

6 외계인 레이어 밑에 레이어를 새로 만들고, 외계인의 눈을 칠한다. 먼저 가장자리에 짙은 갈색을 칠하고, 안쪽에는 연한 노란색을 선명하게 칠한다. 동공에는 살짝 하이라이트를 넣는다. 예시 파일에는 코와 이빨, 입도 표현되어 있다(그림 5.84).

그림 5.84 외계인의 색과 하이라이트를 수정한다

스크린샷 하나가 완성되었는가? 심혈을 기울여 보기 좋은 스크린샷을 완성하고 몇 주 뒤, 잡지에는 스크린샷에 글자가 올라와 있는 예상 외의 결과물이 실려 있을 것이다.

그림 5.85 외계인 배너 광고 최종 이미지

정리

이 장에서 우리는 콘솔 게임 애셋 제작 방법을 배웠다. 이 책에서는 포토샵 애셋만 다뤘지만, 다른 프로그램도 설명했다면 이 장이 훨씬 길어졌을 것이다.

지금까지 우리는 노멀맵을 섬세하게 작업하는 방법, UV 템플릿에서 텍스처 맵을 만드는 방법, 스페큘러맵 만드는 방법을 배웠다. 모두 콘솔 게임 제작에 매일 사용되는 기법들이므로 앞으로 여러분에게 큰 도움이 될 것이다.

포토샵과 3D 프로그램을 함께 사용하거나, 상황에 따라 한 프로그램으로 다른 프로그램을 보완하는 방법도 배웠다. 실무에서는 포토샵과 3D 프로그램은 함께 사용하는 경우가 매우 많아, 새로 출시되는 3D 프로그램들에는 추출을 비롯한 여러 가지 연동 기능이 제공된다. 이런 부가적 플러그인을 제작하는 회사들은 이제 주 프로그램 개발사들만큼이나 크게 성장하고 있다.

콘솔 게임은 가장 뛰어난 아트와 기술을 요하는 게임 분야로 인정받는다. 콘솔 게임을 발전시키는 것은 게임 산업을 비롯해 수많은 측면에 이득을 가져다 준다. 게임업계의 최상위 계층에서 일하고 싶다면, 콘솔 게임 개발의 문을 두드려보자.

6

포토샵 요령과 조언

이 장에서는 여러분이 미처 활용하지 않고 있었을 포토샵 기법을 배운다. 타임라인 창에서 애니메이션을 만들거나, 내부광선으로 테두리 효과를 내는 것 외에도 포토샵에는 여러 가지 기법이 있다. 직접 브러시를 만드는 방법부터 배워보자.

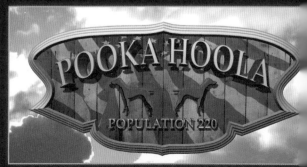

포토샵 브러시를 알아보자

노트 peachpit.com에 접속해 이 책의 ISBN을 입력하면 자료 파일을 받고 영상을 볼 수 있다. 책을 등록하면 Registered Products 아래 Account 페이지에 파일 링크가 보인다.

포토샵 브러시는 브러시 툴로 색을 칠하거나 지우개 툴로 지울 때 사용하는, 미리 저장된 원형이라고 보면 된다. 브러시를 한 번 만들어두면 투명도나 반복 빈도, 번지는 정도, 크기 등 여러 변수를 조절해 다양하게 활용할 수 있다.

포토샵에는 유용한 브러시가 저장되어 있으며, 다른 사람이 만든 브러시를 인터넷에서 받아 설치하거나 자신이 직접 만들 수도 있게 개방되어 있다(그림 6.1).

그림 6.1 포토샵에 설치된 브러시들

어떤 작업을 하는지에 따라 사용하는 브러시도 달라진다. 포토샵에는 동그랗고 선명한 브러시만 있는 게 아니다. 흩뿌리는 모양의 브러시, 스프레이 브러시, 잎사귀 모양의 브러시 등 다양한 형태의 브러시들이 여러분의 작업을 풍성하게 만든다.

인터넷에서 포토샵 커뮤니티를 방문하면, 사용자들이 직접 만들거나 수정한 방대한 양의 브러시를 내려받을 수 있다. 유명한 디지털 일러스트레이터들이 직접 만든 브러시를 공유하기도 한다. 매일매일 새 브러시를 써도 시간이 모자를 정도로 어마어마하게 많다.

무료로 사용할 수 있는 브러시가 이렇게 많다면, 직접 브러시를 만들 일은 없는 것일까? 그렇지 않다! 다른 이들이 만든 브러시를 사용하는 것만으로는 부족하다. 여러분도 직접 브러시를 만들 줄 알아야 한다(필요한 상황을 대비해).

브러시 만들고 수정

기존 브러시를 수정하기에 앞서, 포토샵에서 제공하는 브러시의 속성을 살펴봐야 한다.

브러시 창이 열려 있지 않다면, Window > Brush를 클릭해서 창을 연다. Pen 툴이 선택되어 있어야 한다. 흔히 사용하는, 가장자리가 선명한 둥근 브러시를 선택한다.

Brush Tip Shapes 상자를 선택하면 브러시의 속성 값과 실제 모양들이 쭉 보인다. 이 상자는 브러시의 블렌딩 옵션이나 마찬가지다. 여기에서 다양한 효과를 표현할 수 있다(그림 6.2).

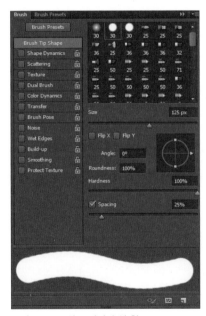

그림 6.2 포토샵 브러시 속성 창

우리는 와콤 신티크를 사용하고 있다고 가정하자. 앞으로 설명할 설정들 중 일부는 태블릿이 있어야만 사용할 수 있다. 태블릿은 굉장히 유용한 도구이므로, 아직 없다면 하나쯤 장만하는 것도 좋다.

Brush Tip Shapes

Brush Tip Shapes는 브러시를 칠했을 때의 끝부분 형태를 만드는 패널이다. 네모 칸 안에 보이는 과녁 모양을 조절해 형태를 만든다. 흰색 점 2개를 이리 저리 움직여 원하는 형태를 잡는 것이다. 끝 쪽에 있는 작은 화살표를 움직이면 형태가 돌아간다. 두 점과 화살표를 움직여 브러시 형태를 수정해 보자(그림 6.3).

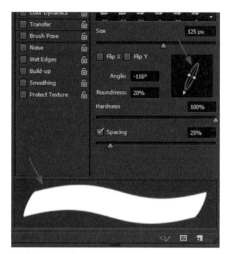

그림 6.3 포토샵 브러시 끝부분 수정하기

다음으로는 과녁 밑에 보이는 **Spacing** 슬라이더를 조절한다. 이 슬라이더는 정해진 길이의 획 안에 원형이 몇 개씩 들어가는지를 결정하며, 같은 길이 안에 원형이 많이 들어가면 원형들 사이의 간격이 좁아진다. 값을 1%로 낮추면 간격 없이 촘촘하게 원형이 찍히고, 값이 커질수록 간격이 멀어진다. 190%로 값을 높여서 브러시를 칠하면, 원형들의 간격이 넓어져 점을 찍듯 표현될 것이다.

Shape Dynamics

Shape Dynamics는 잎이 무성한 나무 등을 표현할 때 유용하다. 브러시의 종류에 관계없이, 원형에 회전 등의 움직임을 더할 수 있다.

Angle Jitter 슬라이더를 21%로 설정하고 미리보기를 하자. Brush Tip Shapes에서 **Spacing**의 값을 줄여 차이를 살펴보자(그림 6.4).

그림 6.4 Angle Jitter 슬라이더 활성화 상태

설정 값을 하나씩 수정할 때마다 브러시가 다양하게 변신하며, 여러 가지를 한꺼번에 건드리면 헷갈리기 쉽다. 한 번에 한 설정씩 시험해보고, 원하는 결과를 확실하게 얻은 다음에 다음 설정을 추가해보는 것이 좋다. 이렇게 하면 작업이 옆길로 샐 때 제자리로 돌려놓기 좋다.

Scattering

정해진 범위 안에서 원형이 흩뿌리듯 여기저기 찍히게 하는 설정이다. Count variable은 범위 안에 찍히는 원형의 개수, Count Jitter는 원형들이 채워지는 밀도를 결정한다.

Texture

블렌딩 옵션의 Texture 기능처럼, 브러시를 칠할 때 원형 안에 색 대신 지정된 무늬가 채워지게 한다.

무늬를 고르고, Scale을 60%, Brightness를 −27, Contrasts를 100, Mode는 Multiply, Depth는 100%, Depth Jitter는 28%로 설정하고 미리보기를 하자. 이 효과는 질감을 추가하는 것이기 때문에, 블렌딩 옵션에서 적용하는 것이 좋다. 복잡한 설정 없이도 같은 효과를 낼 수 있다(그림 6.5).

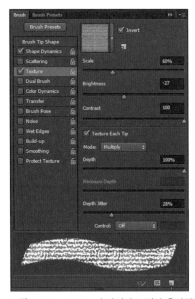

그림 6.5 Angle Jitter 슬라이더로 질감 추가하기

Dual Brush

일반 브러시와 똑같지만 두 배의 역할을 한다. 먼저 브러시 하나를 고르고, Dual Brush 탭을 클릭해 두 번째 브러시를 선택한다. 첫 번째 브러시는 마스크 역할을 하고, 두 번째 브러시는 칠하는 역할을 한다. 일반 브러시에 설정할 수 있는 값들을 전부 각기 설정할 수 있다. 그래서 헷갈리기 쉬운 기능이다. 그렇다면 듀얼 브러시의 장점은 무엇일까? 민들레 씨를 그리기에 좋다(그림 6.6).

그림 6.6 Dual Brush를 사용해 민들레 씨 그리기

Color Dynamics

브러시를 칠할 때 각기 다른 채도나 명도가 번갈아 적용되는 기능이다.

단풍잎 브러시를 선택하자. Brush Tip Shape에서 Spacing을 108로 설정해 간격을 넓히면, 브러시의 원형이 그대로 찍힌다. Color Dynamics에서 Hue Jitter 를 42%, Saturation과 Brightness를 0, Purity를 100%로 설정한다.

이제 브러시를 칠해서 색의 변화를 살펴보자. Hue Jitter 값을 낮추면 색이 변 화 범위가 줄어든다. 값을 높이면 색이 더 광범위하게 변화한다. 낙엽이 쌓인 뜰을 표현하고 싶다면 18% 정도가 적당하고, 휘황찬란한 깃털 장식을 그릴 때 에는 80% 정도가 적당하다. Spacing 설정에서 브러시 간격을 5 정도로 낮추면 브러시가 촘촘하게 찍힌다(그림 6.7).

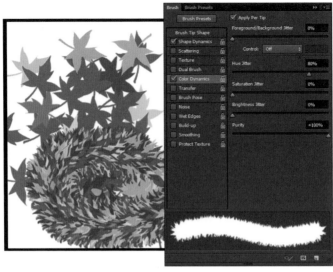

그림 6.7 Color Dynamics 기능을 사용해 그린 단풍잎과 깃털 장식

Transfer

브러시 획 안에서 브러시가 변화하는 효과를 낸다.

Brush Pose

기울기, 회전, 압력 값을 조절해 스타일러스를 사용한 것 같은 효과를 낸다. 이 효과를 적용하면 브러시에 미리 설정되어 있던 압력 값이 무시된다.

그 밖의 브러시 설정

사용자가 변경할 수 없는 브러시 설정들을 소개한다. 값을 조절할 수는 없고 효과를 켜거나 끌 수만 있다.

- Noise: 무작위로 노이즈를 추가한다. 이 기능을 사용하면 캔버스 전체가 아니라 브러시를 칠하는 부분에만 노이즈를 넣을 수 있다.
- Wet Edges: 물방울 또는 수채화 필터와 같은 효과를 내지만, 브러시를 칠한 획에만 효과가 적용된다.
- Build up: 이미지에 그라데이션 톤을 적용하고, 에어브러시의 결을 흉내낸다.

- Smoothing: 색을 칠하는 동안 곡선을 부드럽게 한다.
- Protect Texture: 선택한 질감이 모든 브러시에 적용되게 한다.

실습 16: 이미지를 사용해 브러시 제작

브러시 기능에 익숙해졌으면, 원하는 이미지를 사용해 직접 브러시를 만들 수 있다. 앞서 설명했듯 디지털 일러스트레이터로서 경쟁력을 확보하려면 브러시를 만들 수 있어야 한다. 옛 말에 '바른 도구가 있어야 바르게 일을 할 수 있다'고 했다.

1 2500×2500픽셀 크기의 새 파일을 만든다. Fill 툴을 사용해 배경에 흰색 대신 빨간색이나 진한 분홍색을 칠한다.

2 새 레이어를 만들고 brush라고 이름 붙인다.

3 이미지를 만들거나 원하는 이미지를 고른다. 단, 배경이 투명하고 흑백이어야 한다. 이미지에 색이 있으면 저장할 때 그레이스케일로 전환된다. 우리는 모자를 쓴 말쑥한 신사의 사진을 사용한다. 빨간색 배경 레이어에서 이미지가 잘 보이도록, 사진에서 배경 부분은 잘라냈다(그림 6.8).

4 Magic Wand 툴로 이미지를 선택한다. 이미지를 캔버스에 최대한 꽉 맞춘다.

5 Edit > Define Brush Preset을 선택한다. 브러시의 이름을 입력하고 OK를 클릭한다. 이제 브러시 목록 맨 끝에 새 브러시가 보일 것이다(그림 6.9).

그림 6.8 모자를 쓴 말쑥한 신사 이미지

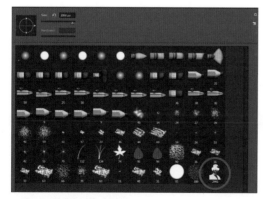

그림 6.9 우리가 만든 브러시

6 새 브러시를 선택하고 색은 검은색을 선택한다. 새 파일을 만들고, 흰색 배경에 브러시를 찍어본다. 신사의 모습이 보인다. 이제 브러시를 칠해 보자. 원본 이미지에서 흰색에 가까웠던 부분은 브러시로 칠했을 때 더 투명하게 보인다(그림 6.10).

그림 6.10 우리가 만든 브러시 칠해보기

브러시 툴은 사진을 가지고 도장을 만드는 기능이 아니라, 미리 지정된 형태를 원하는 색으로 찍어주는 기능이다.

유용한 브러시 제작

모자를 쓴 신사의 사진으로 만든 브러시는 재미는 있을지언정 게임 이미지를 그릴 때 썩 유용하지 않다. 하지만 이제 브러시를 만들어 저장하는 방법을 배웠으니, 여러분도 유용한 브러시를 만들 수 있다.

그림 6.11에는 유용한 브러시를 만드는 데 활용할 사진 4장이 있다. 지금 상태에서는 네모난 형태와 그림자 때문에 바로 브러시를 만들 수 없다. 먼저 이미지를 정리해 보자.

그림 6.11 새 브러시를 만드는 데 사용할 원본 사진들

나뭇가지는 흰색 배경과 대비되어 잘라내기가 쉽지만, 그림자는 이미지의 일부로 인식되기 쉬우므로 따로 지워야 한다.

목재는 이 중에서 가장 어려운 이미지다. 브러시를 잘 만들려면 나뭇결에서 어두운 부분들을 분리해내야 한다. 이미지의 대비를 높이고 어두운 부분을 손수 선택한 다음, 선택 영역을 브러시로 만드는 것이다.

조약돌 사진은 가장자리가 사각형으로 잘려 눈에 거슬리므로, 돌멩이들의 형태를 따라 가장자리를 지운다. 모서리가 울퉁불퉁해야 브러시를 겹쳐 칠하면서 경계선을 숨길 수 있다.

돌멩이 5개는 이 중 가장 쉬운 이미지다. 흰 부분을 잘라내고 그림자를 지운 다음 바로 브러시를 만든다.

브러시를 만드는 것도 품이 드는 작업이지만, 한 번 만들어두면 상당한 시간을 절약할 수 있다. 나뭇잎 브러시로 나무를 그려보자. 나뭇가지들을 직접 그리는 것보다 훨씬 수월할 것이다. 이 브러시들은 나무껍질이나 때묻은 지도, 인간의 피부처럼 원래 이미지와 전혀 관계없는 대상에도 질감으로 사용할 수 있다 (그림 6.12).

그림 6.12 정리한 이미지와 완성된 브러시

일괄 처리 및 이미지 처리

포토샵의 일괄 처리는 여러 개의 파일에 하나의 편집 절차나 과정을 일괄적으로 적용할 때 사용한다. 원하는 기능을 직접 기록하거나 Actions 메뉴에서 선택해 반복 액션으로 만들 수 있다.

이 기능을 효과적으로 사용하려면 일괄 처리 시스템을 이해해야 한다.

Actions 탭

액션은 일련의 처리과정을 기록한 것이며, 파일에 이 과정을 실행하게 된다. 포토샵에는 몇 가지 액션이 저장되어 있다. 여러분이 직접 액션을 기록하면 이 역시 액션 모음에 자동으로 추가된다. Window ➤ Actions를 클릭하면 액션 탭이 열린다(그림 6.13).

그림 6.13과 같이, 탭에서는 다양한 액션이 찾아볼 수 있다. 빨갛게 표시한 부분은 Image Effects ➤ Neon Nights 섹션을 펼친 것이다. 액션을 이루는 모든 기능이 보이며, 액션을 실행하면 이 기능들이 파일에 적용된다.

Batch Processor Editor 창

일괄 처리 편집 창에서는 여러분이 폴더를 선택해, 그 폴더에 저장된 이미지 파일들에 해당 액션을 실행시킬 수 있다. 처리가 끝난 파일들을 다른 폴더에 저장하는 기능, 이때 파일 이름을 새로 지정하는 기능도 있다. File ➤ Automate ➤ Batch를 클릭해서 연다(그림 6.14).

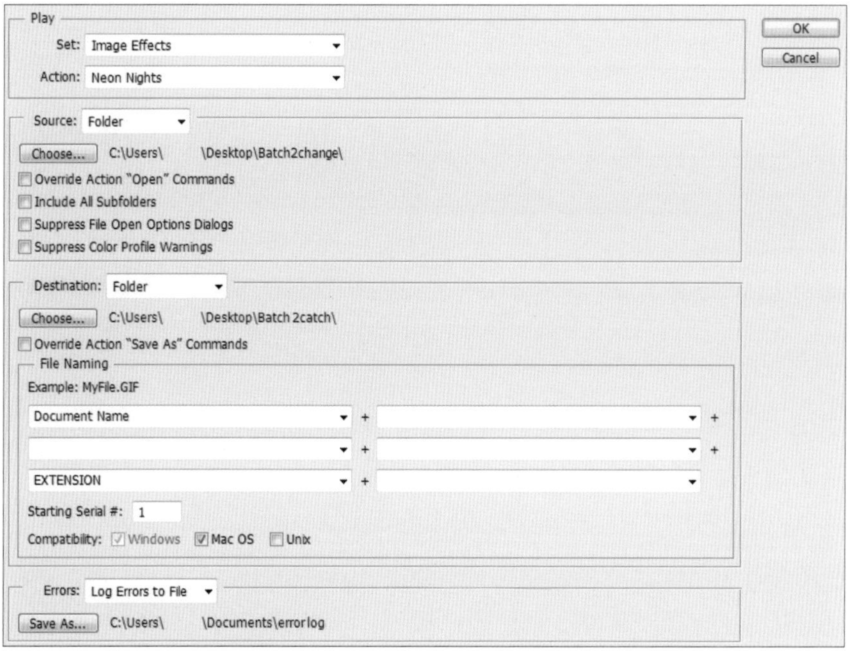

그림 6.13 포토샵의 Actions 탭

그림 6.14 Batch Processor 편집 창

Image Processor 창

이미지 처리는 일괄 처리와 비슷해 보이지만 기능이 좀 더 다양하다. 일괄 처리와 다른 폴더에 저장하는 기능은 같지만, 이름을 새로 지정하는 옵션이 적은 대신, 파일 형식 및 크기 변경 기능이 있다. 이 기능들 역시 새 액션으로 기록할수 있다(그림 6.15).

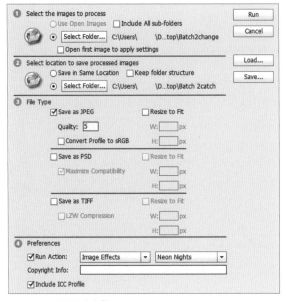

그림 6.15 이미지 처리 창

New Action Recorder

그림 6.16 Actions 탭의
옵션 버튼

직접 액션을 기록하는 기능이다. 액션 기록을 위해서는 먼저 수정할 파일을 연다. Actions 탭의 옵션에서 **New Action**을 선택한다. 대화상자가 열리면 녹음 버튼과 여러 가지 이름 짓기 옵션이 활성화된다(그림 6.16).

이미지에 적용하고 싶은 세트 하나를 고르고, 새 액션의 이름을 정한다. 이 액션을 실행하는 단축키를 만들거나, 액션 목록에서 쉽게 찾을 수 있게 색을 지정할 수도 있다. **Record** 버튼을 클릭하고 파일에 액션을 실행한다. Stop을 클릭하고 새 액션을 저장한다(그림 6.17).

그림 6.17 New Action 기록 대화상자. 사실 액션을 만든 건 아니지만, 이름이 그렇게 지어져 있다

새 액션은 여러분이 선택했던 액션 그룹 목록에 저장되어 있으며, Batch 또는 Scripts 편집기에서 사용할 수 있다.

실습 17: 커스텀 액션 기능으로 파일을 한꺼번에 수정

필터를 사용해 시험용 이미지들의 색을 바꾸고, 이 과정을 하나의 액션으로 저장한 뒤 Image Processor 기능으로 나머지 이미지들에도 같은 과정을 적용해 보자.

1 폴더 한 곳에 여러 파일을 저장해둬야 한다. Batch2change라는 이름으로 폴더 하나를 만들고 이미지 10장을 저장한다(그림 6.18).

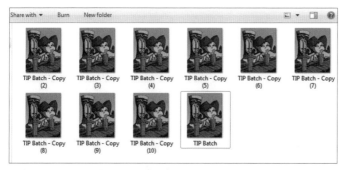

그림 6.18 새 폴더를 만들고 만화 〈티키〉 나오는 그림 10장을 넣었다

2 원본 이미지 파일을 열고, Actions ➤ New Actions를 선택한다.

3 액션 이름을 Tiki Neon이라고 붙이고, Actions 탭의 Image Effects 폴더로 끌어온다.

4 Filters ➤ Filter Gallery를 선택한다. Artistic 항목에서 Neon Glow를 선택한다.

5 네온 빛의 Size는 −24, Brightness는 50으로 설정하고 파란색을 선택한다.

6 OK를 클릭하고, 창 아래쪽의 기록 탭에서 Stop 버튼을 클릭한다. 이제 액션 이 저장되었다.

7 이미지 파일을 저장하지 말고 닫는다. 저장을 하면 이 파일에 같은 액션이 한 번 더 적용되기 때문이다.

8 File ➤ Scripts ➤ Image Processor를 선택한다(그림 6.19).

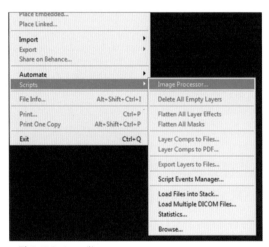

그림 6.19 Scripts 메뉴

9 Batch2change 폴더를 선택하고, 수정된 파일들을 저장할 폴더를destination folder 새로 만든 다음 Batch2catch라고 이름 붙인다.

10 이 파일들은 JPG로 저장할 것이므로, 해당 부분에 체크 표시를 한다.

11 환경설정을 하는 Preferences에서 Image Effects 섹션을 찾아 들어가서 Tiki Neon을 선택한다(방금 기록한 액션).

그림 6.20 Batch2catch라는 이름으로 저장할 폴더를 생성한다

12 Run을 클릭한다. 자동으로 포토샵이 열리고, 액션이 실행되고, 파일이 지정된 폴더에 저장되어 닫힌다. Batch2catch 폴더에 가면, 액션에 따라 파일이 모두 수정되어 있는 것이 보인다. 어떤 이미지에나 이 액션을 적용할 수 있다(그림 6.21).

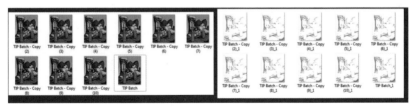

그림 6.21 파일에 액션을 실행하기 전과 후

2D 안에서 3D 다루기

오토데스크 마야와 3D 맥스에 벡터와 글꼴 생성과 벡터 기능이 있는 것처럼, 포토샵 역시 3D 기능을 가지고 있다.

3D 프로그램에 능숙한 사람이라면 포토샵의 3D 기능도 쉽게 다룰 수 있다. 포토샵에서는 2D와 3D 작업이 레이어로 연결된다.

포토샵의 3D 기능

포토샵에는 3D 오브젝트를 만들고 편집하는 기능이 있다. 또한 미리 만들어져 있는 수많은 3D 오브젝트들을 열어 수정하고, 질감이나 조명을 바꿀 수도 있다. 특히 2D 이미지를 3D 형태로 돌출시키는 기능은, 글자에 3D 효과를 적용할 때 매우 편리하다. 다른 3D 프로그램에서 만든 3D 모델을 불러올 수도 있다.

레이어에 3D 모델을 올리면, 포토샵의 2D 기능들을 사용하며 2D와 3D를 오갈 수 있다. 그림 6.22는 2D 환경에서 3D 원환체를 만든 간단한 예다.

그림 6.22 2D와 3D를 결합한 이미지 예

3D 편집

📖 '메시'는 3D 오브젝트를 뜻하는 말이다.

포토샵의 3D 편집 기능은 다른 기능들과 비슷하게 시작하지만 약간 차이가 있다. 새 파일을 만들고 레이어를 만드는 것은 다른 작업과 마찬가지지만, 3D 편집 창을 열면 3D Postcard, 3D Extrusion, Mesh From Preset, Mesh From Depth Map, 3D Volume, 총 5가지 중 하나의 메시를 만들 수 있는 옵션이 주어진다.

메시를 만들거나 불러오면 3D 레이어가 생긴다. 이 레이어들은 일반 레이어 세트의 부분집합으로, 일반 레이어 안에 3D 오브젝트 하나 당 3D 레이어 세트가 하나씩 생긴다. 3D 레이어에서는 오브젝트의 다양한 속성을 편집할 수 있다. 첫 번째 레이어는 장면의 빛과 그림자, 투사 방식, 투사 색 등 환경 속성을 편집하는 곳이다(그림 6.23).

두 번째는 사용자가 작업을 할 때 오브젝트를 화면에 어떻게 표시할지 설정하는 옵션이다. 대부분의 3D 프로그램과 비슷하며, Bounding Box, Normals, Wireframe 등의 모드와 Sketch Grass, Sketch in Thick Pencil처럼 2D 프로그램에서는 낯선 설정이 많이 있다. 3D 기능에 익숙해지기 전까지는 기본 설정을 사용하자.

다음 레이어 세트는 화면에 보이는 시점을 설정한다. 이 레이어는 카메라와 마찬가지로, 원근 시점perspective view을 사용하는지 직각 시점orthographic view을 사용하는지 여부, 관측 시야FOV, 심도Depth of Field 등을 정한다. 3D 안경이 있는 경우 입체 화면을 만드는 훌륭한 기능까지 있다.

다음 레이어는 여러분이 만든 3D 오브젝트에 질감이나 재질을 적용하는 기능이다.

맨 마지막 레이어는 오브젝트/장면의 빛 옵션이다. 이 레이어를 클릭하면 장면 안에서 빛을 표시하는 기즈모가 화면에 뜬다(그림 6.24).

그림 6.23 Environment 설정 탭

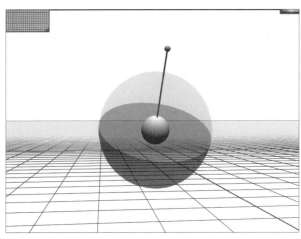

그림 6.24 빛 조절 기즈모

3D 모드의 Rotate, Roll Drag, Slide, Scale 기능을 사용해, 공간 안에서 오브젝트를 움직일 수 있다. Properties 탭에서는 좌표 아이콘을 선택하고 숫자 값을 입력할 수 있다(그림 6.25)

그림 6.25 좌표 값을 숫자로 입력

다른 3D 프로그램들과 마찬가지로, 포토샵에는 오브젝트 손잡이와 인터페이스 요소들을 드래그해 앞서 설명한 기능들을 조절하는 기즈모가 있다(그림 6.26).

그림 6.26 오브젝트 편집 기즈모

오브젝트를 편집하고 질감과 빛을 추가한 다음에는, 일반 2D 모드로 돌아와 평소처럼 2D 이미지를 편집할 수 있다.

실습 18: 2D 배경 위에 3D 오브젝트 제작

포토샵의 3D 편집 기능을 사용해 3D 오브젝트를 만들고, 배경 사진과 어우러지게 편집하자.

노트 3D 프로그램에서는 이런 형태를 원환체(torus)라고 부른다.

1 3200×2400픽셀 크기의 파일을 연다. 실습자료 폴더에서 Chpt6_3DBG 파일을 열거나, 비슷한 배경의 다른 사진을 사용한다.

2 새 레이어를 만든다. Window > 3D를 선택한다. 소스 레이어가 선택되어 있는지 확인한다. Mesh from Preset에서 타원을 선택하고 Donut을 선택한다.

3 Create를 클릭한다. 화면 중앙에 거대한 도넛처럼 생긴 원환체가 나타날 것이다. 지면, 이동 기즈모가 나타나며 다른 시점의 화면도 함께 뜬다.

팁 3D 레이어와 Move 툴이 선택되어 있어야 3D 툴들이 나타난다(그림 6.27).

그림 6.27 도넛 형태에 편집용 기즈모가 함께 보인다

4 회전용 손잡이를 드래그해 Z축에서 오브젝트를 90도 돌린다. 메시 좌표에 숫자를 입력해도 된다(그림 6.28).

바깥쪽 막대는 회전 중심점이다

그림 6.28 기즈모의 원환체 회전 손잡이

5 X축을 드래그해 원환체를 30도 돌린다.

6 Move와 Scale 툴을 사용해, 원환체를 화면 가운데에서 살짝 오른쪽으로 옮기고, 원환체가 그림자로부터 완전히 떨어질 때까지 들어올린다. 이렇게 하면 원환체가 튀어 오르는 것처럼 보인다(그림 6.29).

그림 6.29 튀어 오른 원환체

7 원환체 밑에 있는 3D 레이어에서 Donut Material 레이어를 클릭해, Properties 영역의 Materials 옵션을 연다. Materials 미리보기 버튼을 클릭한 다. 음영이 있는 공 그림 옆에 있는 작은 화살표다. Fun Textured를 선택한 다(그림 6.30).

8 다양한 재질 견본이 뜬다. 어도비에서 견본을 더 많이 내려받을 수도 있다. 예시에서는 플라스틱 느낌에 그물처럼 구멍이 뚫려 있는 재질을 골랐다. 선택한 재질의 Diffuse 채널에서 빨간색을 선택하고, 배경과 잘 어울리게 색 을 조금씩 조절할 수 있다(그림 6.31).

그림 6.30 재질 미리보기 버튼을 클릭한다

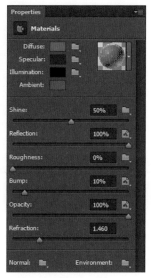

그림 6.31 Materials 선택

9 Shine을 50%, Reflection을 100%로 설정한다. 숫자 옆에 보이는 포더 아이 콘을 클릭해서 대화상자를 열고, New Texture를 선택한다. Chpt6_3DBG 파일을 연다. 이렇게 하면 원환체 표면에 바닥이 비치는 효과가 난다. 반사 효과는 오브젝트에 고정되어 있기 때문에, 애니메이션을 넣어도 움직임에 따른 반사면의 변화가 반영되지 않는다. 지금은 정지된 이미지를 다루므로 이 효과가 보기 좋게 적용된다.

10 Roughness를 0%, Bump를 10%, Opacity를 100%, Refraction을 1.5로 설정한다. 오브젝트를 보기 좋게 만들기 위한 값들이며, 각자 취향에 따라 다른 값을 입력해도 된다.

11 3D 레이어 Infinite Light 1을 선택하고, Move 툴을 선택한다. 원환체의 왼쪽 위에서 빛이 비추도록 빛의 위치를 옮긴다. 그림자를 참고하면 된다(그림 6.32).

그림 6.32 Infinite Light 툴

12 3D 모드 탭에서 Rotate를 선택한다. 3D 오브젝트 툴을 선택한 상태에서 지면을 클릭한다. 지면을 살짝 앞으로 돌려, 배경 이미지의 경사에 맞게 언덕을 내려가는 시점을 연출한다.

13 일반 레이어로 돌아와 3D 레이어를 복사한다. 3D 레이어라는 표시로 바닥에 작은 상자 아이콘이 뜬다. 첫 번째 레이어 밑에 새 레이어를 만들고 두 레이어를 병합한다. 3D 레이어 사본은 건드리지 않고 감춰둔다. 3D 파일 원본을 보존하면서 3D 파일을 일반 파일로 변환하기 위해 레이어를 감춘 것이다. 이렇게 하면 파일을 2D로 편집할 수 있다. 병합한 레이어 위에 새 레이어를 만들고 grass라고 이름 붙인다.

14 땅에 있는 원환체의 그림자를 확대해 보자. Ray Trace 그림자에 잔디의 형태가 반영되지 않아 그림자가 어색해 보인다. 색을 칠하고 지우는 작업을 통해 깔끔하게 다듬어야 한다.

15 갈대 모양의 브러시를 선택한다(팔레트 #134). 배경에서 그림자 바로 앞의 색을 선택한다. 불투명도를 85%로 설정하고, 브러시의 크기는 이미지 속 잔디와 똑같이 맞춘다. 그림자 가장자리를 브러시로 덮어 나가면서, 그림자가 있는 부분의 잔디를 표현한다.

16 그림자가 있는 Eraser 툴에서 둥글고 가장자리가 부드러운 브러시를 선택한 뒤(크기는 20 정도), Opacity는 55%로 설정한다. 그림자 끝부분의 균일하지 못한 부분을 조금씩 지워나가, 그림자가 드리운 부분의 잔디가 균일하지 않은 느낌을 낸다.

17 마지막으로 Clone 툴에서 작은 갈대 모양 브러시를 선택한다. 현재 레이어에서 소스로 사용할 도장을 찍은 다음, 잔디 레이어를 선택한다. Opacity를 60%로 설정한다. 그림자 부분을 살짝살짝 칠해 자연스럽게 표현한다(그림 6.33).

그림 6.33 그림자 수정 전후

포토샵에서 3D 오브젝트를 만들면, 2D 브러시로는 그리기 힘든 오브젝트를 복제할 수 있다. 작업 초기에 3D를 사용하더라도 작업 속도를 높일 수 있으며, 시간은 곧 돈이다.

실습 19: 2D 배경에서 3D 글자를 만들고 편집

포토샵의 3D 글자 생성 기능을 사용하면 어떤 글꼴이든 3D 오브젝트로 돌출시킬 수 있다. 돌출 시킨 오브젝트에는 3D 모드에서 재질, 가장자리 경사, 빛을 비롯한 여러 속성을 적용할 수 있다(그림 6.34).

그림 6.34 돌출된 글자 예

배경 명판 제작

2D의 명판 형태와 글자를 3D로 만들어서, 게임에 들어가는 표지판을 만들자.

1. 3000×1500픽셀 크기의 새 파일을 만든다.

2. 새 레이어를 만들고 shield라고 이름 붙인다.

3. Custom Shape 툴에서 방패 모양을 선택한다. 캔버스에 꼭 맞게 Transform 기능으로 방패의 크기를 늘린다(그림 6.35).

4. Edit > Transform Pat > Flip Vertical을 선택한다.

5. 지붕처럼 생긴 형태를 선택해, 방패 형태 위에 올린다. 그림 6.36에서 첫 번째로 그린 형태는 검은색, 두 번째로 그린 형태는 회색으로 보이지만 다음 단계에서 둘 다 검은색으로 칠한다(그림 6.36).

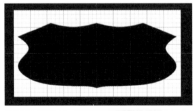

그림 6.35 Custom Shape 툴에서 방패 모양을 만든다

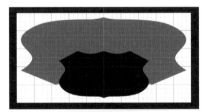

그림 6.36 두 번째로 지붕 모양을 선택해서 올린다

6 두 형태를 병합하고, 빈 레이어를 하나 더 만들어서 병합한다. 이제 벡터가 아닌 래스터 이미지가 되었으며, 짙은 색의 거대한 형체가 되어 있을 것이다.

7 3D 탭에서 New 3D Extrusions from selected layer를 선택한다. 이제 3D 형태가 생겼다(그림 6.37).

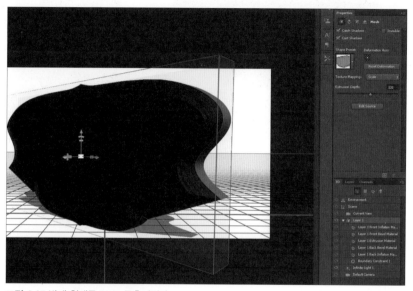

그림 6.37 방패 형태를 3D로 돌출시켰다

8 3D 레이어 항목에서 맨 위에 있는 레이어의 속성 탭에서, Extrusion Depth 값을 120으로 설정한다.

9 슬라이더 위에는 Shape Preset 항목이 있다. 그림 상자 옆에 있는 작은 화살표를 클릭해 대화상자를 열고, 위쪽 맨 왼쪽에 있는 Bevel Frame 아이콘을 선택한다. Properties 탭으로 가서 메시 속성을 캡 속성으로 전환하고 경사면 캡 하나를 선택해도 된다(그림 6.38).

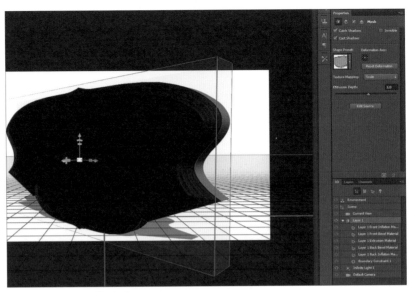

그림 6.38 경사면이 적용된 캡들

10 3D 레이어 무리에는 큰 레이어 밑으로 돌출 기능에 대한 개별 항목들이 있다. 항목들을 하나하나 클릭해보면 모델에서 각기 다른 구역이 강조된다. 이제 조각들에 따로따로 선택해서 재질을 입힐 수 있다.

11 첫 번째 레이어(맨 앞부분)를 선택한다. 속성 창에서 Diffuse 옆에 있는 상자를 클릭해서 빨간색을 선택한다.

12 그 밑에 있는 레이어에는 노란색을 선택하고, 그 다음 레이어에는 초록색을 선택한다. 이렇게 하면 모델이 세 겹으로 쪼개진다(그림 6.39).

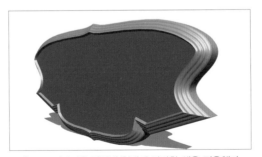

그림 6.39 경사면을 깎아낸 형태에 간단한 색을 적용했다

이번에는 세 겹에 각기 다른 재질을 적용해 보자.

13 첫 번째 레이어를 선택하고, **Diffuse** 상자 왼쪽의 폴더 아이콘을 클릭한다. **Replace Texure**를 클릭하고, American Flag on wood.tiff 파일을 찾아서 **OK**를 누른다. 이는 재질과 질감을 지정하는 방법의 하나다. 빨간 상자를 흰 색으로 바꿔서 하이라이트가 빨간색으로 나오지 않게 하고 **OK**를 클릭한다 (그림 6.40).

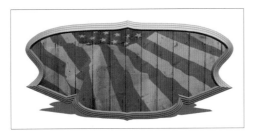

그림 6.40 성조기 질감

14 다음 레이어로 내려온다(앞쪽 경사면). 미리보기의 구 모양을 더블클릭해서 **Metal Gold**를 선택한다. **Metal Gold**가 보이지 않으면 **Settings** 아이콘을 클릭 해서 **Metal**을 선택한다. 뒤이어 **Append**를 선택하면, 질감 기본 설정에 금색 이 추가될 것이다(그림 6.41). 다른 레이어에도 같은 과정을 반복해 금색 테 두리를 만든다. 다른 재질을 적용해도 되지만 뒤에 있어서 보이지 않을 것 이다. 컴퓨터에 부담을 많이 주는 무거운 작업이므로 중간에 저장하는 것 을 잊지 말자.

표지판 글자 제작

이번에는 표지판에 글자를 넣자. 마을 이름과 인구 정보를 입력할 것이다.

1 우리 마을의 이름은 POOKA HOOLA다. **Text** 툴에서 Palatino Linotype이라 는 글꼴을 선택하고, 85포인트 크기를 선택한다. 방패 레이어 위에 새 레이 어를 만들고, 검은색 대문자로 마을 이름을 입력하자.

그림 6.41 재질 라이브러리 에 재질 추가하기

2 다른 글자 레이어에는 30포인트 크기로 POPULATION 220이라고 입력한다.

3 Pooka Hoola 레이어를 선택하고, **Type > Warp Text**에서 아치 모양의 Arc를 선택한다. Blend 값을 +20으로 설정한다.

4 이제 앞에서와 마찬가지로 Pooka Hoola 레이어를 선택한 상태에서 **3D > New Extrusion from Selected Layer**를 클릭한다. **Extrusion Depth**는 275로 설정하고, **Shape Presets**에서는 **Bevel**을 선택한다.

5 Pooka Hoola Front 레이어를 선택하고, **Metal Gold**를 다시 선택한다. 그 밑의 레이어에는 **Metal Copper**, 그 밑 레이어에는 **Metal Brass**를 적용한다. 이렇게 하면 음영이 더 보기 좋게 표현된다.

6 2D 레이어로 돌아와서 POPULATION 레이어를 선택한다. 이 레이어도 **New Extrusion from Selected Layer**를 클릭해서 3D 오브젝트로 만든다. **Extrusion Depth**는 90으로 설정한다.

7 이번에는 Shape Presets에서 하나를 고르는 대신, 속성 창에서 **Cap** 아이콘을 클릭해 Cap Contour 라이브러리를 연다. 여기에서 가장자리 경사면을 이룰 윤곽을 선택할 수 있다. 등고선 이미지를 더블클릭해서 직접 윤곽을 만들 수도 있다. **Angle**을 45도, **Strength**를 23%로 설정한다(그림 6.42).

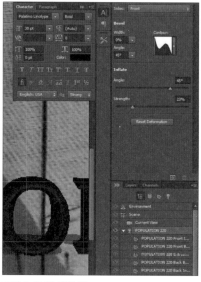

그림 6.42 캡 편집 창

8   모든 레이어에 Metal Gold 색을 적용한다.

9   POPULATION 대표 레이어를 선택하고, 속성 창 위쪽의 Cast Shadows 항목 선택을 해제한다. 그림자는 나중에 직접 만들어 보자. Pooka Hoola 레이어의 그림자도 끈다.

10 2D 레이어에서, 3D 레이어 2개에 그림자를 넣는다(가능한 작업이다). Distance 값을 조금 올리고, Opacity는 50%로 설정한다(그림 6.43).

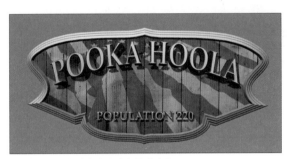

그림 6.43 배경 명판에 글자가 들어갔다

표지판 장식

표지판 가운데가 휑하게 비어 있다. 이 공간에는 마을의 사진이나 구호 등 여러 가지를 넣을 수 있다. 우리는 메탈 재질의 파란색 개 형상 2개를 넣어본다.

1   그림을 그리거나 사진을 활용해서 개의 실루엣을 가져온다. 돌출을 시킬 것이므로 실루엣 형태여야 한다.

2   New Extrusion from Selected Layer를 클릭해서 개 실루엣을 3D 오브젝트로 만든다. Extrusion Depth는 15로 설정한다.

3   앞 레이어를 선택해서 Materials 옵션을 연다. 미리보기 상자 옆 작은 화살표를 클릭해서 No Material을 선택한다.

4   Diffuse 항목에서는 폴더 아이콘을 클릭하고, 파일 아이콘을 클릭해서 Metal Blue Scratched 이미지를 찾는다. 긁힘이 있는 푸른색 금속 재질이다. 각자 원하는 다른 이미지를 사용해도 좋다.

5 Shine을 80%, Bump Map을 35%로 선택한다.

6 No Material 맵을 선택했던 곳으로 돌아가서 New Material을 선택한다. 새 재질을 만들고 Metal Blue Scratched라고 이름 짓는다(그림 6.44).

그림 6.44 새 재질 만들기

이렇게 하면 재질이 라이브러리에 저장되어 다음에 다시 사용할 수 있다.

7 개 레이어의 나머지에도 해당 재질을 적용한다. 이때 Cast Shadows는 꼭 꺼둔 상태여야 한다.

8 2D 레이어로 돌아와서 개 레이어를 복사한다.

9 이미지를 세로 축 기준으로 뒤집어서 반사된 이미지를 만든다. 스마트 오브젝트를 만들겠냐고 질문이 뜨면 Yes를 선택한다(그림 6.45).

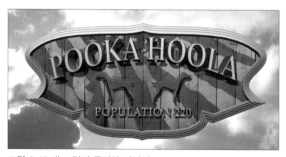

그림 6.45 개 그림이 들어간 이미지

노트 이제 포토샵에는 3D 인쇄 항목도 있다.

이는 이미지의 시작일 뿐이다. 어두운 비밀을 감춘 미래의 디스토피아 복고 도시에 들어갈 애셋을 만들려면, 낡은 표시를 곳곳에 만들어야 한다

히스토그램, 레벨, 커브: 포토샵 속 그래프들

히스토그램은 이미지 안에서 데이터가 어떻게 분배되어 있는지를 보여주는 그래프다. 그래프의 들쑥날쑥한 점들을 조절하면 데이터 분배를 조절하고, 이미지를 수정할 수 있다. 히스토그램을 사용하면 명도와 채도, 대비, 광도, RGB 값 등 다양한 변수를 조절할 수 있다.

물론 이 변수들은 Image ➤ Adjustments에서도 조절할 수 있지만, 하지만 원하는 결과를 얻지 못한 경우, 히스토그램을 열어 그래프와 숫자를 확인하면 된다.

히스토그램은 이미지 정보를 표시하는 하나의 방법일 뿐이다. 애니메이션의 기능 곡선을 보면 무엇이 잘못되었는지 확인할 수 있는 것처럼, 히스토그램을 사용하면 이미지의 문제점이 무엇인지 파악하고 슬라이더를 사용할 때보다 많은 정보를 얻을 수 있다.

히스토그램은 어디에 있을까?

Window ➤ Histogram을 선택하면 화면에 작은 창이 뜨면서, 색색의 그래프가 나타난다(컬러 채널이 열려 있어야 한다). 툴 확장 패널에도 히스토그램 아이콘이 있다. 옵션 탭에서 Show all channels 상자를 체크해도 된다(그림 6.46).

그림 6.46 채널을 확장한 히스토그램 창

Levels

레벨은 히스토그램과 비슷하지만 옵션이 있다. 입력된 히스토그램을 보여주는 창이 있고, 그 밑에는 슬라이드가 있으며 각각 Dark, Midtone, Brightness 기능을 하는 손잡이 3개가 있다(왼쪽에서 오른쪽). 각각의 기능을 알아보자(그림 6.47).

그림 6.47 채널을 확장한 레벨 창

Brightness 손잡이를 슬라이드 가운데로 끌어보자. 이미지가 밝아진다. 이는 이미지가 밝음에 가중치를 주었기 때문이다. Brightness를 움직이는 과정에서, 중간에 있던 Midtone 손잡이도 함께 움직인 것을 볼 수 있다. 이는 중간 색조가 자동으로 조절된 것이다. 이제 Brightness 손잡이를 제자리로 돌려놓는다.

Dark 손잡이를 오른쪽으로 움직이면 이미지의 어두운 부분에 가중치가 생긴다(그림 6.48).

그림 6.48 어두움에 가중치를 둔 레벨 창

레벨은 이미지의 밝음과 어두움 속성을 조절하는 데 좋다. 포토샵에는 이 기능을 더욱 쉽게 사용할 수 있도록 몇 가지 기능을 제공한다.

레벨 창 맨 위에는 Presets 풀다운 메뉴가 있어, 이미지에 다양한 느낌을 연출할 수 있다. 원하는 옵션을 선택하면, 히스토그램 창에 있는 손잡이가 저절로 필요한 자리를 찾아 간다.

Auto 버튼은 다빈치가 살던 시절부터 전해 내려오는 신비로운 비법을 사용해 이미지를 최상으로 보정해준다. 아니면 아주 똑똑한 알고리즘을 사용할 것이다 (그림 6.49).

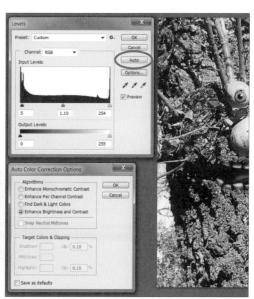

그림 6.49 자동 색 보정 옵션

Auto Color Correction Options 역시 알고리즘을 사용하는 기능이다. 여기에서 가장 멋진 기능은 다음과 같다.

이미지를 선택하고, 모든 아트워크가 Levels 창에서 Auto 버튼을 클릭한다. 옵션 메뉴에서 Enhance Monochromatic Contrast를 클릭한다. 이제 색상 영역에서 Highlights와 Midtones에 연두색을 선택한다(그림 6.50).

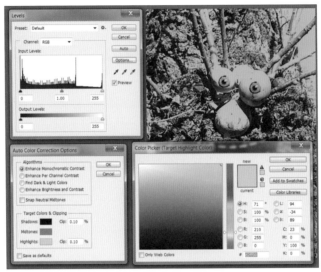

그림 6.50 Auto Color Correction Options 창에서 Enhance Monochromatic Contrast를 선택한다

Levels 그래프로 돌아와서, 손잡이 3개를 모두 가운데로 옮긴다(그림 6.51). 게임 박람회에서 입을 티셔츠에 멋지게 넣을 수 있는 이미지가 완성되었다.

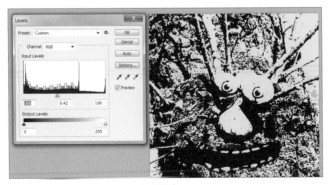

그림 6.51 Levels 창에서 대비를 조정했다

Curves

커브는 레벨과 비슷하지만 좀 더 똑똑한 기능이다. 이미지의 색조를 수정하고, 조절 곡선(그래프를 사선으로 지나가는 선이며, 작은 점들이 찍혀 있다)을 따라 스톱들을 추가하면서 값을 선택적으로 늘리고 압축해 이미지를 폭넓게 편집할 수 있다 (그림 6.52).

그림 6.52 커브 편집 창

처음에는 그래프가 좀 헷갈릴 수 있지만, 커브를 다룰 때에는 히스토그램 창을 열어두어 레벨을 계속 확인해야 한다.

커브를 실행하려면 Image ➤ Adjust ➤ Curves를 클릭하거나, Photography Workspace에서의 Adjustments 영역, 또는 Window ➤ Adjustments를 선택한다. Image ➤ Adjust ➤ Curves를 선택하면 작업 중인 레이어에 바로 효과가 적용되지만, Adjustments 영역에서 커브 기능을 사용하면 보정 새로 생긴다. 보정 레이어에 효과를 적용하면 원본을 보호할 수 있어 더 안전하다.

커브가 어떻게 작동하는지 감을 잡기 위해, Ent.tiff 등의 시험용 파일을 열어보자. 또는 아무 이미지 파일이나 괜찮다. 파일을 열고, Adjustments 영역에서 Curves를 클릭한다. 커브 창과 함께 새 레이어가 뜰 것이다.

커브 편집 창에는 밑에서 위로, 사선으로 올라가는 선이 하나 있다. 이 사선의 위쪽 끝을 왼쪽으로 드래그해보면, 이미지의 히스토그램이 바뀌는 것이 보인다.

이제 이 점을 아래로 쭉 내려보고, 다시 오른쪽으로 드래그해 보자. 이미지가 급격하게 바뀌는 것을 볼 수 있다. 사선 끝에 있는 두 점은 이미지의 검은색(왼쪽 아래)과 흰색(오른쪽 위) 값을 조절하므로, 꼭대기에서는 밝은 색이 극대화되고 바닥에서는 어두운 색이 극대화된다(그림 6.53).

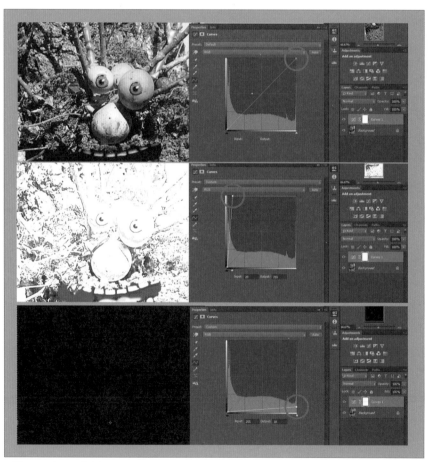

그림 6.53 커브 조절하기

두 점 사이의 선을 클릭하면 중간 색조를 조절하는 손잡이가 생긴다. 이 손잡이를 위로 올리면 중간 색조가 밝아지고, 밑으로 내리면 중간 색조가 어두워진다. 끝점을 조절하는 것과 비슷하다(그림 6.54).

그림 6.54 커브에서의 중간 톤

하지만 커브를 사용하는 아티스트는 많지 않다. 대신 포토샵의 이미지 최적화 알고리즘을 바탕으로 색과 톤을 조절하는 Auto 버튼을 주로 사용한다. Auto가 항상 효과적인 것은 아니지만, 이미지에서 어느 부분을 수정하면 좋을지 확인하기에는 좋다. 포토샵에는 프리셋도 다양하게 마련되어 있다(그림 6.55).

여러분이 직접 이미지를 조절해도 되고, 프리셋을 선택한 다음 커브를 수정해도 된다.

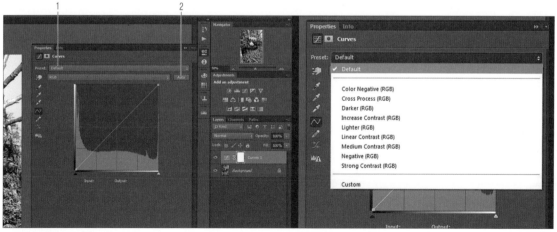

그림 6.55 커브 프리셋

규칙을 명심하자

기능을 유연하게 활용할 수 있는 것도 좋지만, 여기에는 규칙도 있다. 첫째, 커브에는 색조 범위의 계층구조가 있다. 원본 이미지에서 다른 픽셀보다 밝았던 픽셀은, 보정을 한 뒤에도 원래만큼 밝진 않더라도 다른 픽셀보다는 밝은 색을 유지한다.

둘째, 일부 픽셀을 더 밝게 만들면, 다른 픽셀들은 덜 밝아진다. 커브에서는 모든 것이 균형을 유지한다. 보정할 수 있는 양이 한정되어 있다고 생각하자. 픽셀에 이런 저런 변화를 줄 수 있지만, 이 변화를 보충하기 위해 이미지 전체가 보정된다.

셋째, 과하게 사용하지 말자. 커브는 사용하기 까다로우며, 살짝만 보정을 하는 것이 가장 좋다. 조절 곡선을 너무 심하게 출렁이면 이미지가 순식간에 이상하게 변해버린다. 커브를 다룰 때에는 항상 폭탄을 제거한다는 마음으로 신중을 기해서, 이미지를 한순간에 날려버리지 않게 조심하자.

보정 레이어

그림 6.56 프리셋을 전부 적용한 Adjustment 창

커브 항목에서 보정 레이어를 언급했지만, 잘 모르는 독자들을 위해 간단히 짚고 넘어가자. 보정 레이어는, 해당 레이어, 때로는 그 밑에 있는 레이어에 수정이 반영되도록 보정을 적용하는 레이어다.

보정 레이어의 장점은 무엇일까? 원본 레이어를 바로 건드리지 않는다는 것이 가장 큰 장점이다. 새의 사진을 보정한다고 할 때, 보정 레이어는 원래의 새 이미지를 그대로 두고 새 레이어에 효과가 적용되게 한다. 반면 Image > Adjust에서 기능을 적용하면 실제 이미지가 수정된다.

Adjustments 창에는 여러 프리셋이 준비되어 있다(앞에서 거의 다 설명했다). 그림 6.56은 프리셋을 전부 적용한 모습이다.

감춰진 기능

포토샵에는 어떤 항목에 끼워 넣기도 애매하고, 따로 항목을 만들기에는 너무 짧지만 근사한 기능들이 몇 가지 있다.

단축키를 활용해 원형 문양 제작

레이어 복사를 반복해야 한다면 다음처럼 한다.

1   그림을 그린다(그림 6.57).

2   복사해서 붙여넣기 한다(그림 6.58).

3   Win+Ctrl+Shift+Alt+T를 여러 번 눌러 붙여넣기를 하고, 새 레이어를 처음 움 직였던 것만큼 움직인다.

이 기능은 어디에 활용하면 좋을까? 멋진 원형 문양을 만들어보자(그림 6.59).

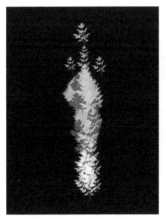

그림 6.57 원형 문양을 그린다

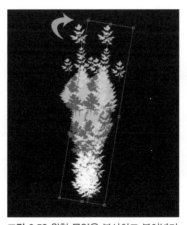

그림 6.58 원형 문양을 복사하고 붙여넣기 한다

그림 6.59 단축키를 활용해 새로 만든 원형 문양

개성 있는 캐리커처 제작

게임에서는 유명인사를 독특하게 그려야 하는 경우가 많으며, 이는 꽤 까다로운 작업이다. 그림을 무척 잘 그려야하는 것뿐 아니라 캐리커처에도 능숙해야 한다. 리퀴파이 필터를 활용해 캐리커처 느낌을 내보자.

리퀴파이 필터는 이미지에서 픽셀들을 움직이는 기능이다. 여기에는 Pucker, Bloat, Forward Warp, Push 툴이 있다. 이 툴들을 사용하면 대상의 원래 느낌을 유지하면서 이미지를 변형할 수 있다.

1 원하는 유명 인사의 이미지를 가져오고, Filters ➤ Liquify를 선택한다.

2 Forward Warp 툴을 사용해 인물의 머리를 위쪽으로 드래그한다(그림 6.60).

그림 **6.60** Forward Warp 툴로 머리를 움직인다

3 Pucker 툴을 선택하고, 입 주변부터 찍어가면서 입과 목을 쪼그라들게 만든다(그림 6.61).

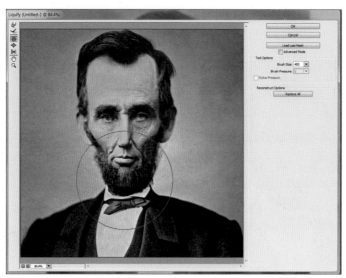

그림 6.61 Pucker 툴로 입과 목을 수정한다

4 Bloat 툴로 눈 크기를 살짝 키운다(그림 6.62).

그림 6.62 Bloat 툴로 눈을 수정한다

5 마지막으로 Forward Warp 툴을 사용해 얼굴을 다듬는다. 귀 가장자리를 바깥으로 당겨 크기를 늘린다. 목은 더 길고 가늘게 늘리고, 그림자를 살짝 넣는다. 원본에서는 목이 보이지 않았지만 길이를 늘이면서 피부가 드러났으므로, 색을 칠한 것이다(그림 6.63).

그림 6.63 이미지 수정 전후

클리핑 마스크 제작

레이어에 있는 클리핑 마스크는 매우 활용도가 높다. 이미지(보통 실루엣)을 클리핑 마스크로 만들어서 레이어에 사용하는 것이다.

1 실루엣으로 된 형태를 그리거나, Custom Shape 툴 라이브러리에서 원하는 형태를 고른다. 우리는 백합 문양을 골랐다(그림 6.64).

2 새 레이어를 만들고 색을 하나 추가한다. 우리는 그림 6.65의 흙 사진을 추가했다.

3 흙 레이어가 선택된 상태에서, Layer ➤ Create Clipping Mask를 선택한다. 이렇게 해서 흙 무늬의 백합 문양이 생겼다. 형태가 잘 보이게 배경을 회색으로 바꿨다(그림 6.66).

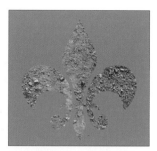

그림 6.64 Shape 툴 라이브러리에 있는 백합 문양

그림 6.65 흙 사진

그림 6.66 흙 무늬의 백합 문양

내용 인식 크기 조정

내용 인식 크기 조정은, 이미지를 원래와 다른 비율로 늘려야 할 때, 특정 부분이 지나치게 늘어나지 않게 최적화해주는 기능이다. 게임 작업을 하다 보면 배경을 만드는 일이 종종 있는데, 자료 사진이 필요한 배경의 크기에 맞지 않을 때가 있다. 이럴 때 이미지 한 쪽을 늘려서 공간을 채울 수 있다. 그림 6.67은 필요한 배경 크기에 비해 자료 사진의 가로 길이가 짧다. 연두색 부분을 채워야 하는 것이다. 이미지 크기를 바로 늘리면 가로로 너무 퍼져 버린다. 이럴 때 내용 인식 크기 조정 기능을 사용해 보자.

그림 6.67 내용 인식 크기 조정이 필요한 해변 사진

1 이미지를 필요한 크기로 늘려보자. 직선이 없는 부분은 괜찮지만 직선이 있는 요소들은 일그러졌다(그림 6.68).

그림 6.68 크기를 늘린 결과 직선 부분이 일그러졌다

2 Selection Save를 사용해 일그러짐을 완화시키자. 사진 원본에서, Lasso 툴로 모래사장 위에 있는 요소들을 선택한다(그림 6.69).

그림 6.69 Lasso 툴로 모래사장 위에 있는 요소들을 선택한다

3 Select ➤ Save를 클릭하고, 선택 영역에 Beach wood라고 이름을 붙인다. 선택을 해제한다.

4 Content-Aware(내용 인식) 기능을 사용해 이미지를 다시 늘린다. 아직 엔터 키를 누르지 않는다.

5 Protect 탭의 풀다운 메뉴에서, 앞서 저장한 Beach wood 선택 영역을 클릭한다(그림 6.70).

그림 6.70 저장된 선택 영역을 선택한다

6 엔터키를 눌러서 크기 조정을 실행한다. 이렇게 하면 이미지 안에서 티가 덜 나는 부분만 부분적으로 늘어나 더 깔끔해진다(그림 6.71).

그림 6.71 내용 인식 크기 조정 기능을 사용하기 전후

플러그인 활용

포토샵에는 어도비 외부의 개발자들이 만든 플러그인이 무궁무진하지만 이를 아는 사람은 얼마 없다. 이 플러그인들을 활용하면 다양한 효과를 낼 수 있다.

플러그인에는 보통 설명서가 함께 있으며, 제작자의 웹사이트에서 쉽게 내려받아 설치할 수 있다. 플러그인이 필요한지 확신이 서지 않는다면 이렇게 자문해 보자. 지금 하는 작업이 손이 많이 가는 성가신 작업인가? 누군가 여러분의 고통을 완화해줄 플러그인을 만들어 뒀을 가능성이 높다.

어도비에는 Adobe Photoshop Marketplace라는 플러그인 전용 웹사이트가 있다(그림 6.72).

그림 6.72 어도비 포토샵 마켓플레이스

이 웹사이트에는 온갖 종류의 포토샵 확장 프로그램들이 있으며, 여러분이 직접 만든 플러그인을 판매할 수도 있다. 어도비에는 개발자를 배려한 조항이 마련되어 있으며, 개인 웹사이트에서 다운로드와 판매 서비스를 제공하는 것도 허용한다.

단축키로 작업 속도 높이기

포토샵의 단축키를 사용하면 작업이 훨씬 빨라진다. Window ➤ Workspace ➤ Keyboard shortcuts를 선택하면 포토샵에서 사용할 수 있는 단축키가 전부 나온다(그림 6.73).

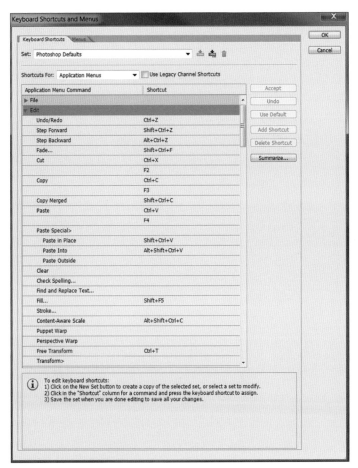

그림 6.73 포토샵 단축키 목록

기능이 한정적이어서 사용할 기회가 없는 단축키들도 있지만, 작업 시간을 크게 절약해줄 단축키들도 많다. 게임 아트 작업에 많이 쓰이는 단축키들을 소개한다.

[:	브러시 크기 줄이기
]:	브러시 크기 늘리기
Ctrl+T	이미지 크기 조절/회전/변형
Ctrl+N	새 파일 만들기
Ctrl+C	선택 영역 또는 파일 복사
Ctrl+V	버퍼에 저장된 이미지 파일 붙여넣기
Ctrl+Print Screen	화면 캡처해서 버퍼에 저장하기
Caps Lock	일반 커서와 십자 커서 전환
Ctrl+Alt+드래그(캔버스 위에서)	브러시 직경 변화
Ctrl+Alt+Command+드래그(캔버스 안에서)	브러시 가장자리 선명도 변화
Shift+드래그	브러시를 정해진 각도로 칠함
클릭하고 커서를 움직인 다음 Shift+클릭	첫 번째 클릭한 곳에서 두 번째 클릭한 곳까지 직선 그림
Alt	Eyedropper 툴로 색 선택
X	전경색과 배경색 전환
F	화면 모드 전환
Z	Zoom 툴 선택
T	Type 툴 선택

정리

이 장에서는 포토샵에서 잘 알려지지 않은 기능들을 배웠다. 직접 브러시를 만들고, 일괄 처리를 사용해보았다. 3D 모델링에 도전하고, 히스토그램과 단축키도 사용했다. 이 장에서 소개한 기능과 요령을 그대로 사용하지는 않더라도, 포토샵에 어떤 기능들이 숨어 있는지 언제나 관심을 가지고 살펴보는 것이 좋다.

7

포토샵으로
포트폴리오 제작

이제 여러분은 포토샵으로 멋진 작업을 할 수 있게 되었다. 하지만 자신의 실력을 홍보하지 않고서는 게임업계에서 일을 구하기 어렵다. 이 장에서는 모두가 여러분을 탐낼 수 있도록 포트폴리오 만드는 방법을 배운다.

게임업계에서 아트 일을 구하려면 이력서, 포트폴리오, 릴을 준비해야 한다. 여기에는 여러분이 어떤 종류의 아티스트이고(지망하고) 무엇을 잘 할 수 있는지 잘 드러나야 한다.

이력서

노트 peachpit.com에 접속해 이 책의 ISBN을 입력하면 자료 파일을 받고 영상을 볼 수 있다. 책을 등록하면 Registered Products 아래 Account 페이지에 파일 링크가 보인다.

이력서는 여러분을 고용하려는 사람들이 가장 먼저 보는 문서이므로, 여러분이 전달하려는 정보를 잘 보여줄 수 있어야 한다. 여러분이 경력과 역량을 전부 나열할 수도 있지만, 어휘나 문서 형식을 잘못 사용하면 여러분의 진가를 제대로 드러내기 어렵다. 그래서 이력서는 형식을 갖춰서 작성해야 한다.

이력서 작성 방식에는 여러 논의가 있다. 시기에 따라 유행하는 이력서가 달라지기도 한다. 그러므로 최종 이력서를 만들 때에는 사전조사를 충분히 하는 것이 좋다. 일을 구하거나 못 구하거나, 둘 중의 하나이기 때문이다.

릴

모든 아티스트가 릴을 준비할 필요는 없다. 사실 애니메이션을 다루지 않는다면 정지된 릴을 준비하면 된다(모델러 등).

애니메이션, 시네마틱, 스크립트, 이펙트 아티스트은 릴을 꼭 준비해야 한다. 레벨을 구축하는 사람도 마찬가지다. 움직임이 들어간 결과물을 쇼릴 형식으로 보여줘야 한다.

게임 아티스트 릴의 길이는 보통 2분 정도가 좋다. 릴에는 게임 제목을 표시해야 하고(있는 경우), 제작 날짜와 여러분의 참여 부분을 명시한다.

여러분의 이름이 들어간 오프닝 또는 제목 페이지, 릴 제목, 전화번호, 이메일 주소도 함께 기재한다. 오프닝은 릴의 명함과도 같으므로, 채용 담당자가 여러분의 작업을 보고 연락처를 찾기 쉬워야 한다. 마지막에는 비슷한 세그먼트를 넣는다.

타이틀은 어도비 애프터이펙트나 캠타시아 스튜디오처럼 글자를 입력할 수 있는 영상 편집 프로그램을 사용해서 만든다. 하지만 3D 기능을 활용하면 더 멋진 타이틀을 만들 수도 있다. 타이틀 시퀀스는 채용 담당자가 여러분의 릴에서 처음으로 보게 되는 화면이다.

실습 20: 릴에 글자 넣기

릴을 구성하는 방법을 설명하려면 책 한 권은 써야 하지만, 기본적인 구성이 끝났다는 전제 하에 실습에 들어가자. 여러분은 세계 최고의 애니메이터로서의 기량을 뽐내기 위해 애니메이션 클립 10개를 준비했다. 클립마다 들어갈 세그먼트 ID 총 10개, 타이틀 하나, 엔드카드 하나가 필요하다. 영상 크기는 720×480픽셀이다. 이 정도 해상도면 모든 요소가 잘 보이는 동시에 파일 용량이 너무 크지 않아 스트림으로 문제없이 영상을 재생할 수 있다. 이제 릴 제작을 시작해 보자.

모든 컷에 글자가 들어가기 때문에, 글자 양식에 일관성이 있어야 영상이 산만해지지 않는다. 때문에 타이틀 카드와 컷 ID, 엔드 카드에 시각적인 연결고리가 필요하다. 릴 전체에서 글자의 색이나 글꼴, 위치 등이 통일되어 있어야 한다.

1 720×480픽셀의 스크린샷 10장이 있다. 이 이미지들은 하나의 페이지에 배열되어 있으며, 타이틀 카드와 엔드 카드에 한 프레임씩 들어간다. 이 이미지들은 애니메이션 릴에 들어가는 컷들 각각의 첫 번째 프레임이다. 이는 어떤 샷에나 적절하게 어울릴 글자 위치를 찾기 위해서다(그림 7.1).

그림 7.1 애니메이션 릴 프루프 시트

2 두 번째 프레임부터(장미 그림) 시작하자. **Type** 툴을 선택하고 컷에 대한 정보를 입력한다. 글자는 오른쪽 아랫부분에 오른쪽 정렬로 배치하자. 글자색은 흰색으로 하고, 검은색으로 테두리를 넣는다.

그림 7.2 프루프시트에 글자 입력

3 프레임 하나를 완성했으면, 글자 레이어를 복사해서 모든 캡처 이미지의 비슷한 위치에 배치해서 문제가 없는지 확인한다. 이때 안내선을 사용하는 것이 좋다(그림 7.3).

그림 7.3 프루프시트에 글자 여러 개 배치하기

4 이제 이미지 각각의 내용에 맞게 글자를 다시 입력한다.

5 새 파일을 만들고 ID master라고 이름 붙인다. 크기는 702×480픽셀이며, 배경이 투명해야 한다.

6 원본 파일에서 첫 번째 글자 레이어를 선택하고 ID master 파일로 드래그해서 가져온다. rose animation.png 등 이미지의 내용에 맞게 파일 이름을 붙인다. 이미지 10개를 모두 같은 방법으로 저장해서 ID 파일 10개를 만든다.

포토샵에서 이 작업을 마친 다음, 애프터이펙트 같은 영상 프로그램으로 이미지들을 불러와서 릴을 만들고, 애니메이션에 타이틀 이미지들을 얹는다. 내용을 고치거나 글자 색을 바꾸고 싶다면 원본 파일로 돌아와서 해당 부분을 수정하면 된다. 수정한 파일을 원래 파일에 덮어쓰면 수정 내용이 반영된다. 릴 파일을 렌더링하기만 하면 된다(그림 7.4).

그림 7.4 어도비 애프터이펙트에서의 애니메이션과 글자 입히기

타이틀 카드 제작

이제 타이틀 카드 만들기 정도는 식은 죽 먹기다. 포토샵 3D 배경 오브젝트와 투명한 2D 글자에 뿌연 빛 효과를 살짝 넣자. 사실 이 작업은 애프터이펙트에서 하는 것이 낫다. 포토샵에서와 비슷한 효과를 내면서 애니메이션까지 넣을 수 있기 때문이다. 하지만 여기에서는 포토샵으로 정지 이미지를 만드는 방법을 배워본다.

1 720×480픽셀 크기의 새 파일을 열고, Shape 라이브러리에서 본루 모양의 형태를 선택한다(그림 7.5).

2 이번에는 방사형 기호를 선택해서, 홈루 형태 중앙에 놓는다(그림 7.6).

그림 7.5 홈루 모양을 선택한다

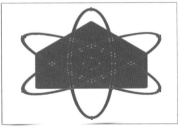
그림 7.6 방사형 기호를 선택한다

3 타원을 4개 그려서 그림 7.7처럼 배치한다. 크기를 알맞게 조정한다(여기에서는 위치를 보여주기 위해 타원들을 진한 색으로 표시했다).

그림 7.7 검은색으로 타원 4개를 그린다

4 새 레이어를 만들어서 벡터 레이어들과 병합한다. 3D 패널에서 New 3D Extrusion from Selected Layer를 선택한다. Extrusion Depth를 0.7로 설정하고, 캡 형태는 Rounded Steps를 선택한다.

5 실습자료 폴더에서 Stone Granite material을 선택해서, 앞부분을 제외한(앞쪽의 부풀어 보이는 영역) 전체 형태에 적용하고, Diffuse material 옆에 있는 폴더 옵션에서 실습자료 폴더의 Black Moss Rocks 재질을 불러온다.

6 Render를 클릭하고, 렌더링이 끝나면 2D 레이어로 돌아와서 파일을 두 번 저장한다. 한 번은 3D 정보가 전부 들어간 TIFF 형식으로, 다른 하나는 배경이 투명한 PNG 형식으로 저장한다. PNG 파일은 Text BG라는 이름으로 저장한다(그림 7.9).

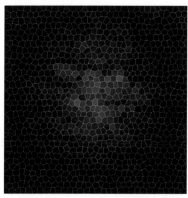

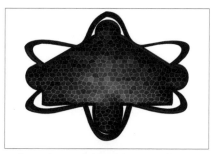

그림 7.9 새 PNG 파일을 저장하고 이름은 Text BG라고 붙인다

그림 7.8 Black Moss Rocks 재질을 선택한다

7 TIFF 파일은 닫고 PNG 파일을 연다. 새 레이어를 만들고, 중앙에 112포인트 크기로 각자의 이름을 입력한다(예제에서는 빨간색에 Palatino라는 글꼴을 사용했다). 블렌딩 옵션에서 Outer Glow를 선택하고, Stroke는 1포인트, 노란색을 선택한다(그림 7.10).

8 방금 만든 레이어를 복사하고 글자 색을 연두색으로 바꾼다. 내용은 이메일 주소로 수정한다. 글자 크기를 31포인트로 줄이고, 이름 바로 밑에 가운데 정렬로 배치한다.

9 이메일 주소 레이어를 복사한 뒤, 내용을 각자의 전화번호로 바꾼다. 글자 크기를 45포인트로 늘리고 색은 그대로 둔 채 이메일 주소 바로 밑에 배치한다(그림 7.11).

그림 7.10 새 레이어에 이름을 입력한다

그림 7.11 이메일 주소와 전화번호를 입력한다

10 이름 레이어를 복사하고 글자 색을 파란색으로 바꾼다. 내용은 클립 설명으로 수정한다. 여기에서는 Animation Reel 2014라고 입력했다. 글자 크기를 112포인트로 바꾸고, 이름 바로 밑에 가운데 정렬로 배치한다. Create Warped Text에서 Arc 형태를 선택한다. Horizontal에 체크하고, Bend는 −12, Vertical Distortion은 +4로 설정한다. 다시 한 번 TIFF와 PNG로 파일을 각각 저장한다. 프루프시트 파일을 열어서, 글자 레이어들을 오프닝카드(보라색 배경에 긁힌 자국들이 있는 첫 번째 이미지) 이미지에 배치해본다(그림 7.12).

그림 7.12 타이틀 카드에 글자가 잘 어울리는지 시험한다.

엔드카드 제작

엔드카드를 만드는 데에는, 보라색 배경 이미지를 다시 열어서 이름 글자를 THE END라고 수정하는 간단한 방법이 있다. 하지만 여기에서는 오프닝 카드의 글자를 다시 배치하고 The End를 추가하려고 한다.

1   타이틀 카드 파일을 다시 연다. 이름 레이어를 복사해서 살짝 위로 올린다.

2   Type 툴을 사용해, 사본 레이어에 있는 이름을 THE END라고 수정한다. 글자 크기를 150포인트로 수정한다.

3   이름 레이어의 글자 크기를 90포인트로 줄이고, 색은 이메일과 전화번호와 비슷한 초록색으로 수정한다(그림 7.13).

그림 7.13 타이틀 카드에 들어가는 최종 글자

실습 21: 포트폴리오

포트폴리오는 아티스트의 작업을 대표하는 이미지 모음이다. 컨셉 아티스트라면 컨셉 드로잉이, 스토리 아티스트라면 스토리보드가 포트폴리오에 들어가야 한다. 어떤 아트 작업을 하든, 이미지를 지혜롭게 구성하는 것이 중요하다.

포트폴리오에 넣을 이미지는 어떻게 골라야 할까? 먼저 유명한 작업들부터 선택한다. 유명 게임에 들어가 있어서 알아보기 쉬운 이미지들이 있으면 신뢰를 얻기 좋다. 사람들이 아티스트를 고용할 때에는 특정한 업무를 할 수 있는 사람들 원한다. 해당 업무를 해본 경험이 있고 이를 증명하는 시각적 결과물이 있다면 원하는 일을 얻기가 훨씬 쉬워진다.

1 폴더를 하나 만들고 my work라고 이름 붙인다. 다양한 위치에 저장된 작업들을 전부 모아 복사하고, 폴더 안에서 붙여넣기 한다. 파일 이름 붙이기에 대해서는 걱정하지 말자.

2 포토샵에서 1024×480픽셀 크기의 새 파일을 만든다. 이는 웹 페이지의 평균 화면 크기다. 살짝 어두운 회색으로 파일을 칠해 나아간다. gray template라는 이름으로 파일을 저장한다(그림 7.14).

그림 7.14 회색 템플릿 파일

3 이미지 크기를 통일하기 위해, 이미지들을 하나하나 복사해서 템플릿 파일에 붙여 넣고, 이미지 내용에 맞게 이름을 붙인다. 크기가 너무 크거나 작은 이미지는 공간에 잘 맞게 크기를 조정한다.

이제 여러분의 실력을 잘 보여주는 이미지 15~20개가 모두 똑같은 크기로 마련되어 있어야 한다. UI 디자인과 컨셉트 드로잉, 스토리보드 등 작업 종류가 제각각이더라도 모두 템플릿에 맞게 넣어야 한다.

그림 7.15에서 첫째 줄은 이미지를 잘라내지 않았고, 둘째 줄은 이미지 일부를 잘라냈다. 그리고 셋째 줄은 썸네일이다. 웹사이트에서 이미지를 클릭하면 전체 이미지가 크게 뜬다.

그림 7.15 여러 작업 이미지를 한꺼번에 보여주는 템플릿 파일을 만들었다

웹사이트와 포트폴리오를 만들고 구성한다

깔끔한 이력서와 DVD를 우편으로 보내던 시절을 끝났다. 게임업계는 경쟁이 매우 치열하고 눈 깜짝할 새도 없이 빠르게 움직인다. 여러분은 원하는 자리에 채용 공고가 올라오면 바로 서류(이력서, 릴, 포트폴리오)를 보낼 수 있게 준비해놓아야 한다. 며칠을 미루다 보면 여러분이 지원서를 내기도 전에 사람이 채워질 수 있다.

여러분의 작업을 가장 빠르게 보여줄 수 있도록, 웹사이트에 올리는 콘텐츠를 만들어보자.

먼저 인터넷을 돌아다니며 다른 사람들의 웹사이트를 살펴보면서, 자신의 웹사이트는 어떤 식으로 만들고 싶은지 감을 잡는다. 괜찮은 부분이 보이면 자신의 사이트에 어떻게 반영할 수 있을지 생각해본다. 이는 2장에서 만들었던 무드보드와 비슷한 개념이다.

그 다음으로 어떤 프로그램을 사용하면 좋을지 생각한다. 무료로 제공되는 웹사이트 제작 프로그램은 얼마든지 있으며, 저마다 특징이 있다. 마음에 드는 웹사이트가 있는 경우, 어떤 프로그램을 사용해 제작했는지 알아보면 좋다. 사용 프로그램을 알아낼 수 없으면 사이트 주인에게 직접 문의해 볼 수도 있다.

이번 실습에서는 포토샵을 사용해 홈페이지의 와이어프레임을 만들고, 내용을 채워 넣어 본다. 그런 다음 HTML 파일에서 사용할 수 있게 이미지를 조각낸다.

실습 22: 포트폴리오 와이어프레임

여러 웹사이트를 다니다 보면, 홈페이지를 통해 창작자에 대한 정보를 알 수 있다. 그러므로 포트폴리오 웹사이트에 꼭 들어가야 하는 내용이 몇 가지 있다. 가장 중요한 것은 여러분의 이름이다. 이름은 웹사이트에서 가장 먼저 눈에 들어와야 한다. 누가 홈페이지를 방문하든, 홈페이지 주인이 누구인지 쉽게 찾을 수 있어야 하기 때문이다.

큰 회사의 채용 담당자들은 매주 포트폴리오를 수백 개씩 검토하기 마련이다. 그러므로 보기 힘들거나 중요한 정보가 빠져 있는 포트폴리오는 그들에게 짜증을 유발한다. 홈페이지에서 어설픈 글꼴이나 흉측한 형식을 사용해, 여러분을 꿈의 일자리로 인도할 열쇠를 쥔 사람들의 심기를 건드리지 말자.

1 포토샵에서 1000×960픽셀, 해상도 72dpi의 새 파일을 연다. 배경은 흰색이어야 한다. 이미지 크기는 숫자가 딱 떨어져서 계산을 하기 편한 숫자로 선택했다.

2 캔버스에 자가 보이게 하고, 표시 단위를 픽셀로 바꾼다.

3 Shape 툴에서 Fill의 색을 없애고, Stroke는 검은색을 선택한다. 선 굵기는 3 포인트로 한다. 900×100픽셀 크기의 상자를 그린다. 이 상자 안에 여러분의 이름을 넣을 것이다. 상자를 프레임 중앙에 놓는다. 이때 안내선을 사용하면 좋다. 상자 크기는 화면 위쪽에서 숫자 값으로 입력한다.

4 공간을 최대한 꽉 채우는 크기로 여러분의 이름을 입력하고, 상자의 왼쪽 위에 정렬한다. 글꼴은 아직 신경 쓰지 말자.

5 이름 밑에 왼쪽 정렬로 여러분의 전문 분야도 입력한다(그림 7.16).

그림 7.16 상자 안에 이름과 전문 분야를 입력한다

6 이제 메인 창을 만들자. 900×400픽셀 크기의 상자를 하나 더 그린다. 이 상자에는 인상적인 아트 작업 이미지를 넣을 것이다. 어느 이미지를 넣을지는 나중에 결정하고, 우선은 공간만 배정한다(그림 7.17).

그림 7.17 아트 작업을 넣을 상자를 만든다

이제 메뉴와 링크 버튼을 넣을 자리를 마련한다. 여기에는 소셜미디어나 다른 웹사이트들을 링크한다. 이름 상자 위로 10픽셀 정도 간격을 띄우고, 900×50픽셀 크기의 상자를 그린다. 상자를 새로 그리는 대신 이름 상자를 복사한 뒤 크기를 수정해도 된다.

7 6번에서 그린 상자를 복사해서 이미지 상자에서 30픽셀 정도 밑에 붙여 넣는다. 그림 7.18과 같이 상자들이 구성되어 있을 것이다.

그림 7.18 링크 버튼을 넣을 상자를 그린다

8 메뉴에서 버튼을 나타내는 작은 네모 상자를 그린다. 140×30픽셀 크기로 하나를 그린 다음 복사해서, 위쪽 메뉴 상자에 쭉 붙여 넣는다. 사이트에 만들 메뉴의 수만큼 붙여 넣으면 된다. 오른쪽 정렬을 하고, 높이는 정 가운데로 맞춘다. 10픽셀 정도씩 간격을 띄운다.

9 버튼에 메뉴들의 이름을 적어 넣는다.

10 버튼을 3개를 복사해서, 맨 아래 상자에 붙여 넣는다. 위에서와 마찬가지로 오른쪽으로 정렬한다.

11 버튼 안에 링크할 사이트의 이름을 적어 넣는다. 아주 기본적인 레이아웃이지만, 여기에는 포트폴리오에 필요한 정보가 모두 들어가 있다. 지금까지는 정보를 넣기 위한 지도를 구성한 것이다. 버튼이나 상자의 크기, 위치

등은 마음대로 수정해도 되지만, 기본적인 틀이 있으면 작업하기가 수월하다(그림 7.19).

그림 7.19 이름과 메뉴 버튼을 추가한다.

엔드 타이틀 카드

이제 메인 페이지가 있으므로, 메뉴에 있는 나머지 페이지는 쉽게 만들 수 있다. 메인 페이지의 레이아웃을 조금 고치기만 하면 된다. 레이아웃을 비슷하게 유지하면 페이지들을 여기저기 돌아다녀도 일관성을 가질 수 있다. 메뉴 버튼은 직접 건드리지 말고 같은 페이지를 복사해서 사용해야 버튼들이 몇 픽셀씩 어긋나지 않고 정확한 위치를 유지한다.

1 메인 페이지 파일을 메뉴에서의 이름과 동일하게 Home Page라고 저장한다.

2 같은 파일을 Animation, 2D Art, Biography라는 이름으로도 각각 저장한다. 이렇게 해서 같은 파일이 4개 생겼다.

3 Animation 파일을 열고, 페이지 아래쪽에 있는 소셜미디어 버튼들을 없앤다. 메인 페이지에서는 이런 정보를 보여주는 것이 좋지만, 작업물을 보여줄 때에는 페이지를 산만하게 만들 수 있기 때문이다.

4 이미지 영역 위에 오른쪽 정렬로 ANIMATION이라고 적어 넣는다. 보통 애니메이션을 보여줄 때에는 유튜브 같은 사이트에 영상을 올린 다음 링크를 삽입한다. 말은 복잡하지만 실제로 해보면 그렇지 않다. 동영상 사이트에 가면 링크 삽입 방법이 쉽게 나와 있다. 우리가 만들고 있는 릴 클립들은 720X480 크기로, 앞서 만든 이미지 상자보다 조금 더 크다.

5 이미지 상자를 영상 크기에 맞게 늘려보자. 가로는 늘리지 말고, 세로만 540픽셀로 늘린다. 이렇게 하면 영상에 잘 맞는 크기가 된다. 삽입하는 영상은 이미지 상자 양쪽으로 140픽셀씩 간격을 두고 가운데 위치해야 한다 (그림 7.20).

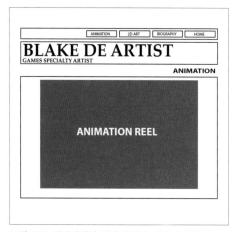

그림 7.20 애니메이션 릴이 들어갈 페이지 만들기

6 이제 2D Art 페이지를 열고, 소셜미디어 버튼과 관련 글자를 전부 지운다. 190×715픽셀 크기의 사각형을 그린다. 2행 4열로 사각형들을 배치해 갤러리를 만든다. 여기에는 2D 작업의 썸네일들이 들어간다. 썸네일을 클릭하면 미리 저장해둔 전체 이미지가 뜨는 것이다.

7 소셜미디어 버튼들이 있던 자리에는 PREVIOUS(앞으로)와 NEXT(뒤로)라고 적어 넣는다. PREVIOUS 버튼은 왼쪽 끝으로 옮긴다. 이 두 버튼은 갤러리의 페이지를 넘길 때 사용된다(그림 7.21).

그림 7.21 2D ART 갤러리에 페이지 넘김 버튼을 만든다

8 Biography 파일을 연다. 이 페이지는 아티스트를 소개하는 곳이므로, 소셜 미디어 버튼들을 없애지 않는다. 270×460픽셀 크기의 사각형을 그려서 화면 오른쪽에 배치한 뒤, 상자 안에 YOUR BIOGRAPHY라고 적어 넣는다.

9 상자를 복사해서 크기를 340×270픽셀로 수정한다. 상자 안에 YOUR IMAGE라고 적어 넣는다. 예제에서는 색도 바꿨다.

10 Biography 상자 위에 445×460픽셀의 상자를 새로 그린 뒤, RESUME라고 적는다. 여기에는 이력서를 링크한다. 스스로를 소개하는 글과 사진을 함께 넣으면 방문자들에게 더 신뢰를 줄 수 있다(그림 7.22).

그림 7.22 아티스트 소개 페이지를 만든다

이렇게 해서 페이지 목업 작업이 끝났다. 페이지들을 나란히 놓고 구성을 살펴보자.

포트폴리오 사이트 디자인

지금까지 우리는 포트폴리오 사이트에 들어갈 구성하고 레이아웃을 완성했다. 이제 사이트의 시각 요소를 디자인하자. 채용 담당자는 여러분의 안목도 평가할 것이므로 이를 디자인에 반영해야 한다. 스스로의 안목이 미덥지 못하다면 동료나 전문가들에게(엄마는 빼고) 포트폴리오를 보여주며 조언을 구하는 것이 좋다.

사이트 디자인을 무궁무진하게 달라질 수 있어서, 같은 스타일의 작업을 하고 같은 일을 하는 두 사람이라도 서로 전혀 디자인이 나올 수 있다. 이는 여러분이 스스로를 어떻게 보여주고 싶은지에 달려 있다.

그림 7.23은 같은 정보를 두 가지 스타일로 보여준다. 버튼과 레이아웃, 갤러리에 들어간 이미지는 모두 같지만 다른 글꼴과 배경, 색을 사용했다. 똑같은 와이어프레임으로 사이트를 구성해도 각자 자기만의 색을 넣을 수 있다.

그림 7.23 같은 페이지를 두 가지로 스타일로 표현했다

실습 23: 포트폴리오 웹사이트의 애셋 제작

낡고 복고적인 느낌의 포트폴리오를 디자인해보기로 하자. 먼저 분위기에 잘 맞는 배경부터 만들어야 한다.

우선 카메라를 가지고 돌아다니면서 멋진 배경을 찾아보자. 우리가 선택한 느낌을 살리기 위해서는 오래된 느낌이 나고, 글자를 넣기 좋은 공간이 있어야 한다. 잘 어울리는 대상을 찾으면 구도를 잡아서 사진을 찍는다. 조금씩 위치를 바꿔가며 사진을 찍어야, 나중에 최적의 사진을 고를 수 있다. 우리는 페인트를 칠한 지 20년은 되어 보이는 낡은 사다리를 찾았다. 상태는 양호한 편이었다. 사진을 찍고 거슬리는 부분 몇 군데를 어둡게 하거나 색을 덧칠했다(그림 7.24).

그림 7.24 페인트가 벗겨진 사다리 사진을 웹사이트 배경으로 사용한다

1 홈페이지 와이어프레임 파일을 열고, 배경 사진을 맨 밑에 깐다. 배경으로 사용한 사진의 특성상, 상자는 포토샵 3D로 만들 것이다(그림 7.25).

그림 7.25 새로 배경을 깐 와이어프레임

2 이미지 상자 영역을 선택하고 3D > New 3D Extrusion from Selected Path를 선택한다.

3 Extrusion Depth를 150으로 설정한다. 3D 속성 창의 Caps 탭에서 Gaussian cap을 선택하고, Width는 16%, Angle은 45도, Strength는 0으로 설정한다.

4 키보드에서 Shift 키를 누른 상태로 재질 레이어들을 클릭해서 전부 선택한다. Diffuse 탭 옆에 있는 파일 아이콘을 클릭해서 Replace Texture를 선택한다. 실습자료 폴더에서 Galvanized 재질을 선택한다. 재질이 들어가는 모든 영역에 이 재질을 적용할 것이다.

5 입체감이 잘 살도록 이미지 상자를 오른쪽으로 살짝만 돌린다.

6 Magic Wand 툴로 이미지 상자를 선택하고, 3D > Render를 클릭한다. 커다란 금속 판 느낌이 날 것이다(그림 7.26).

그림 7.26 이미지 상자를 금속 느낌으로 표현했다

7 2D 레이어에서 이름 상자를 선택한다. 실습자료 폴더에서 자 이미지를 열고, 이름 상자와 비슷하게 크기를 조정한다.

8 블렌딩 옵션에서 Bevel & Emboss와 Drop Shadow를 활성화한다.

9 자 이미지를 시계 방향으로 살짝 돌리고, 왼쪽을 프레임 바깥으로 뺀다. 글자는 나중에 손 볼 것이다(그림 7.27).

그림 7.27 자 이미지를 이름 상자의 배경으로 깔았다

10 자 이미지 파일을 불러와서, 소셜미디어 막대의 반 정도 길이로 크기를 조절한다. 블렌딩 옵션에서 Bevel & Emboss와 Drop Shadow를 활성화한다.

11 레이어를 복사해서 나머지 반쪽도 채운다. 두 레이어를 모두 조금씩 어긋나게 돌려준다. 페이지 위아래에 사용한 두 자 이미지 모두 같은 색조로 잘 어울리고, 배경보다 색이 선명해서 앞으로 나와 있는 것처럼 보이며 깊이감이 생긴다(그림 7.28).

그림 7.28 소셜미디어 상자 배경으로 자 이미지를 추가한다

12 노란색 녹슨 막대 이미지를 불러와서 메뉴 부분의 반 정도 길이로 크기를 조정한다. 블렌딩 옵션에서 Bevel & Emboss와 Drop Shadow를 활성화한다 (그림 7.29).

그림 7.29 노란색 노란색 막대 이미지를 불러와서 메뉴 자리에 배치한다

배경 이미지들을 배치한 다음에는 글자를 손보기 시작한다. 웹사이트에 들어가는 글자들은 코드에 묶여 들어가게 되며, 대부분의 웹사이트 제작 프로그램에는 버튼에 사용하기 위한 글꼴이 한정되어 있다. 그러나 우리는 코드의 영향을 받지 않는 버튼을 만들면 된다. 이상적으로 말하면, 어떤 웹사이트 제작 프로그램을 선택하든 디자인 컨셉트에 어울리는 글꼴을 사용할 수 있다.

13 이름 상자 레이어를 선택하고, 3D > New 3D Extrusion from Selected Layer 를 선택한다. Extrusion Depth를 190으로 설정한다. Diffusion 옆의 회색 상자 를 클릭해서 차분한 주황색을 선택한다.

14 Infinite light의 Intensity를 318% 정도로 조절한다. 빨간색을 선택하고, 페이지 안에 있는 나머지 항목들과 일치하게 조명 방향을 설정한다.

15 2D 레이어들에 Drop Shadow와 Stroke를 활성화한다. 스트로크 색은 검은색, 두께는 2포인트로 설징한다.

16 디자인이 마음에 들면, 이름 상자 레이어에 적용했던 효과들을 Games Specialty Artist 레이어에도 그대로 적용한다. 이때 색만 주황색이 아닌 파란색을 선택하고, Extrusion Depth 값은 90으로 한다. 테두리 선은 넣지 말자(그림 7.30).

글자를 이런 식으로 디자인하면 문제가 하나 있다. 포토샵의 3D 기능을 사용하고 조명을 추가했기 때문에, 수정을 할 때마다 다시 렌더링을 해야 하는 것이다. 이는 귀찮은 작업이지만 그만큼 만족스러운 결과물이 나오고, 이미지를 완성한 다음에 최종 렌더링을 해도 된다. 글자 레이어 위에 새 레이어를 만들어서 작업해도 된다.

17 이름 글자 레이어 위에 새 레이어를 만들고 scuff라고 이름 붙인다. 블렌딩 옵션에서 Bevel & Emboss를 활성화한다. Style은 Emboss, Technique은 Chisel Hard, Direction은 Down, Size는 2로 설정한다.

18 흩뿌리는 모양의 브러시를 사용해서, 글자에 때를 묻힌다. 이 효과에는 글자와 함께 3D 효과가 적용되지 않음을 명심한다. Games Specialty Artist 글자는 크기가 너무 작아서 이런 효과를 적용하지 않기로 했다(그림 7.31).

그림 7.30 이름에는 빨간색, 전문 분야에는 파란색을 사용했다

그림 7.31 이름의 글자들 위에 때를 묻힌다

버튼 제작

이름 영역을 보기 좋게 완성했으면 버튼으로 넘어가자. 버튼에는 몇 가지 스타일이 있다. 우선 인터넷에서 가장 흔히 보이는 버튼이다. 그라데이션과 하이라이트가 들어가 있고, 우리도 3장에서 만들어본 디자인이다.

우리는 다른 버튼을 만들어보자. 우리가 만들 버튼은 그냥 보면 버튼처럼 보이지만 실제로는 이미지 파일이고, 코드를 적용해서 버튼처럼 작동하도록 만들 것이다. 벡터 이미지처럼 크기를 조절할 수 없고 로딩 속도도 약간 느리지만, 원하는 디자인을 만들기에 좋다.

1   3D로 금속 재질을 입힌 Art 영역 레이어를 선택해서 복사한다. 이 레이어 밑에 새 레이어를 만들어서 두 레이어를 병합한다.

2   레이어를 새로 만들고, 1번에서 복사한 레이어를 버튼 정도 크기로 잘라서 새 레이어에 붙여 넣는다.

3   2번에서 붙여 넣은 버튼을 앞서 만들었던 소셜미디어 버튼과 비슷한 크기로 조절한다. 이 버튼은 버튼 글자보다 밑으로 가야 한다.

4   블렌딩 옵션에서 Drop Shadow를 활성화하고, 레이어를 2개 복사해서 옆에 있는 버튼 2개도 덮는다. 가운데 버튼을 선택해서 좌우를 뒤집는다.

그림 7.32 소셜미디어 영역에 버튼을 추가한다

이제 메뉴 영역의 버튼을 만들자. 일반적인 방법으로 버튼 배경 이미지를 넣는 대신, 메뉴 배경의 노란 막대 일부분이 잘려나간 느낌을 낼 것이다.

5 메뉴 영역의 노란 막대 레이어 바로 위에 새 레이어를 만들고, Nav Button 이라고 이름 붙인다. Marquee 툴로 애니메이션 메뉴 버튼과 비슷한 크기의 사각형 영역을 선택한다. 선택 영역을 검은색으로 채운다.

6 블렌딩 옵션에서 Inner Glow를 활성화한다. Blend Mode를 Normal, Opacity 는 100%, Color는 갈색, Choke는 100%, Size는 3으로 설정한다.

7 Bevel & Emboss를 활성화한다. Style을 Inner Bevel, Direction은 Down, Size 는 5로 설정한다(그림 7.33).

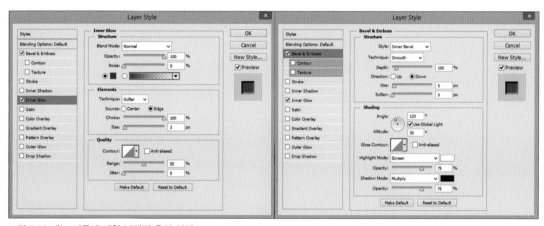

그림 7.33 메뉴 버튼에 대한 블렌딩 옵션 설정

8 버튼 하나를 복사해서 옆에 붙여 넣는다. 하지만 이렇게 하면 버튼과 글자 가 모두 검은색이기 때문에 글자가 보이지 않는다. 글자 레이어를 하나씩 클릭해서 글씨를 흰색으로 바꾼다. 그림 7.34 같은 디자인이 나올 것이다.

그림 7.34 메뉴 버튼의 글자를 흰색으로 바꾼다

소개 슬라이드쇼 제작

이제 메인 공간에 무엇을 넣을지 결정해야 한다. 지금까지 아트 영역이라고 불러온 공간이다. 이 공간에서는 보통 작업물을 홍보한다. 작업물들을 슬라이드쇼처럼 넘겨가며 보여주는 것이다. 이렇게 하면 채용담당자가 여러분의 홈페이지에 들어와서 바로 여러분의 실력을 가늠할 수 있다. 그리고 관심이 가면 다른 페이지들도 살펴볼 것이다.

이 영역에는 여러분의 강점 등에 대한 설명도 함께 넣을 수 있다.

작업물 이미지와 설명 글을 모두 넣어보자. 아직 슬라이드쇼를 만들지는 않지만 이미지가 어떻게 보일지 감을 잡을 수 있다.

1 슬라이드쇼 영역을 먼저 정하자. Shape 툴로 450×300픽셀 크기의 사각형을 그린다. 이 치수는 720×480픽셀을 줄인 것이다. 원하는 색을 채워 넣고, 테두리에는 색을 넣지 않는다. 이 영역에서 슬라이드쇼를 재생할 것이다.

2 실습자료 폴더의 galvanized frame 파일을 열어서, 슬라이드쇼 영역에 올린다(그림 7.35).

그림 7.35 슬라이드쇼 영역에 테두리를 입혔다

3 실습자료 폴더에서 Red Tag 파일을 열어, 슬라이드쇼 영역 오른쪽에 배치한다. 여기에는 여러분을 홍보하는 글이 들어가고, 태그 이미지는 배경이 된다. 글자는 웹사이트 제작 프로그램에서 입력하는 경우가 많다. 읽기 쉬운 글자 색을 선택하자. 그림 7.36 같은 결과가 나올 것이다.

그림 7.36 빨간 태그와 여러분을 홍보하는 그리 들어간다

이제 모든 요소를 제자리에 배치했다. 여기에서 살펴볼 곳이 몇 군데 있다. 먼저, 글자 일부가 삐뚤어져 보일 수 있지만, 그렇지 않다. 웹사이트 제작 프로그램에서는 글자를 회전할 수 있지만, 여기서 우리는 버튼 속 글자를 회전하지 않았다. 각도가 반듯할 때 글자를 정렬하기 쉽기 때문이다.

두 번째로, 우리는 버튼 이미지를 살짝 기울였다. 기울인 이미지는 버튼 클릭에 대한 코드를 적용할 영역을 크게 벗어나지만 않으면 된다. 홈페이지를 방문한 사람이 버튼을 클릭했을 때 마우스 커서가 코드 적용 영역 바깥을 클릭하면 버튼이 작동하지 않는다고 여길 수 있기 때문이다(그림 7.37).

그림 7.38은 최종 홈페이지 디자인에 처음 만들었던 와이어프레임을 올린 모습이다. 달라진 부분도 조금씩 있지만, 원래의 디자인을 거의 유지하고 있다.

그림 7.37 검은색 테두리는 실제 코드가 적용되는 영역이고, 회색 부분은 버튼 이미지가 차지하는 영역이다

그림 7.38 최종 홈페이지 디자인에 와이어프레임을 올려보았다

게임 스튜디오에서 일을 할 때에는 개발 부서에 와이어프레임을 먼저 보내야 할 때가 많다. 그래야 여러분이 아트 작업을 하는 동안 개발자들이 페이지의 실제 기능을 구현할 수 있기 때문이다. 그러므로 최종 디자인은 처음 제출한 와이어프레임과 거의 일치해야 한다. 그렇지 않으면 디자인 작업을 다시 하는 불상사가 생길 수 있다. 지금은 여러분 본인의 웹사이트를 만들고 있으므로, 마음에 안 드는 부분을 마음껏 수정해두 된다.

버튼의 상태에 대해 이야기해 보자. 3장에서 이야기했듯, 버튼에는 보통 활성화와 비활성화 두 가지 상태가 있다. 버튼 오버레이는 비활성화 상태에 해당하며, 오버레이 상태에 다른 색을 넣거나 기존 색을 더 진하게 해서 확실한 활성화 상태를 만들 수 있다. 이렇게 하면 PNG 파일을 두 배로 만들어야 해서 작업이 많아진다는 단점이 있다. 아니면 버튼이 활성화됐을 때 글자 색이 바뀌도록 코드를 넣는 방법도 있다. 이렇게 하면 PNG 파일을 추가로 만들지 않으면서도 버튼의 반응을 확실하게 보여줄 수 있다.

HTML 구현을 위한 페이지 준비

이제 디자인 작업이 모두 끝났으므로, 파일을 정리하고 HTML 코드를 적용할 수 있게 준비해야 한다. 지금까지 레이어들에 이름을 제대로 붙여놓지 않았다면 지금이라도 레이어 이름을 알아보기 쉽게 정리하고, 하나의 이미지를 이루는 레이어들은 그룹으로 묶는다. 글자 레이어들은 따로 하나의 그룹으로 묶는다.

실습 24: 레이어들을 PNG 파일들로 나누기

레이어들을 전부 별개로, 그리고 웹에서 사용 가능한 PNG 파일로 저장할 차례다(레이어 각각이 웹페이지에서 하나의 요소가 된다). PNG 파일의 이름을 원본 파일의 레이어 이름과 같게 지으면, 개발자가 페이지를 어떻게 구성해야 하지 구상할 수 있다.

1 맨 위에 있는 슬라이드쇼 틀 레이어를 선택한다. Select All을 선택하고 파일을 복사한다.

2 복사한 파일이 버퍼에 저장되어 있는 상태에서, 새 파일을 만들고 galvanized frame이라고 이름 붙인다. 새 파일의 크기는 슬라이드쇼 틀의 크기와 똑같아야 한다.

3 새 파일에 붙여넣기를 하고, 슬라이드쇼 틀 레이어를 제외한 나머지 레이어를 전부 삭제한다.

4 원본 파일에서 슬라이드쇼 틀 레이어를 선택하고, Layer > Copy and Layer Style을 선택한다.

5 새 파일에서 Paste Layer Style을 선택해, 레이어 스타일을 붙여 넣는다. 레이어 효과를 적용한 경우에는 항상 이 과정을 거쳐야 한다. 그림 7.39는 두 파일을 나란히 놓은 모습이다.

그림 7.39 슬라이드쇼 틀 레이어를 개별 파일로 만들었다

6 글자 레이어 그룹을 제외하고 모든 레이어를 개별 파일로 만든다.

7 Artist Name 같은 레이어 그룹은, 그룹을 열고 그 안에 있는 레이어를 전부 선택해야 한다.

8 레이어가 전부 선택된 상태에서 Layers > Merge Layers를 선택한다.

9 이제 Select All 기능을 사용해 새 파일에 레이어를 붙여 넣을 수 있다. 이 레이어들에 적용되어 있는 블렌딩 옵션은 레이어들을 병합할 때 파일에 함께 저장되었으므로, 레이어 스타일을 복사해서 붙여 넣지 않아도 된다. 단, 이 그룹이 병합된 상태에서 원본 파일을 저장하지 말자. 나중에 레이어를 수정해야 할지 모르므로, 병합 실행을 취소한 뒤 파일을 다시 저장한다. 파일 용량은 효율적으로 관리하는 것이 좋으므로, 다음 과정을 통해 웹사이트용 파일을 어떻게 저장하면 좋은지 배워보자.

10 File > Save for Web을 선택한다. 옵션 창이 열린다. 가장 중요한 옵션은 창 오른쪽 위에서 두 번째 영역이다. 여기에서 GIF에가 서택되어 있다면

PNG-8로 파일 형식을 바꿔서 8비트 해상도의 PNG 파일이 저장되게 한다. 24비트 해상도 옵션도 있다. 왼쪽 위에는 Original과 Optimized라고 적힌 탭이 보인다. 두 탭을 클릭해보면, 파일을 최적화해서 저장했을 때 용량을 얼마나 줄일 수 있는지 확인할 수 있다.

11 이미지가 망가지지 않고 깨끗하게 보이면 **Save** 버튼을 눌러 저장한다(그림 7.40).

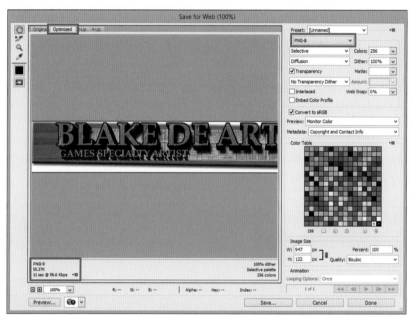

그림 7.40 웹 환경에 맞게 파일을 최적화하는 Save for Web 기능

모든 레이어를 따로 저장했으면, 웹사이트 제작 프로그램을 사용해 웹사이트를 만들자. 원본 파일을 기준으로 삼아 PNG 파일들을 페이지에 채워 넣으면 된다. 버튼 이름도 새로 입력하기 귀찮으면 이미지에서 복사해 붙여 넣을 수 있다.

이 실습에서는 메인 페이지 외에 Animation과 2D Art, Biography의 와이어프레임 페이지는 다루지 않았다. 이 페이지들 역시 레이어별로 PNG 파일을 저장해 재구성해야 한다. 메뉴 막대 등 모든 페이지에 똑같이 들어간 부분은 한 번만 작업하면 된다.

실습 25: 슬라이스 툴을 활용해 웹사이트 로딩 속도 높이기

슬라이스 툴은 게임 아티스트들이 즐겨 사용하는 기능은 아니다. 이미지를 조각내 웹 페이지에 넣을 수 있게 할 때 주로 사용된다. 파일 형식이나 블렌딩 옵션에 관계없이, 여러분이 선택한 영역을 조각조각 잘라 웹에서 사용할 수 있게 만들 뿐이다. 이 조각난 이미지에는 유튜브 URL 링크를 거는 등 간단한 코드를 적용할 수 있다.

슬라이스 툴은 크롭 기능과 이동 손잡이 기능을 함께 사용해 매우 쉽다.

1 최종 웹 페이지 디자인 파일을 연다.

2 툴바에서 Crop 툴을 마우스로 길게 클릭해, 다른 툴 아이콘이 나오게 한다. 칼 모양 아이콘의 Slice 툴을 선택한다. 슬라이스 툴에서 선택 영역을 만드는 데에는 몇 가지 방법이 있지만, 지금은 기본 방식을 사용한다.

3 슬라이스 선택 영역을 만들기 위해, 메뉴 버튼과 노란 막대 주변으로 드래그한다(그림 7.41).메뉴 주변으로 선택 영역을 드래그하면, 여러분이 선택한 영역 위아래로도 선택 영역이 생겨 이미지가 총 3개 슬라이스로 나뉜다. 각 슬라이스 왼쪽 위에 작게 쓰인 번호를 보면 파일을 식별할 수 있다. 손잡이를 움직여서 선택 영역을 조절할 수 있다.

그림 7.41 슬라이스 툴에서 이미지를 자르기 위한 영역 설정

4 메뉴 버튼 주변에 슬라이스 상자를 따로따로 만든다. 이렇게 하면 버튼마다 따로 코드를 적용할 수 있다(그림 7.42).

그림 7.42 버튼을 모두 따로따로 슬라이스한다

5 페이지의 섹션마다 이 절차를 반복한다. 나중에 이미지를 오버레이하거나, 코드를 넣고 싶은 부분은 모두 별도 영역으로 잘라내야 한다. 이미지가 너무 조각나는 것처럼 느껴져도 괜찮다. 원래 그렇게 사용하는 기능이고, 이 기능에 친숙해지면 좀 더 효율성을 기해 조각 수를 줄일 수 있다(그림 7.43).

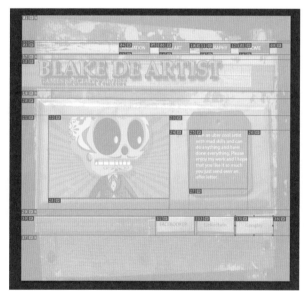

그림 7.43 슬라이스를 마친 홈페이지

링크 추가

Slice Options 창에서 슬라이스에 코드가 추가되었으며, 각 슬라이스의 왼쪽 위에 있는 숫자를 오른쪽 마우스로 클릭해서 Edit Slice Options를 선택하면 코드에 접근할 수 있다.

메뉴 막대에 링크를 추가하고, 링크를 걸 페이지도 만들자.

1 Animation과 2D Art, Biography 와이어프레임을 연다. File > Save for Web 기능을 사용해 HTML 파일로 각각 다른 폴더에 저장한다.

2 메인 페이지에서 Slice 툴을 선택하고, 애니메이션 버튼 슬라이스의 숫자를 마우스 오른쪽으로 클릭해 옵션 창을 연다. URL 탭에서 Animation.html이라고 저장한 파일을 추가한다(파일 확장자가 html인지 확인한다)(그림 7.44).

그림 7.44 Slice Options 창

3 2D Art와 Biography 페이지에도 같은 과정을 반복한다.

4 메인 페이지 파일을 TIFF로 저장하고, 웹사이트 용으로 한 번 더 저장한다. HTML and Images 옵션을 선택하고 Home.html이라고 저장한다.

5 앞서 Home.html을 연다. 웹 브라우저가 열리고 페이지가 떠야 한다.

6 메뉴 막대에서 애니메이션 버튼을 클릭하면 애니메이션 와이어프레임이 뜰 것이다. 웹 브라우저의 **뒤로 가기** 버튼을 클릭해서 메인 페이지로 돌아온다. 와이어프레임에서 HOME 버튼에 링크를 걸었다면 이를 클릭해서 돌아올 수도 있다(그림 7.45).

그림 7.45 웹사이트의 4개 페이지

정리

이 장에서는 포토샵으로 웹사이트 페이지를 만들어 여러분의 작업물을 보여주고 홍보하는 방법을 배웠다. 읽기 쉽고 간결한 이력서를 준비하고, 채용 담당자가 연락하기 편리하게 연락처를 명시해야 한다.

릴의 타이틀과 엔드 카드도 만들고, 릴을 구성하는 방법을 배웠다. 포트폴리오 웹사이트를 구성하기 위한 애셋도 만들어 보았다.

이런 기법들을 명심하고 콘텐츠를 자주 업데이트하면, 원하는 직무에 지원할 때 큰 도움이 될 것이다. 설령 합격하지 못하더라도 여러분은 스스로를 홍보하ㅋㅌㅊ기 위한 만반의 준비를 한 셈이다.

주의할 점은, 회사마다 요구하는 직무능력이 다르다는 것이다. 구체적으로 하나의 직무에 맞게 스스로를 홍보하는 것이 좋지만, 다른 직무를 위한 여지는 남겨두는 것이 바람직하다. 관심을 받지 못하는 것이 가장 좋지 않기 때문이다.

찾아보기

에이콘출판의 기틀을 마련하신 故 정완재 선생님 (1935-2004)

포토샵으로 만드는 게임 아트
모바일 게임부터 소셜, 콘솔 게임까지 게임 그래픽 아트 만들기

인　쇄 | 2015년 8월 13일
발　행 | 2015년 8월 20일

지은이 | 숀 넬슨
옮긴이 | 권 혜 정

펴낸이 | 권 성 준
엮은이 | 김 희 정
　　　　안 윤 경
　　　　오 원 영
표지 디자인 | 한국어판_이승미
본문 디자인 | 남 은 순

인　쇄 | (주)갑우문화사
용　지 | 다올페이퍼

에이콘출판주식회사
경기도 의왕시 계원대학로 38 (내손동 757-3) (16039)
전화 02-2653-7600, 팩스 02-2653-0433
www.acornpub.co.kr / editor@acornpub.co.kr

한국어판 ⓒ 에이콘출판주식회사, 2015, Printed in Korea.
ISBN 978-89-6077-747-7
ISBN 978-89-6077-144-4(세트)
http://www.acornpub.co.kr/book/photoshop-game-art

이 도서의 국립중앙도서관 출판시도서목록(CIP)은 서지정보유통지원시스템 홈페이지(http://seoji.nl.go.kr)와
국가자료공동목록시스템(http://www.nl.go.kr/kolisnet)에서 이용하실 수 있습니다.(CIP제어번호: CIP2015022206)

책값은 뒤표지에 있습니다.